Leistungsstörungen in Urheberrechtsverträgen

Europäische Hochschulschriften
Publications Universitaires Européennes
European University Studies

Reihe II
Rechtswissenschaft

Série II Series II
Droit
Law

Bd./Vol. 4173

PETER LANG
Frankfurt am Main · Berlin · Bern · Bruxelles · New York · Oxford · Wien

Frederik Neyheusel

Leistungsstörungen in Urheberrechtsverträgen

PETER LANG
Europäischer Verlag der Wissenschaften

Bibliografische Information Der Deutschen Bibliothek
Die Deutsche Bibliothek verzeichnet diese Publikation in der Deutschen Nationalbibliografie; detaillierte bibliografische Daten sind im Internet über <http://dnb.ddb.de> abrufbar.

Zugl.: Freiburg (Breisgau), Univ., Diss., 2004

D 25
ISSN 0531-7312
ISBN 3-631-53691-7

www.peterlang.de

Inhaltsübersicht

Inhaltsverzeichnis

Abkürzungsverzeichnis

a.A.	andere Auffassung
a.F.	alte Fassung
Abs.	Absatz
AGB	Allgemeine Geschäftsbedingungen
allg. Meinung	allgemeine Meinung
ArbnErfG	Arbeitnehmererfindungsgesetz
Aufl.	Auflage
BAG	Bundesarbeitsgericht
Bd.	Band
BGB	Bürgerliches Gesetzbuch
BGH	Bundesgerichtshof
BGHZ	Entscheidungen des Bundesgerichthofs in Zivilsachen
BPatG	Bundespatentgericht
BVerfGE	Entscheidungen des Bundesverfassungsgerichts
bzgl.	bezüglich
c.i.c.	culpa in contrahendo
d.h.	das heißt
DB	Der Betrieb
Einl.	Einleitung
Einf. v.	Einführung vor
etc.	et cetera
f., ff.	folgende (Singular/Plural)
FG	Festgabe
Fn.	Fußnote
FS	Festschrift
GEMA	Gesellschaft für musikalische Aufführungs- und mechanische Vervielfältigungsrechte
GG	Grundgesetz
ggf.	gegebenenfalls
grds.	grundsätzlich
GRUR	Gewerblicher Rechtsschutz und Urheberrecht
GRUR Int	Gewerblicher Rechtsschutz und Urheberrecht, Internationaler Teil
GWB	Gesetz gegen Wettbewerbsbeschränkungen
h.M.	herrschende Meinung
Halbs.	Halbsatz

HGB	Handelsgesetzbuch
i.S.d.	im Sinne des/der
i.S.v.	im Sinne von
i.V.m.	in Verbindung mit
JR	Juristische Rundschau
JuS	Juristische Schulung
JZ	Juristen-Zeitung
KG	Kammergericht
KSchG	Kündigungsschutzgesetz
LG	Landgericht
MDR	Monatsschrift für Deutsches Recht
MMR	Multi Media & Recht
MüKo	Münchener Kommentar zum Bürgerlichen Gesetzbuch
m.w.N.	mit weiteren Nachweisen
n.F.	neue Fassung
NJW	Neue Juristische Wochenschrift
NJW-RR	Neue Juristische Wochenschrift – Rechtsprechungs-Report
Nr.	Nummer
Nrn.	Nummern
NZA	Neue Zeitschrift für Arbeitsrecht
OGH	Oberster Gerichtshof der Republik Österreich
OLG	Oberlandesgericht
p.V.V.	positive Vertragsverletzung
ProdHaftG	Produkthaftungsgesetz
Rdnr.	Randnummer
RGZ	Entscheidungen des Reichsgerichts in Zivilsachen
Rspr.	Rechtsprechung
S.	Satz; Seite
s.; S.	siehe; Siehe
u.a.	unter anderem; und andere
Überbl. v.	Überblick vor
UFITA	Archiv für Urheber-, Film-, Funk- und Theaterrecht
UrhG	Urheberrechtsgesetz
usw.	und so weiter
u.U.	unter Umständen
VerlG	Verlagsgesetz
vgl.	vergleiche
Vorb. v.	Vorbemerkung vor

WahrnG	Wahrnehmungsgesetz
WGG	Wegfall der Geschäftsgrundlage
WUA	Welturheberabkommens
z.B.	zum Beispiel
ZUM	Zeitschrift für Urheber- und Medienrecht

Bezüglich der weiteren fachbezogenen und sonstigen gebräuchlichen **Abkürzungen** wird verwiesen auf: *Kirchner*, Hildebert / *Kastner*, Fritz: Abkürzungsverzeichnis der Rechtssprache, 4. Aufl., Berlin 1993

Einleitung

Das deutsche Schuldrecht wurde mit Inkrafttreten des Schuldrechtsmodernisierungsgesetzes zum 1. Januar 2002 der größten Reform seit dem Bestehen des Bürgerlichen Gesetzbuchs unterzogen. Die Änderungen betreffen weite Bereiche des Schuldrechts und insbesondere das Leistungsstörungsrecht. Am 1. Juli 2002 ist darüber hinaus nach jahrelangem Tauziehen das „Gesetz zur Stärkung der vertraglichen Stellung von Urhebern und ausübenden Künstlern" in Kraft getreten. Die Arbeit setzt an der Schnittstelle zwischen neuem Schuldrecht einerseits und neuem Urhebervertragsrecht andererseits an und untersucht, wie Leistungsstörungen in Urheberrechtsverträgen nunmehr zu behandeln sind.

Das Thema soll neben der wissenschaftlichen Aufbereitung pragmatische Lösungen anbieten, die in der Rechtspraxis Verwendung finden können. Dabei wird im Sinne eines Leitfadens anhand einzelner urheberrechtlich relevanter Fallgestaltungen vorgegangen.

Der Erste Teil der nachfolgenden Untersuchung stellt das Urheberrecht und das Urhebervertragsrecht in seinen Grundzügen dar. Ziel ist, dem Leser soviel an urheberrechtlichem Wissen zu vermitteln, dass das spezifische Urhebervertragsrecht und die Behandlung dieser Rechtsmaterie aus der Arbeit heraus verständlich ist.

Der Zweite Teil befasst sich mit schuldrechtlichen Themen. Er behandelt die Reformen, einzelne Leistungsstörungstatbestände und mögliche Qualifikationen des Urheberrechtsvertrages, soweit sie für den Fortgang der Arbeit von Bedeutung sind.

Im Dritten Teil werden urheberrechtlich spezifische Leistungsstörungen mit dem Instrumentarium des neuen Schuldrechts gelöst. Das Ergebnis wird mit der alten Rechtslage verglichen und insgesamt – auch anhand urheberrechtlicher Besonderheiten – überprüft und bewertet. So lassen sich Schwachstellen aufdecken und Verbesserungen vorschlagen.

Teil 1:
Der Urheberrechtsvertrag

§ 1
Begriff

1. Terminologie

Es ist aus zwei Gründen erforderlich, den Begriff des „Urheberrechtsvertrages“ zu definieren: Zum einen existieren in der Literatur unterschiedliche Varianten, zum anderen basieren die Untersuchungen der möglichen Leistungsstörungen auf dem (schuldrechtlichen) Urheberrechtsvertrag. Das Ziel ist es, eine taugliche und anwendungsorientierte Begriffsbestimmung zu finden, die der späteren Darstellung zu Grunde gelegt werden kann.

Dazu bedarf es einer Erläuterung der Besonderheiten des Urheberrechts, die vorab vorgenommen wird.

a) Begriffe

Neben des Begriffs des „Urheberrechtsvertrages“, der nachfolgend definiert und verwendet werden soll, existieren in der Literatur weitere Bezeichnungen. So sei das „Urhebervertragsrecht“ als Oberbegriff zu verstehen und bezeichne nach *Götting* eine Rechtsmaterie, bei der es im weitesten Sinne um die Regelungen der Vertragsbeziehungen gehe, die im Zusammenhang mit der Verwertung urheberrechtlich geschützter Werke eingegangen werden[1]. Darüber hinaus gibt es weitere Unterscheidungen. Die Autoren trennen zwischen primärem Urhebervertragsrecht, in dem der Schöpfer selbst Vertragspartei ist[2], und dem „Urhebervertrag“, in dem der Urheber nicht zwingend Vertragspartei sein muss, weil er nur „urheberrechtliche Befugnisse“ einräumt[3].

Diese Begriffe eignen sich schon auf Grund ihrer weiten Fassung – ohne Differenzierung zwischen Verpflichtungs- und Verfügungsgeschäft – nicht für die Zwecke der vorliegenden Arbeit, deren Ziel die Untersuchung der Leistungsstörungen im schuldrechtlichen Teil des Rechtsgeschäfts ist.

---

1 *Götting*, S. 54.

2 *Dietz*, in: Schricker, Einführung, S. 27.

3 *Staub*, S. 3.

b) Urheberrecht als absolutes Recht

Das Urheberrecht ist ein absolutes, d.h. gegenüber jedermann wirkendes Recht. Es betrifft die wesentlichen Rechte des Urhebers: das Urheberpersönlichkeitsrecht, das Verwertungsrecht, das ausschließliche Nutzungsrecht und das Zustimmungsrecht zur weiteren Einräumung von Nutzungen und Nutzungsrechten[4].

c) (Nicht-)Übertragbarkeit des Urheberrechts und monistische Theorie

Das Urheberrecht ist nach § 29 Abs. 1 UrhG grundsätzlich als Ganzes und in Teilen nicht übertragbar[5].

Das Gesetz berücksichtigt mit dieser Regelung die enge Verbindung des Urhebers zu seinem Werk. Es folgt damit der „monistischen Theorie", nach der das Urheberrecht ein einheitliches Recht ist, in welchem persönlichkeits- und vermögensrechtliche Befugnisse untrennbar miteinander verwoben sind[6].

Seine Verwertungsrechte kann der Urheber nicht abtreten und nicht übertragen[7]. Sie sind fester Bestandteil des Urheberrechts. Er ist deshalb gehindert, nur das Vervielfältigungsrecht nach § 16 UrhG oder nur das Verbreitungsrecht nach § 17 UrhG auf einen anderen zu übertragen. Er kann lediglich Nutzungsrechte hieran einräumen. Das Urheberrecht ist zudem grundsätzlich unverzichtbar[8]. Es gibt kein „herrenloses" Urheberrecht[9].

d) Verwertungsbefugnis des Urhebers und Nutzungsrechte[10]

Der Urheber kann über sein Recht durch Abspaltung einzelner Nutzungsrechte verfügen[11]. Nur diese Nutzungsrechte können Gegenstand eines Urheberrechtsvertrags sein.

---

4 *Lütje*, in: Möhring/Nicolini, § 97 Rdnr. 46 ff.

5 Übertragbar ist es nur in Erfüllung einer Verfügung von Todes wegen oder im Wege der Erbauseinandersetzung an Miterben (§ 29 Abs. 1 2. Halbs. UrhG), dann aber vollumfänglich, BGHZ 15, 249.

6 Ganz h.M., so *Schack*, Rdnr. 309; *Rehbinder*, Rdnr. 28; *Kroitzsch*, in: Möhring/Nicolini, § 11 Rdnr. 5; BGHZ 17, 266, 278.

7 *Rehbinder*, Rdnr. 299; *Schack*, Rdnr. 307.

8 Ausnahme: Lediglich dem Miturheber wird nach § 8 Abs. 4 UrhG erlaubt, auf seinen Anteil an den Verwertungsrechten zu Gunsten der anderen Miturheber zu verzichten.

9 BGHZ 129, 66, 73.

10 Zur Terminologie: Verwertungsrechte (§§ 15 ff. UrhG) bezeichnen die allgemeinen und abstrakten Befugnisse des Urhebers, während die Nutzungsrechte (§§ 31 ff. UrhG) die Befugnisse meinen, die dem Nutzungsberechtigten im einzelnen Fall eingeräumt sind. So hat der Urheber z.B. ein abstraktes Vervielfältigungsrecht (§ 16 UrhG) an einem Foto, kann aber mehrere konkrete Nutzungsrechte (z.B. in gedruckter oder digitaler Form) einräumen, s. *Spautz*, in: Möhring/Nicolini, § 31 Rdnr. 1.

11 *Schack*, Rdnr. 529; das wird in § 29 Abs. 2 UrhG klargestellt.

§ 31 UrhG regelt, wie die Verwertung vonstatten geht: Der Urheber räumt einfache oder ausschließliche Nutzungsrechte ein, die als „Tochterrechte" des Urheberrechts anzusehen sind[12]. Diese Nutzungsrechte berechtigen den Erwerber, das Werk je nach Umfang der vereinbarten Rechtseinräumung zu nutzen und verpflichten den Urheber gleichzeitig, das ihm zustehende Verbotsrecht nicht auszuüben oder auf den Erwerber zu übertragen[13]. Diese korrespondierenden Rechte und Pflichten sind wesentliche Bestandteile eines Urheberrechtsvertrags.

Mehrere Verwertungsformen sind zu unterscheiden, wobei die genaue Qualifikation der jeweiligen Form Auswirkungen auf die Anwendbarkeit des Rechts der Leistungsstörungen haben kann und deshalb zwingend vorzunehmen ist[14]:

aa) Translative und konstitutive Rechtseinräumung

Die in § 29 Abs. 1 UrhG bestimmte grundsätzliche Nichtübertragbarkeit des Urheberrechts lässt eine translative Rechtsübertragung („Vollübertragung") nicht zu[15]. Eine solche Übertragung liegt vor, wenn das zu übertragende Recht in seinem vollen Bestand auf ein neues Rechtssubjekt übergeht, so dass der Inhaber einen Rechtsverlust erleidet, der mit einem entsprechenden Rechtezuwachs des Erwerbers korrespondiert[16].

Eine konstitutive Rechtseinräumung ist hingegen grds. möglich[17]. Bei dieser werden nur vom Urheberrecht abgeleitete Verwertungsbefugnisse übergeleitet, ohne dass das Recht hierbei komplett vom Urheberrecht als „Mutterrecht" gelöst wird[18]. Die Einräumung von (ausschließlichen) Nutzungsrechten an Urheberrechten – auch „Lizenz"

---

12 *Spautz*, in: Möhring/Nicolini, § 31 Rdnr. 1.

13 Je nachdem, ob der Vertrag gegenständliche oder bloß obligatorische Wirkung hat; näher dazu in § 1 unter 1. d) aa) bis ee). Hintergrund ist, dass das Urheberrecht seinen Inhaber grds. berechtigt, gegen die unbefugte Verwendung des Urheberrechts mittels eines Verbots im Wege der Unterlassung nach § 97 UrhG vorzugehen. Dieses Verbotsrecht ist auf den Erwerber übertragbar; im Falle bloß schuldrechtlich wirkender Verträge hat der Urheber dem Erwerber die Nutzung zu ermöglichen, so dass er verpflichtet ist, das Verbotsrecht nicht auszuüben; zum Verbotsrecht siehe auch *Schricker*, Vor §§ 28 ff. Rdnr. 48.

14 Siehe näher in § 6 unter 4.

15 So auch *Schricker*, Vor §§ 28 ff. Rdnr. 43.

16 *Haedicke*, S. 80, m.w.N. Eine „Vollübertragung" ist grds. dann denkbar, wenn der Inhaber eines Nutzungsrechts dieses in zulässiger Weise auf einen Dritten (weiter-) überträgt und damit seine Rechtsposition komplett aufgibt, während der Dritte diese Position vollumfänglich erlangt. Eine Untersuchung derartiger Verträge bleibt in vorliegender Arbeit außer Betracht.

17 Das ist bei der einfachen Nutzungsrechtseinräumung (oder Lizenz, siehe zum Begriff § 1 unter 1. f)) umstritten, siehe *Haedicke*, S. 84 ff.; näher § 1 unter 1. d) cc).

18 *Schricker*, Vor §§ 28 ff. Rdnr. 43; *Haedicke*, S. 80 f.

genannt[19] – fällt dogmatisch in aller Regel unter den Begriff der „konstitutiven Rechtseinräumung“[20].

Diese Einräumung hat – zumindest bei der Einräumung ausschließlicher Nutzungsrechte – Verfügungscharakter[21]. Das Nutzungsrecht am urheberrechtlich geschützten Werk bildet den Gegenstand der Rechtsübertragung[22].

bb) *Ausschließliches Nutzungsrecht, ausschließliche Lizenz*

Der Urheber kann dem Erwerber das ausschließliche Nutzungsrecht an seinem Werk einräumen. Dieses berechtigt, das urheberrechlich geschützte Werk unter Ausschluss aller anderen Personen einschließlich des Inhabers des Urheberrechts auf die vertraglich vereinbarte Art zu nutzen[23]. Das ausschließliche Nutzungsrecht wirkt gegenüber jedermann und hat deshalb gegenständlichen Charakter[24]. Der Erwerber erhält neben dem positiven Recht zur Benutzung des Werkes auch ein entsprechendes Verbotsrecht übertragen, mit dem er berechtigt ist, gegen jeden vorzugehen, der dieses Recht verletzt[25]. *Haedicke* spricht hier von einem „Zuständigkeitswechsel“: Mit dem Rechtserwerb, der eine gegenständliche, gegenüber Dritten gesicherte Rechtsstellung einschließlich Sukzessionsschutz bewirkt, korrespondiert der Verlust der entsprechenden Befugnisse durch den Veräußerer[26]. Die Vergabe eines ausschließlichen Nutzungsrechts stellt deshalb eine translative Rechtsübertragung dar.

cc) *Einfaches Nutzungsrecht, einfache Lizenz*

(1) Grundsätzliches

Der Inhaber eines einfachen Nutzungsrechts ist berechtigt, das Werk auf die ihm vertraglich erlaubte Art zu verwerten; ihm steht ein positives Benutzungsrecht zu, das insoweit mit der Verpflichtung des Urhebers, sein Verbotsrecht nicht auszuüben, korrespondiert. Der Urheber als Veräußerer ist jedoch nach § 31 Abs. 2 UrhG von einer ei-

---

19 Die Begriffe „Nutzungsrechtseinräumung“ und „Lizenz“ werden üblicherweise – so auch in vorliegender Untersuchung – synonym verwendet; siehe näher § 1 unter 1. f).

20 *Schricker*, Vor §§ 28 ff. Rdnr. 43; *Haedicke*, S. 81 f.

21 Dies ist bei einfachen Lizenzen höchst umstritten. Da auch der einfachen Lizenz im Urheberrecht nach § 33 UrhG Sukzessionsschutz zukommt, spricht einiges für den Verfügungscharakter der Rechtsübertragung; näher *Haedicke*, S. 84 ff.; siehe auch § 1 unter 1. d) cc).

22 *Haedicke*, S. 81.

23 Siehe § 31 Abs. 3 S. 1 UrhG; näher *Kotthoff*, in: Dreyer/Kotthoff/Meckel, § 31 Rdnr. 103. Im Rahmen der Vertragsfreiheit ist es möglich, diese Ausschließlichkeit abzumildern und eine Nutzung durch den Urheber zuzulassen, vgl. § 31 Abs. 3 S. 2 UrhG.

24 Das ist unbestritten; siehe etwa *Schricker*, Vor §§ 28 ff. Rdnr. 48 m.w.N.; *Kotthoff*, in: Dreyer/Kotthoff/Meckel, § 31 Rdnr. 104.

25 *Schricker*, Vor §§ 28 ff. Rdnr. 48 m.w.N. aus der Rechtsprechung; *Kotthoff*, in: Dreyer/Kotthoff/Meckel, § 31 Rdnr. 104.

26 *Haedicke*, S. 83.

genen Nutzung nicht ausgeschlossen. Weitgehend unstreitig ist, dass der Nutzungsberechtigte grds. nicht aus eigenem Recht gegen die widerrechtliche Nutzung durch Dritte vorgehen kann, sondern hierzu vom Lizenzgeber gesondert ermächtigt werden muss[27].

Strittig hingegen ist sowohl, ob die Einräumung eines einfachen Nutzungsrechts gegenständliche oder lediglich schuldrechtliche Wirkung entfaltet, als auch, ob die Übertragung der positiven Nutzungsrechte als Verfügung angesehen werden kann[28].

(2) Gegenständliche Wirkung?

Auf Grund des in § 33 UrhG für das einfache Nutzungsrecht festgelegten Sukzessionsschutzes, der ein Fortbestehen des Rechts trotz nachfolgender Einräumung einer ausschließlichen Lizenz an eine andere Person regelt, geht die herrschende Auffassung zwischenzeitlich – trotz fehlendem eigenen Klage- und Insolvenzschutz – von einer gegenständlichen Wirkung der einfachen Lizenz aus[29]. Die Gegenansicht steht auf dem Standpunkt, dass das fehlende Recht, selbständig gegen Verletzungen des Rechts durch Dritte vorzugehen, dem Lizenzinhaber gerade nicht die Rechtsbefugnis einräumt, die typischerweise von absolut wirkenden Rechten gewährt wird[30].

Die Frage, welcher Auffassung zu folgen ist, muss für den Untersuchungsgegenstand dieser Arbeit nicht entschieden werden, da Einigkeit darüber besteht, dass auch nur obligatorisch wirkende Rechte zum Gegenstand schuldrechtlicher Verträge gemacht werden können[31]. Im Ergebnis spricht mehr dafür, auch der einfachen Lizenz gegenständliche Wirkung zuzusprechen, weil der in § 33 UrhG festgelegte Schutz unstreitig Dritten gegenüber gilt und daher im Umkehrschluss auf keinen Fall das Fehlen gegenständlicher Wirkungen feststellt werden kann[32].

---

27 *Kotthoff*, in: Dreyer/Kotthoff/Meckel, § 31 Rdnr. 101; BGH GRUR 1959, 200, 201; auch *Haedicke*, S. 83 f.

28 Zum Sach- und Streitstand insbesondere *Haedicke*, S. 84 ff.

29 So *Schricker*, § 33 Rdnr. 1; *Rehbinder*, Rdnr. 306; *Haedicke*, S. 85 f.; *Schack*, Rdnr. 540; *Ulmer*, S. 368 f.

30 *Hertin*, in: Fromm/Nordemann, §§ 31/32 Rdnr. 2; *Spautz*, in: Möhring/Nicolini, § 31 Rdnr. 40. Dabei wird übersehen, dass eine umfassende absolute Wirkung nicht erforderlich ist, um eine gegenständliche Wirkung annehmen zu können. So weist etwa *Canaris* (Festschrift, S. 372, 373 ff.) darauf hin, dass obligatorische Rechtspositionen auch dann „verdinglicht" sein können, wenn sie einige, nicht aber sämtliche Elemente der Dinglichkeit aufweisen. Siehe auch *Haedicke*, S. 86, Fn. 30.

31 Die Arbeit untersucht im Folgenden Leistungsstörungen, die im Rahmen des schuldrechtlichen Vertrages auftreten.

32 Deshalb wird für den weiteren Gang der Untersuchung angenommen, dass der einfachen Lizenz gegenständliche Wirkung zukommt.

(3) Verfügungswirkung?

Die Verfügungsmacht des Veräußerers wird auf Grund des nach § 33 UrhG gewährten Sukzessionsschutzes des Erwerbers durch die Einräumung des einfachen Nutzungsrechtes zumindest teilweise verbraucht. Vereinzelt wird dies für das Vorliegen einer Verfügung als ausreichend angesehen[33]. Die herrschende zivilrechtliche Literatur und die Rechtsprechung verlangen für eine Verfügung indes grds. ein Rechtsgeschäft, das unmittelbar auf Aufhebung, Übertragung, Belastung oder Inhaltsänderung eines Rechts gerichtet ist[34]. Auf Grundlage dieser Definition zweifelt *Haedicke* – trotz der Einschränkung der Verfügungsmacht – an der Verfügungswirkung der einfachen Lizenz, weil diese vor allem eine „Verdoppelung der Nutzungsbefugnisse"[35], nicht aber eine Schmälerung der Rechtsposition des Veräußerers mit sich bringe und schließt mit der Feststellung, dass der Vergabe einfacher Nutzungsrechte „gewisse Verfügungswirkungen" zukomme[36].

Beiden Ansichten ist gemein, dass die Verfügungswirkung des § 33 UrhG nicht in Abrede gestellt wird. Der Begriff *Haedickes* („gewisse Verfügungswirkungen") bestimmt den „kleinsten gemeinsamen Nenner".

Diese Festellung ist für den weiteren Gang der Untersuchung zunächst ausreichend. Sie zeigt, dass auch im Rahmen der Einräumung eines einfachen Nutzungsrechts grds. zwischen der Verfügung und dem dieser Verfügung zu Grunde liegenden Verpflichtungsgeschäft zu trennen ist[37].

dd) Schuldrechtliche Geschäfte über die Nutzung eines Werkes

Neben der gegenständlichen Einräumung von Nutzungsrechten mit Verfügungscharakter und der Vergabe einfacher Lizenzen mit den in § 1 unter 1. d) cc) beschriebenen Einschränkungen können die Vertragsparteien auch lediglich inter partes wirkende schuldrechtliche Verträge schließen, in denen dem Erwerber die Werknutzung gestattet wird[38]. Im Rahmen der Vertragsfreiheit ist der Inhalt dieses Rechtsgeschäfts grds. frei definierbar. In der Regel wird dem Erwerber erlaubt, das Werk auf die gestattete Art zu nutzen, während der Veräußerer verpflichtet ist, sein Verbotsrecht nicht auszuüben[39]. Der Unterschied zur Einräumung einer einfachen Lizenz besteht primär darin,

---

33 So etwa *Kraßer*, GRUR Int. 1973, 230, 232.

34 *Hübner*, Rdnr. 390; BGHZ 13, 1, 3; siehe auch *Haedicke*, S. 86 f. m.w.N.

35 Der Veräußerer ist trotz der Vergabe einer einfachen Lizenz grds. berechtigt, entweder weitere Lizenzen zu vergeben oder das Werk selbst zu nutzen. Dies entspricht gerade dem Wesen der einfachen Nutzungsrechtseinräumung.

36 *Haedicke*, S. 86 f.

37 S. näher § 1 unter 1. c) ff) (3).

38 Das ist unstreitig. Siehe etwa *Schricker*, Vor §§ 28 ff. Rdn. 25; OLG Hamburg, UFITA 67 (1973), S. 245, 257. Derartige Verträge stellen zumeist Miet- oder Pachtverträge dar; siehe in § 6 unter 4.

39 *Schricker*, Vor §§ 28 Rdnr. 25 m.w.N.; *v. Gamm*, § 33 Rdnr. 5.

dass dem ausschließlich schuldrechtlichen Vertrag kein Sukzessionsschutz nach § 33 UrhG zukommt und die Vertragspartner Ansprüche ausschließlich untereinander geltend zu machen haben. Ob und inwieweit bei diesen rein obligatorischen wirkenden Verträgen das gesamte bürgerlich-rechtliche Vertragsspektrum zur Anwendung kommen kann, ist im Einzelnen streitig und wird im Verlauf der Untersuchung behandelt[40].

ee) Einwilligung in Eingriffe

Der Inhaber des Urheberrechts kann Eingriffe in seine Verwertungsrechte durch eine einseitige, lediglich schuldrechtlich wirkende Einwilligung legalisieren[41]. Diese erlaubt zwar die Verwertung von Werken und insbesondere urheberpersönlichkeitsrechtlichen Befugnissen, jedoch findet nach allgemeiner Ansicht keine Änderung der Zuordnung hinsichtlich des der Einwilligung zu Grunde liegenden Werkes oder Rechts statt[42]. Diese Verwertungsform entfaltet ihre Wirkung deshalb ausschließlich inter partes und ähnelt deshalb den in § 1 unter 1. d) dd) dargestellten lediglich schuldrechtlich wirkenden Geschäfte. Die Einwilligung stellt eine einseitige Erlaubnis oder Gestattung zur Werknutzung dar.

ff) Trennungsprinzip und Urheberrechtsvertrag

(1) Grundsätzliches

Das Trennungsprinzip besagt, dass das Verfügungsgeschäft gegenüber dem zu Grunde liegenden schuldrechtlichen Grundgeschäft, dessen Erfüllung es dient, ein gesondertes Rechtsgeschäft ist. Das Verfügungsgeschäft stellt demnach einen rechtlich eigenständigen dinglichen Vertrag dar[43]. Diese Trennung der Ebenen ist nach dem Willen des Gesetzgebers sinnvoll, weil die Verfügung auf Grund ihrer gegenständlichen Wirkung die Interessen Dritter und der Allgemeinheit berührt. Die Wirksamkeit einer Verfügung setzt deshalb eine gesonderte Verfügungsmacht voraus, während das schuldrechtliche Kausalgeschäft von einer solchen unabhängig und zwischen den Parteien stets wirksam ist[44]. Das Trennungsprinzip ist nur dann erforderlich, wenn neben dem schuld-

---

40 S. in § 6 unter 4.

41 Die dogmatische Einordnung der Einwilligung als einseitiges Rechtsgeschäft ist nicht unstreitig. Im Rahmen der vorliegenden Untersuchung wird hiervon ausgegangen. Die Einwilligung ist im Einzelfall von einer ebenfalls möglichen vertraglichen „Negativlizenz" abzugrenzen, die wie die Einwilligung nicht zu einer Änderung der Rechtszuständigkeit führt, sondern nur die Verbotsansprüche des Vertragspartners ausschließt; siehe näher *Haedicke*, S. 91 f. (insb. Fn. 43).

42 *Schricker*, Vor §§ 28 Rdnr. 27 f.; *Rehbinder*, Rdnr. 306; *Kotthoff*, in: Dreyer/Kotthoff/Meckel, § 31 Rdnr. 16; *Haedicke*, S. 91 f. Die Einwilligung kann – vor allem im Rahmen des § 23 UrhG – auch gegenständlich wirken; *Schricker*, Vor §§ 28 Rdnr. 27; § 23 Rdnr. 19 m.w.N.

43 *Flume*, AT, § 12 III, S. 173 ff.; *Bassenge*, in: Palandt, Einl. v. § 854 Rdnr. 16.

44 Freilich ist das Nichterfüllen des Verpflichtungsgeschäfts auf sekundärer Ebene schadensersatzbewehrt; vgl. zum Ganzen *Haedicke*, S. 104 m.w.N. *Haedicke* ist der Auffassung, dass diese – beschränkbare – Verfügungsmacht die widerstreitenden Interessen des Veräußerers, Dritter und

rechtlichen Vertrag noch eine gegenständliche Übertragung von Rechtspositionen erfolgen muss, um das schuldrechtliche Rechtsgeschäft ordnungsgemäß zu erfüllen. Diese gesonderte Übertragung von Rechtspositionen ist etwa beim obligatorisch wirkenden Kaufvertrag, der als Umsatzgeschäft regelmäßig eine Zuordnungsänderung der Nutzungsrechte erst vorbereitet und gleichzeitig als Wesenselement erfordert[45], notwendig[46]. Das Trennungsprinzip stellt ein notwendiges Typenmerkmal eines Kaufvertrages dar[47].

(2) Anwendbarkeit bei ausschließlicher Nutzungsrechtseinräumung

Das Trennungsprinzip gilt grds. auch bei urheberrechtlichen Verträgen[48], die die Verpflichtung zur Einräumung eines gegenständlichen Nutzungsrechts beinhalten. Damit ist es bei der Vergabe einer ausschließlichen Lizenz anwendbar, die – wie in § 1 unter 1. d) bb) untersucht – Verfügungswirkung entfaltet[49].

(3) Anwendbarkeit bei einfacher Nutzungsrechtseinräumung?

Ob das Trennungsprinzip auch bei der einfachen Lizenzvergabe angewendet werden kann, ist umstritten. Bei Verträgen über einfache Nutzungsrechtseinräumungen ist – wie in § 1 unter 1. d) cc) dargestellt – streitig, ob dem Vertrag neben der obligatorischen Wirkung auch eine Verfügungswirkung innewohnt. Dafür spricht der Sukzessionsschutz des § 33 UrhG; dagegen, dass kein umfassender Wechsel in der Rechtzuständigkeit, sondern vor allem eine Verdoppelung der Nutzungsbefugnisse eintritt.

Haedicke prüft die Anwendbarkeit des Trennungsprinzips bei der einfachen Lizenzvergabe im Zusammenhang mit der Frage, ob diese Lizenzen kaufrechtlichen Regelungen zugänglich sind[50]. Er ist der Auffassung, dass das schutzwürdige Interesse der Allgemeinheit wegen der fehlenden umfassenden Verfügungswirkung und des fehlenden Zuständigkeitswechsels – die einfache Lizenz entfaltet ihre Wirkung im Wesentlichen zwischen den Vertragsparteien – geringer ausfalle und deshalb kein Bedürfnis nach einer Trennung der Verträge und den Bestand einer Verfügungsmacht bestehe[51]. Das folge auch daraus, dass einfache Lizenzverträge eher den Gebrauchsüberlassungs-

---

der Allgemeinheit bei rechtsgeschäftlichen Gütertransfers zu einem Ausgleich zu bringen vermag, *Haedicke*, JuS 2001, 966, 969 f.

45 Siehe ausführlich *Haedicke*, S. 93 ff.

46 *Haedicke*, S. 94.

47 So auch *Haedicke*, S. 100, 107.

48 Ganz herrschende Meinung; etwa: *Schricker*, Vor §§ 28 ff. Rdnr. 58; *Kotthoff*, in: Dreyer/Kotthoff/Meckel, § 31 Rdnr. 17.

49 Das entspricht allgemeiner Auffassung; etwa *Schricker*, Vor §§ 28 ff. Rdnr. 58; *Wente/Härle*, GRUR 1997, 96; *Haedicke*, S. 103 ff. m.w.N.

50 *Haedicke*, S. 100 ff., insb. S. 108, S. 110.

51 *Haedicke*, S. 108.

verträgen ähneln und grds. den Regeln über die Rechtspacht unterfallen[52]. *Haedicke* lehnt die Anwendbarkeit des Trennungsprinzips bei der einfachen Nutzungsrechtseinräumung mit diesen überzeugenden Argumenten ab[53].

(4) Bedeutung für den Gang der Untersuchung

Die Arbeit untersucht im dritten Teil Leistungsstörungen im schuldrechtlichen Teil des Urheberrechtsvertrages. Deshalb kann für den Gang der Untersuchung weitgehend offen bleiben, ob das schuldrechtliche Grundgeschäft von der gegenständlichen Rechtseinräumung auch bei der einfachen Lizenz zu trennen ist. Sowohl Verträge über ausschließliche als auch solche über einfache Lizenzen setzen zwingend ein schuldrechtliches Verpflichtungsgeschäft voraus.

Liegen die Mängel in der (fehlenden oder eingeschränkten) Verfügungsmacht des Urhebers, so wirken sich diese u.U. auf den schuldrechtlichen Vertragsteil aus, weil der Urheber den Vertrag dann nicht oder nicht wie geschuldet erfüllen kann.

e) Folgerungen für die Begriffsbestimmung; Definition

Allen Verträgen über Verwertungsrechte ist gemein, dass sie das Urheberrecht als solches auf Grund seiner Nichtübertragbarkeit unangetastet lassen und dennoch ein Nutzungsrecht begründen, das – je nach Ausgestaltung des Vertrages – auch Dritten gegenüber wirken kann. Die Basis jeglicher Rechtseinräumung ist dabei der schuldrechtliche, nur zwischen den Parteien wirkende Vertrag, der den Urheber zu weiteren Verhaltensweisen (z.B. Rechtseinräumung oder Nichtausübung seines Verbotsrechts) verpflichtet. Dieser obligatorische Vertrag ist Gegenstand der weiteren Untersuchung.

Betrachtet man nun diesen schuldrechtlichen Vertragsbereich, so ist festzustellen, dass der Urheber als Veräußerer stets zur einem Tun oder Unterlassen[54] verpflichtet wird; entweder er schuldet – etwa bei der ausschließlichen Lizenz – einer anderen Person die

52 *Haedicke*, S. 108, S. 110. Wegen der fehlenden Verfügungswirkung gelte das Trennungsprinzip auch nicht für bloße schuldrechtliche Verträge und sonstige obligatorische Einwilligungen; *Haedicke*, S. 110. Die Einordnung von Lizenzverträgen als Rechtspacht befürwortet die wohl herrschende Meinung, siehe *Cebulla*, S. 98 ff.; *Stumpf/Groß*, Rdnr. 24 (Pachtrecht analog); *Ohl*, GRUR 1992, 77 f. Andere Stimmen in der Literatur und die Rechtsprechung qualifizieren diese Verträge als „Vertrag sui generis" mit pacht- und kaufrechtlichen Elementen, etwa BGHZ 26, 7, 9; 105, 374, 378; *Henn*, Rdnr. 90; *Gitter*, S. 398 f. Eine dritte Ansicht bewertet den Lizenzvertrag als Rechtskauf oder zumindest rechtskaufähnlichen Vertrag, so *Nirk*, GRUR 1970, 329 f. (für das Patentrecht). Näher in § 6 unter 2.

53 *Haedicke*, S. 80 ff., insb. S 110.

54 Das gilt nicht für die bloße Einwilligung in die Werknutzung, wenn man sie als einseitiges Rechtsgeschäft und nicht als „Negativlizenz" ansieht; siehe hierzu § 1 unter 1. d) dd).

Einräumung von Nutzungs- und Verbotsrechten an Urheberrechten[55], oder er hat sich – bei der einfachen Lizenz oder sonstigen nur schuldrechtlich wirkenden Verträgen – seines Verbotsrechts zu enthalten. Diese Verpflichtungen stellen jeweils die vom Urheber zu erbringenden Hauptleistungen dar.

Der schuldrechtliche Teil des Urheberrechtsvertrag – nachfolgend als „Urheberrechtsvertrag“ bezeichnet – verpflichet den Urheber somit zu einer Rechtseinräumung oder zum Unterlassen der Geltendmachtung eines Rechtes[56]. Er stellt mithin einen Vertrag über Rechte dar.

Demnach lässt sich der Grundtypus dieses Vertrages wie folgt definieren:

Der Urheberrechtsvertrag verpflichtet den Urheber

a) bei der ausschließlichen Lizenz, dem Erwerber das Nutzungs- und Verbotsrecht am urheberrechtlich geschützten Werk im vereinbarten Umfang einzuräumen,

b) bei der einfachen Lizenz oder bei sonstigen nur obligatorisch wirkenden Verträgen, dem Erwerber die Nutzung des Werkes im vereinbarten Umfang durch Nichtausübung seines Verbotsrecht zu ermöglichen und

c) den Erwerber, die hierfür vereinbarte Gegenleistung zu erbringen[57].

Die Ausgestaltung dieser Pflichten und der konkrete Vertragsumfang ist eine Frage des konkreten, im Einzelfall zu ermittelnden Vertragsinhalts[58].

f) Abgrenzung zum Begriff der Lizenz

Eine begriffliche Unterscheidung zwischen der Nutzungsrechtseinräumung und der Vergabe von Lizenzen ist auf Grund der zumeist synonymen Verwendung im Bereich des Urheberrechtsverkehrs weder in ausreichender Klarheit möglich noch notwendig[59]. Die Lizenzvergabe wird als die vertragliche Verpflichtung des Lizenzgebers definiert,

---

55 *Spautz*, in: Möhring/Nicolini, § 31 Rdnr. 13. Die Rechtseinräumung zum Zwecke der Vervielfältigung oder Darbietung ist der Hauptbestandteil des Lizenzvertrages und damit der „werkvermittelnden Kommunikation“, *Brinkmann*, S. 108.

56 Der Erwerber hat die hierfür vereinbarte Gegenleistung zu erbringen. Diese Pflicht ist selbstverständlich und prägt den urheberrechtlichen Teil des Vertrages nicht.

57 Die Defintion lehnt sich im Wortlaut an eine Definition *Ulmers*, S. 383, an („Der einzelne zwischen den Parteien geschlossene Urheberrechtsvertrag wird als Vertrag verstanden, der über die Einräumung von Nutzungsrechten an urheberrechtlich geschützten Werken geschlossen wird.“), die aber auf die Nutzungsrechtseinräumung als Verfügungsgeschäft abzielt und deshalb nur sehr eingeschränkt für eine genaue Bestimmung des schuldrechtlichen Kausalgeschäfts taugt.

58 Gegenstand der vorliegenden Arbeit sind nur Verträge, an denen der Urheber als Vertragspartei direkt beteiligt ist. Auch Wahrnehmungsverträge werden nicht behandelt.

59 *Rehbinder*, Rdnr. 306 f.; *Kotthoff*, in: Dreyer/Kotthoff/Meckel, § 31 Rdnr. 99.

dem Lizenznehmer den Gebrauch eines nichtkörperlichen, geistigen Gutes im vereinbarten Umfang zu gewähren, ohne das Immaterialgut selbst aufzugeben[60]. Die vorliegende Untersuchung verwendet beide Begriffe, ohne damit eine unterschiedliche Bedeutung erreichen zu wollen.

2. Einzelne Vertragsarten

a) Beispiele

In der Praxis kommen Urheberrechtsverträge in unterschiedlichen Arten und Ausgestaltungen vor[61]:

- Der *Buchverlag* ist das Kernstück des Verlagsvertrags. Wesentlicher Inhalt ist einerseits die Verpflichtung des Verfassers, dem Verleger das Werk zur Vervielfältigung und Verbreitung zu überlassen und andererseits die Auswertungspflicht des Verlegers (§ 1 VerlG).
- Der *Musikverlag* über Werke der Tonkunst unterfällt nach § 1 VerlG ebenfalls dem Verlagsgesetz. Die Verwertung der sog. „Nebenrechte" – Aufführungs-, Sende-, und Schallplattenrechte – spielt heute die wesentliche Rolle[62].
- Der *Kunstverlag* betrifft die Herstellung und den Vertrieb von Kunstwerken[63].
- Unter *Sendeverträgen* werden solche verstanden, die zur Einräumung von Rechten für Rundfunksendungen (§ 20 UrhG) führen[64].
- Bei *Filmverträgen* unterscheidet das Gesetz zwischen den Verträgen über die bei der Filmherstellung benutzten Werke (§ 88 UrhG; z.B. Roman, Drehbuch, Filmmusik) und Verträgen mit den bei der Filmherstellung Mitwirkenden (§ 89 UrhG; Regisseur, Kameramann etc.). Das Spektrum reicht von der Idee, dem Drehbuch, der Produktion über die Aufführung, den Filmverleih bis hin zur Videoverwertung des Werkes.
- Schließlich kommen in der Praxis weitere Verträge wie der *Architektenvertrag*, der *Galerievertrag*, der *Softwareüberlassungsvertrag* oder der *Vertrag über die Verwertung von Fotografien* vor[65].

---

60 *Strasser*, in: Münchener Anwalts-Handbuch, § 38 Rdnr. 1. Der Begriff der Lizenz wird in der vorliegenden Untersuchung ebenfalls synonym verwendet.

61 Die Aufzählung ist nicht abschließend.

62 Diese Nebenrechte werden häufig von der GEMA wahrgenommen. Derartige Wahrnehmungsverträge sind nicht Gegenstand dieser Arbeit; zum Ganzen: *Sikorski*, S. 643 ff.

63 S. umfassend: *Schneider*, Das Recht des Kunstverlags; *Schricker*, Vor §§ 28 ff. Rdnr. 83.

64 *Ulmer* (Gutachten), Rdnr. 82 ff.

65 S. *Schricker*, Vor §§ 28 ff. Rdnr. 108 ff.

b) Bedeutung der Einordnung des Vertragstyps für das Leistungsstörungsrecht

Es ist nicht zwingend notwendig, vor der Klärung der Rechtsfolgen bei Leistungsstörungen zunächst danach zu fragen, welcher Vertragstypus vorliegt. Leistungsstörungen in Urheberrechtsverträgen werden in der Regel mangels spezialgesetzlicher Vorschriften nach den Normen des BGB beurteilt[66]. *Haedicke* ist der Auffassung, dass dies auf Grund des umfassenden Geltungsanspruchs des BGB gegenüber der Schaffung eines immaterialgüterrechtlichen Sonderprivatrechts sowohl dogmatisch als auch systematisch grds. dann vorrangig sei, wenn die zivilrechtlichen Grundsätze auf die Veräußerung von Immaterialgütern übertragen werden können[67]. Weitgehend unstreitig ist, dass die Regelungen des BGB nur auf den Urheberrechtsvertrag übertragen werden können, wenn und soweit sie hierauf auf Grund der Besonderheiten des Urheberrechtes „passen“[68].

Das bedeutet, dass es nicht darauf ankommt, ob z.B. ein Sende- oder Musikvertrag vorliegt, sondern ausschließlich darauf, ob sich die Rechte und Pflichten des konkret zu prüfenden Vertrages nach kaufrechtlichen, werkvertraglichen oder sonstigen in Betracht kommenden Regeln beurteilen.

Zudem ist mit der Typisierung allein nicht viel gewonnen. Es ist vielfach nicht möglich, einen Urheberrechtsvertrag stets als Kauf- oder Werkvertrag einzuordnen. Er kann im Einzelfall kauf-, werk-, pacht-, miet- oder gesellschaftsrechtliche Elemente aufweisen[69]. Das hat zur Folge, dass eine Zuordnung zum anwendbaren Recht des BGB erforderlich wird.

Viel wesentlicher als die Feststellung des speziellen urheberrechtlichen Vertragstyps ist demnach dessen Zuordnung zu einem konkreten BGB-Vertragstyp anhand des noch näher zu beschreibenden Vertragsinhalts. Erst mit Ermittlung dieses Regelungsbereichs lassen sich die Leistungsstörungen erfassen und behandeln. Der urheberrechtliche Vertragstyp dient allenfalls als Auslegungshilfe, wenn bei der Frage, ob es sich um einen bestimmten BGB-Vertrag (z.B. bei der Abgrenzung Dienst- oder Werkvertrag) handelt, urheberrechtliche Ziele eines Vertragstyps als Kriterium für dessen rechtliche Einordnung dienen können.

---

66 Ausführlicher in § 5 unter 2.

67 *Haedicke*, S. 8 ff.

68 S. ausführlich in § 5 unter 2.

69 Etwa *Schack*, Rdnr. 995.

§ 2
Vertragsgegenstand

1. Urheberrechtlicher Werkschutz

a) Einleitende Überlegungen

Das Urheberrecht weist einen objektiven und einen subjektiven Bestandteil auf: Es schützt im objektiven Sinne bestimmte (Geistes-)Werke und vermittelt im subjektiven Sinne die Rechte an dieser Schöpfung[70]. § 11 S. 1 UrhG normiert im Lichte der monistischen Theorie, dass das Urheberrecht „den Urheber in seinen geistigen und persönlichen Beziehungen zum Werk und in der Nutzung des Werkes" schützt. Grundlage für den Abschluss eines Vertrages über Nutzungs- und Verwertungsrechte an Urheberrechten ist ein urheberrechtlich geschütztes Werk. Erst die Werkqualität eines geistigen Gegenstandes öffnet die Tür zur Anwendbarkeit des Urheberrechtsgesetzes und damit die Möglichkeit zum Abschluss eines Vertrages über Nutzungsrechte an Urheberrechten. Deshalb ist zunächst der Werkbegriff im Sinne des Urheberrechts zu definieren.

Das Werk und damit der Schutzgegenstand des Urheberrechts nach Maßgabe des Urheberrechtsgesetzes wird in den §§ 1, 2 UrhG beschrieben[71]. Die Normen grenzen das Urheberrecht von nicht schutzfähigen Gestaltungen ab[72].

b) Werkbegriff des § 2 UrhG: persönliche geistige Schöpfungen der Literatur, Wissenschaft und Kunst

§ 2 Abs. 2 UrhG definiert Werke als „persönliche geistige Schöpfungen". Über § 2 Abs. 1 UrhG wird der Anwendungsbereich auf solche Werke der „Literatur, Wissenschaft und Kunst" begrenzt, die in einem beispielhaften Katalog aufgezählt werden, um dem Anwendungsfeld des Urheberrechts Konturen zu verleihen[73].

Das Merkmal der „persönliche Schöpfung" setzt eine menschlich-gestalterische Tätigkeit des Urhebers voraus. Es stellt die Verbindung und Zurechnung zur Individualität des Schöpfers her.

---

70 *Rehbinder*, Rdnr. 2 f.

71 § 1 UrhG („Die Urheber von Werken der Literatur, Wissenschaft und Kunst genießen für ihre Werke Schutz nach Maßgabe dieses Gesetzes") bildet dagegen nur eine präambelartige Einleitung ohne besonderen Regelungsgehalt, *Schricker*, § 1 Rdnr. 1.

72 *Loewenheim*, in: Schricker, § 2 Rdnr. 1.

73 Die Begriffe der „Literatur, Wissenschaft und Kunst" werden grds. weit ausgelegt, näher *Schricker*, Einleitung, Rdnr. 4. Steht fest, dass es sich um Werke handelt, die in eine der drei Kategorien fallen, ist eine weitere Unterscheidung für den Anwendungsbereich des Urheberrechts entbehrlich. Sie dient heute häufig vor allem der Abgrenzung zu anderen Bereichen und Schöpfungen des Wirtschaftrechts, wie z.B. dem Patent- oder Geschmacksmusterrecht. Überschneidungen sind in diesem Bereich der kreativen Arbeit unvermeidlich; s. auch *Seith*, S. 5.

Das Merkmal „geistig" grenzt das Werk von körperlichen Gegenständen ab und stellt so den Bezug zur Immaterialität des urheberrechtlichen Werkbegriffs her[74]. Erforderlich ist ein Inhalt, der über das „bloße sinnlich wahrnehmbare Substrat hinausgeht, eine Botschaft, die dem Bereich der Gedanken, des Ästhetischen oder sonstiger menschlicher Regungen und Reaktionsweisen zugehört"[75]. Der menschliche Geist muss im Werk zum Ausdruck kommen[76].

Seith beschreibt das Zusammenspiel und die Verbindung zwischen Geist, Werk und Urheber anschaulich und macht so die enge persönlich-geistige Bindung des Urhebers zu seiner Schöpfung deutlich, die dem Urheberrecht sein Wesen verleiht: „Im vom Urheber geschaffenen immateriellen Gut äußert sich die Persönlichkeit des Urhebers, schuf dieser einen auf ihn selbst bezogenen, jedoch zugleich geistig verselbstständigten, immateriellen Ausdruck seiner selbst"[77].

c) Abgrenzung zum Werkstück und zur Werkgattung

Das urheberrechtliche Werk ist vom Werkstück zu trennen. Während das Werk die immaterielle Schöpfung des Urhebers darstellt, ist das Werkstück die damit korrespondierende Verkörperung. Nur das Werk unterliegt grundsätzlich dem Urheberrechtsschutz[78].

Auch die Werkgattung als solche genießt keinen Urheberrechtsschutz. So ist etwa ein neuer Typ oder eine neue Form von Werken (z.B. neue Größe oder Art eines Lexikons) nicht urheberrechtlich geschützt[79].

2. Verwandte Schutzrechte

a) Abgrenzung zum Werk

Das Urheberrecht gewährt im 2. Teil unter der Überschrift „Verwandte Schutzrechte" in den §§ 70-87 UrhG und den §§ 94, 95 UrhG einigen dem Werk ähnlichen Leistungen Schutz, die zwar nicht schöpferisch i.S.d. § 2 Abs. 2 UrhG sind, aber dennoch im weitesten Sinne Kultur vermitteln und auf Grund einer gesetzgeberischen Wertung Schutz erfahren sollen.

---

74 So auch *Seith*, S. 5.

75 *Loewenheim*, in: Schricker, § 2 Rdnr. 18.

76 *Loewenheim*, in: Schricker, § 2 Rdnr. 18.

77 *Seith*, S. 5. Das Werk muss darüber hinaus noch durch menschliche Sinne wahrnehmbar und insgesamt individuell sein, BGH GRUR 1985, 1041, 1046; *Rehbinder*, Rdnr. 116 (zur Wahrnehmbarkeit); BGH GRUR 1995, 673, 675; 1994, 206, 207 f.; *Haberstumpf*, in: GRUR-FS, Rdnr. 27 (zur Individualität).

78 Das Werkstück unterliegt urheberrechtlichem Schutz dann, wenn sich eine Beeinträchtigung des Werkes in ihm dokumentiert, z.B. bei Entstellung des Werkes nach § 14 UrhG.

79 *Rehbinder*, Rdnr. 113; BGHZ 18, 177 f.

Dabei ist der urheberrechtliche Schutz des Werkes als geistige Schöpfung nicht mit der geistigen Leistung im Sinne der oben genannten Normen zu verwechseln: Während im Werk der individuelle Geist in einer bestimmten Form zum Ausdruck kommt und ein neuer geistiger Gegenstand entsteht, wird bei den verwandten (Leistungsschutz-) Rechten in der Regel nur eine individuelle Tätigkeit dargestellt, die auf einem geistigen Werk beruht oder erheblicher technischer, organisatorischer und/oder wirtschaftlicher Aufwand eines Verwerters – etwa im Fall des Tonträgerherstellers (§ 85 UrhG), des Sendeunternehmens (§ 87 UrhG) oder des Veranstalters (§ 81 UrhG)[80] – geschützt. Das urheberrechtliche „Werk" ist subjektiv-individuell, die „Leistung" der verwandten Schutzrechte regelmäßig nur objektiv-eigenartig oder in sonstiger Weise – etwa wirtschaftlich – schutzwürdig. So liefert der Sänger, der das Lied nicht komponiert hat, eine solche objektiv-eigenartige Leistung ab, während der Komponist das subjektiv-individuelle Werk geschaffen hat[81].

b) Bedeutung für das Urhebervertragsrecht

Mit dem Inhaber dieser verwandten Schutzrechte kann ein Vertrag über Nutzungsrechte geschlossen werden, z.B. in dem sich der Interpret verpflichtet, an einem bestimmten Termin aufzutreten. Diese Verträge weisen keine Besonderheiten auf, die über den eigentlichen Urheberrechtsvertrag hinausgehen oder die bei der Behandlung von Leistungsstörungen zusätzlich zu beachten wären: Zum einen wird bei den enumerativ aufgezählten verwandten Schutzrechten in vielen Fällen auf das Urheberrecht an Werken verwiesen (z.B. §§ 70, 72, 78 ff. UrhG), sodass von dessen Besonderheiten (Unübertragbarkeit, Verwertung durch die Einräumung von Nutzungsrechten) auszugehen ist[82]. Zum anderen enthalten die sonstigen verwandten Schutzrechte keine persönlichkeitsrechtlichen Besonderheiten, sodass sie als „normale" Vermögensrechte nach § 413 i.V.m. §§ 398 ff. BGB übertragbar sind[83].

Bei der Frage der Beurteilung von Leistungsstörungen ist deshalb darauf abzustellen, ob das Gesetz die Regeln über das Urheberrecht für anwendbar erklärt. Wenn das der Fall ist, sind Leistungsstörungen, die im Rahmen dieser Verträge vorkommen, wie Störungen in sonstigen Urheberrechtsverträgen zu beurteilen[84].

---

80 *Meckel*, in Dreyer/Kotthoff/Meckel, § 85 Rdnr. 1 für den Tonträgerhersteller, § 87 Rdnr. 1 für das Sendeunternehmen, § 81 Rdnr. 3 für den Veranstalter.

81 *Rehbinder*, Rdnr. 59.

82 *Schricker*, Vor §§ 28 Rdnr. 33.

83 *Schricker*, Vor §§ 28 Rdnr. 35; so ausdrücklich bestimmt für § 71 Abs. 2 UrhG.

84 Ist das UrhG für verwandte Schutzrechte im Einzelfall nicht anwendbar, richtet sich die Behandlung nach allgemeinem Zivilrecht.

3. Urheberpersönlichkeitsrecht

a) Inhalt

Nach § 11 UrhG schützt das Urheberrecht den Urheber nicht nur in der Nutzung des Werkes, sondern auch in seinen geistigen und persönlichen Beziehungen zu ihm. Demgemäß gehört zum Inhalt des Urheberrechts neben den Verwertungsrechten auch das Urheberpersönlichkeitsrecht[85]. Dieses Recht wird vor allem in den §§ 12-14 UrhG, die die persönliche Beziehung des Urhebers zu seinem Werk betreffen, ausgestaltet: § 12 UrhG gewährt dem Urheber ein Erstveröffentlichungsrecht. § 13 UrhG regelt das Recht des Urhebers auf Anerkennung seiner Urheberschaft und gewährt ihm ein Abwehrrecht, mit dem sich der Urheber gegen die Anmaßung der Urheberschaft durch einen Dritten wehren kann. § 14 UrhG gibt dem Urheber Schutz gegen Entstellungen seines Werkes, wenn sie geeignet sind, seine berechtigten Interessen zu gefährden und dient dem Schutz seiner Ehre[86].

b) Weitere Merkmale des Urheberpersönlichkeitsrechts

Das Urheberpersönlichkeitsrecht teilt mit dem Urheberrecht die in § 29 Abs. 1 UrhG geregelte Unübertragbarkeit unter Lebenden[87] und die Unverzichtbarkeit[88].

c) Bedeutung für das Urhebervertragsrecht

Das Urhebervertragsrecht ermöglicht dem Urheber die Verwertung seines Werkes, indem es dessen Nutzung regelt. Diese materiellen Interessen können – das zeigt schon § 11 UrhG – nicht von den ideellen Interessen des Urhebers getrennt werden.

So dient z.B. gerade das in § 12 UrhG geregelte Veröffentlichungsrecht neben dem ideellen, persönlichen Interesse des Urhebers, Ehre und Ansehen zu gewinnen, seinem Verwertungsinteresse, da erst ein veröffentlichtes Werk genutzt werden kann. Trotz der Unübertragbarkeit des Urheberpersönlichkeitsrechts kann sich der Urheber schuldrechtlich binden, soweit es zur ungestörten Werknutzung durch Dritte notwendig ist[89]. Damit ähnelt es in vermögensrechtlicher Hinsicht dem Urheberrecht. Man kann also in Bezug auf das Urhebervertragsrecht sagen, dass die Realisierung der Urheberpersön-

---

85 *Rehbinder*, Rdnr. 235.

86 *Rehbinder*, Rdnr. 243. Das Urheberpersönlichkeitsrecht wird durch eine Reihe weiterer Befugnisse geschützt. Die wichtigsten Normen sind: § 25 UrhG (Zugangsrecht), § 29 UrhG (Unübertragbarkeit des Urheberrechts), § 34 UrhG (Erfordernis der Zustimmung des Urhebers zur Übertragung von Nutzungsrechten) und § 42 UrhG (Rückrufsrecht wegen gewandelter Überzeugung). Daneben schützen §§ 62, 63, 122 ff. UrhG das Urheberpersönlichkeitsrecht; s. auch *Rehbinder*, Rdnr. 235.

87 S. § 1 unter 1. b).; *Dietz*, in: Schricker, Vor §§ 12 ff. Rdnr. 26.

88 *Osenberg*, S. 46.

89 *Hertin*, in: Fromm/Nordemann, Vor § 12 Rdnr. 4; *v. Gamm*, § 11 Rdnr. 7 und § 29 Rdnr. 4.

lichkeitsrechte – mit Ausnahme der reinen Verbotsrechte (z.B. § 14 UrhG) – durch Ausübung der Verwertungsrechte und damit häufig vertraglich erfolgt[90].

d) Abgrenzung zum allgemeinen Persönlichkeitsrecht

Die persönliche Beziehung des Urhebers zu seinem Werk in ideeller und wirtschaftlicher Hinsicht als Gegenstand des Urheberpersönlichkeitsrechts grenzt dieses vom allgemeinen Persönlichkeitsrecht ab[91]. Das Urheberpersönlichkeitsrecht ist auf Grund der Stellung im einheitlichen Urheberrecht eigenständig und geht dem allgemeinen Persönlichkeitsrecht in seinem Anwendungsbereich als Spezialregelung vor[92]. Während das allgemeine Persönlichkeitsrecht unabhängig von einem bestimmten Werk besteht und die persönlichen Interessen des Urhebers als solche schützt, betrifft das Urheberpersönlichkeitsrecht nur die geistigen und persönlichen Beziehungen des Urhebers zu seinem Werk[93]. Es geht deshalb in seinem urheberrechtlichen Anwendungsbereich weiter als das allgemeine Persönlichkeitsrecht, während es daneben noch Schutz gewährt, der vom Urheberrecht nicht umfasst wird, z.B. Ruf und Ehre als ausschließlich persönliche Interessen des Urhebers[94].

Insofern kann von einer gegenseitigen, sinnvollen und umfassenden Ergänzung beider Rechte gesprochen werden. Auf Grund der Unterschiede sollte man darauf achten, die Terminologie nicht zu verwechseln[95].

4. Verwertungsbefugnisse des Urhebers

Die §§ 15-22 UrhG fassen die Verwertungsrechte des Urhebers zusammen. Sie weisen auch einen urheberpersönlichkeitsrechtlichen Gehalt auf[96]. § 15 UrhG formuliert die Rechte zunächst offen. Der Urheber hat danach sowohl das ausschließliche Recht zur Verwertung in „körperlicher Form“ (Abs. 1) als auch zur Wiedergabe in „unkörperlicher Form“ (Abs. 2). Diese Rechte werden in § 15 Abs. 1 Nrn. 1 bis 3 UrhG i.V.m. §§ 16 bis 18 UrhG – hinsichtlich der Verwertung in körperlicher Form – und in § 15 Abs. 2 Nrn. 1 bis 5 UrhG i.V.m. §§ 19 bis 22 UrhG – hinsichtlich der Verwertung in

---

90 Wenn sie nicht als Abwehrrechte nach § 97 UrhG, sondern „aktiv“ geltend gemacht werden.

91 *Bullinger*, S. 156 ff.; *Dietz*, in: Schricker, Vor §§ 12 ff. Rdnr. 14 m.w.N.

92 *Schiefler*, S. 158.

93 *Rehbinder*, Rdnr. 235.

94 *Rehbinder*, Rdnr. 235.

95 Bedenklich deshalb BGH GRUR 1971, 525, 526, der davon spricht, das Urheberpersönlichkeitsrecht sei „nur ein Ausschnitt und eine besondere Erscheinungsform“ des allgemeinen Persönlichkeitsrechts.

96 *Windisch*, GRUR 1993, 352 ff.

unkörperlicher Form – exemplarisch im Einzelnen aufgezählt[97]. Das sind zusammengefasst im Wesentlichen[98]:

- das Vervielfältigungsrecht und das Recht zur gewerbsmäßigen Verbreitung,
- das Recht des öffentlichen Vortrags und der Aufführung,
- das Recht der gewerbsmäßigen Vorführung eines Werkes der Kunst oder der Fotografie,
- das Senderecht und das Verfilmungsrecht[99].

5. Ausnahmen vom Schutz / Schranken

a) Sinn und Zweck

Das Urheberrecht muss vielfältig kollidierende, private, öffentliche und wirtschaftliche Interessen bewerten, gewichten und in Konkordanz bringen: Der Urheber will in der Regel bekannt werden und sein Werk bestmöglich wirtschaftlich verwerten. Die Kulturverwerter haben ein Interesse daran, Kultur möglichst günstig „einzukaufen" und ihrerseits Gewinne zu erwirtschaften. Der Kulturverbraucher will Kultur nutzen oder verwerten, indem er etwa ins Kino geht oder Kopien von Werken anfertigt. Daneben sind Interessen der Allgemeinheit und des Staates an den urheberrechtlich geschützten Werken zu berücksichtigen. Über Art. 5 GG ist jedermann Meinungs-, Informations-, Wissenschafts- und Kunstfreiheit garantiert. Der Staat benötigt eine funktionierende Rechtspflege und ein leistungsfähiges Schulwesen.

Die dem Urheberrecht entspringenden ausschließlichen Rechte unterliegen deshalb, wie auch andere Eigentumsarten und Rechte, der Sozialbindung[100], die in §§ 44 a ff. UrhG speziell normiert ist. Erst über die Verbindung der Rechte des Urhebers und den Schranken dieses Rechts ergibt sich der konkrete gesetzliche Schutzumfang des Urheberrechts[101].

---

97 S. näher *Seith*, S. 8 f.

98 Aufzählung aus: *Asprogerakas-Grivas*, S. 7.

99 Das Bearbeitungsrecht des § 23 UrhG begründet nach der herrschenden Auffassung in der Literatur und nach der Rechtsprechung kein eigenes Verwertungsrecht, sondern bestimmt nur den Schutzumfang des Urheberrechts näher, weil das Recht zur Verwertung des Werkes auch das Recht umfasst, die Verwertung in bearbeiteter Form zu gestatten oder zu verbieten; siehe BGH NJW 1995, 1276, 1277; *Loewenheim*, in Schricker: § 23 Rdnr. 1; a.A. *Haberstumpf*, Handbuch, Rdnr. 185.

100 *Melichar*, in: Schricker, Vor §§ 45 ff. Rdnr. 1; bereits RGZ 140, 264, 270.

101 *Schack*, Rdnr. 463. Das Schrankensystem der §§ 45 ff. UrhG (in der vor der Gesetzesnovelle im Jahre 2003 geltenden Fassung) war mehrfach Gegenstand einer Überprüfung durch das Bundesverfassungsgericht, weil das Werk des Urhebers als Eigentum i.S.d. Art. 14 GG angesehen wird und damit Grundrechtsschutz genießt; BVerfGE 31, 229, 239; 49, 382, 392. Der Gesetzesvorbehalt bei Einschränkungen der Eigentumsfreiheit bedeutet, dass bei Eingriffen – z.B. durch §§ 44 a ff. UrhG – stets der Verhältnismäßigkeitsgrundsatz zu beachten ist; BVerfGE, 30, 290

b) Schranken

aa) Inhaltliche Schranken, Schrankensystem[102]

Das Gesetz unterscheidet vier verschieden intensive inhaltliche Einschnitte in das ausschließliche Urheberrecht im engeren Sinne:

Der schwerste Eingriff ist die *ersatzlose Aufhebung* des ausschließlichen Nutzungsrechts[103].

Bei der *gesetzlichen Lizenz* ist das Werk einwilligungsfrei nutzbar. Der Nutzer hat jedoch eine Vergütung zu bezahlen[104].

Bei der *Zwangslizenz* befreit das Gesetz nicht von der Pflicht, eine (vorherige) Einwilligung einzuholen. Der Urheber ist aber verpflichtet, den Nutzungsvertrag abzuschließen. Der Gesetzgeber hat mit § 42 a Abs. 1 und 5 UrhG (Zwangslizenz zur Herstellung von Tonträgern) und § 5 Abs. 3 S. 2 und S. 3 UrhG zweimal von dieser Schranke Gebrauch gemacht.

Schließlich kann ein Kontrahierungszwang mit einer *Verwertungsgesellschaft*[105] bestehen. Sie berührt das Ausschließlichkeitsrecht des Urhebers grundsätzlich nicht. Das Verbotsrecht bleibt bestehen, kann aber nur noch durch die Verwertungsgesellschaft geltend gemacht werden. Die Verwertungsgesellschaften unterliegen nach § 11 WahrnG einem Abschlusszwang mit dem Urheber, sodass man von einer Nähe zur Zwangslizenz sprechen kann[106].

bb) Zeitliche Schranken

Eine im Vergleich zum sonstigen Zivilrecht urheberrechtliche Besonderheit ist die zeitliche Schranke der §§ 64 ff. UrhG, nach deren Ablauf das ursprünglich geschützte Werk gemeinfrei wird und von jedermann frei verwertet werden kann, ohne dass die

---

ff., 388 ff. m.w.N. Zu unterscheiden sind Schranken im engen und Schranken im weiten Sinne. Während sich die Schranken im engen Sinne aus den Gesetzen direkt ergeben, liegen Schranken im weiten Sinne vor, wenn das „Werk“ gemeinfrei genutzt werden kann, ohne unter die speziellen Normierungen der §§ 44 a ff. UrhG subsumiert zu werden.

102 Auf die Darstellung von internationalen (z.B. Staatsverträge) und fremdenrechtlichen Schranken wird verzichtet. Ausführlich und übersichtlich zum Schrankensystem: *Seith*, S. 10 ff.

103 Geregelt in § 45 UrhG (Rechtspflege), § 47 UrhG (Schulfunksendungen), § 48 UrhG (Öffentliche Reden), § 50 UrhG (Bild- und Tonberichterstattung) und § 51 UrhG (Zitate), teilweise in §§ 52, 53, 55-60 UrhG.

104 Geregelt in § 46 UrhG (Sammlungen für Kirchen-, Schul- und Unterrichtsgebrauch) oder §§ 52, 53 UrhG i.V.m. § 54 UrhG (Vergütungspflicht für Vervielfältigung im Wege der Bild- und Tonaufzeichnung).

105 Näher zum Recht der Verwertungsgesellschaften: *Block*, Die Lizenzierung von Urheberrechten für die Herstellung und den Vertrieb von Tonträgern im europäischen Binnenmarkt; *Wünschmann*, Die kollektive Verwertung von Urheber- und Leistungsschutzrechten nach europäischem Wettbewerbsrecht und *Mauhs*, S. 43 ff.

106 So auch *Melichar*, in: Schricker, Vor §§ 45 Rdnr. 30.

Zustimmung der Rechtsnachfolger des Urhebers erforderlich ist. Eine Vergütungspflicht besteht ebenso nicht (mehr). Nutzungsrechte anderer erlöschen[107].

Nach § 64 UrhG erlischt das Urheberrecht 70 Jahre[108] nach dem Tod des Urhebers. Die Berechnung ist bewusst einfach und praktikabel geregelt worden und unabhängig vom Zeitpunkt der Veröffentlichung[109].

cc) Amtliche Werke nach § 5 UrhG

Mit § 5 UrhG schließt das Urheberrechtsgesetz eine ganze Kategorie von Werken („Amtliche Werke") vom Urheberrechtsschutz aus. Das sind „Gesetze, Verordnungen, amtliche Erlasse, Bekanntmachungen und Entscheidungen". Der Sinn und Zweck dieses Ausschlusses ist das überragende öffentliche Interesse der Allgemeinheit an der ungehinderten und möglichst weiten Verbreitung amtlicher Werke zum Zwecke einer möglichst breiten Information der Bevölkerung an den Äußerungen aller drei Staatsgewalten. Der Ausschluss dient letztlich der Transparenz staatlichen Handels und ist damit Grundpfeiler der Demokratie.

§ 3
Besonderheiten im Urheberrecht und die Auswirkungen auf den Urheberrechtsvertrag

1. Verpflichtungs- und Verfügungsgeschäft; Abstraktionsprinzip

a) Einführung

Im typischen zivilrechtlichen Vertragsverhältnis liegt einer dinglichen Verfügung ein kausaler schuldrechtlicher Vertrag zu Grunde. Das ist auch im Urhebervertragsrecht – wie in § 1 unter 1. d) dargestellt – grds. nicht anders. Das Verfügungsgeschäft ist im Urhebervertragsrecht – wie im allgemeinen Zivilrecht – vom Verpflichtungsgeschäft zu trennen. Das ist schon deshalb von Bedeutung, weil in Teil 3 dieser Untersuchung die Leistungsstörungen im vertraglichen Schuldverhältnis geprüft werden.

b) Verfügungsgeschäft

Das gegenständlich wirkende Einräumen eines Nutzungsrechts stellt ein Verfügungsgeschäft dar[110]. Dieses regelt sich gemäß § 413 BGB nach dem für die Abtretung gel-

---

107 Zum Ganzen: *Katzenberger*, in: Schricker, § 64 Rdnr. 5.

108 Gemeint sind Kalenderjahre; tritt z.B. der Tod am 12.5.2000 ein, endet der Schutz mit Ablauf des 31.12.2070.

109 *Schack*, Rdnr. 471.

tenden Recht[111]. Grundsätzlich kommt das Verfügungsgeschäft durch formlose[112] Einigung nach allgemeinen zivilrechtlichen Grundsätzen zustande. In der Praxis fallen Verfügungs- und Verpflichtungsgeschäft in der Regel zeitlich zusammen.

c) Verpflichtungsgeschäft

Das der Verfügung zu Grunde liegende Verpflichtungsgeschäft kann den unterschiedlichsten (schuld-)rechtlichen Charakter haben. In Betracht kommt nahezu das gesamte Spektrum der Vertragstypen: Es kann sich um einen Kauf-, Werk-, Pacht-, Dienst-, Gesellschafts-, Schenkungs- oder Vertrag eigener Art handeln. Einzig gesetzlich typisierter Urheberrechtsvertrag ist der im Verlagsgesetz normierte Verlagsvertrag als Vertrag eigener Art, durch den der Urheber einem Verleger das Vervielfältigungs- und Verbreitungsrecht an seinem Werk einräumt (§ 1 VerlG). Die Bestimmung der Art des Vertrages folgt – außerhalb des Verlagsgesetzes – allgemeinen Regeln[113].

d) Abstraktionsprinzip

Im deutschen Zivilrecht gilt grundsätzlich das Abstraktionsprinzip und die Trennung von Verpflichtungs- und Verfügungsgeschäft[114]. Das Verpflichtungsgeschäft regelt die Rechte und Pflichten zwischen den Parteien, während die Verfügung unmittelbar auf den Bestand des Rechts einwirkt und damit Rechtswirkungen gegenüber Dritten begründet[115].

Verfügungsgeschäfte sind vom Bestand und der Gültigkeit der zu Grunde liegenden Verpflichtungsgeschäfte unabhängig („Abstraktionsprinzip")[116]. Das hat zur Folge, dass bei einem Wegfall des Kausalgeschäfts das dingliche Recht nicht automatisch an den ursprünglichen Inhaber zurückfällt, sondern gesondert zurückübertragen werden muss.

Umstritten ist, ob das Abstraktionsprinzip im allgemeinen Urhebervertragsrecht Anwendung findet. Im Anwendungsbereich des Verlagsgesetzes gilt es wegen § 9 Abs. 1 („Das Verlagsrecht ... erlischt mit der Beendigung des Vertragsverhältnisses") nicht[117].

---

110 Allg. Meinung, vgl. *Rehbinder*, Rdnr. 322; *Schricker*, Vor §§ 28 Rdnr. 19. Zur Problematik der Verfügungswirkung bei der einfachen Lizenz siehe unter § 1 Nr. 1 d) cc) (3).

111 *Schricker*, Vor §§ 28 ff. Rdnr. 46.

112 *Hertin*, in: Fromm/Nordemann, Vor § 31 Rdnr. 12.

113 Die Ermittlung des konkreten Vertragstyps wird in § 6 unter 2. bis 4. behandelt.

114 *Larenz*, § 23 Rdnr. 74 ff.; Trennungs- und Abstraktionsprinzip sind nicht zu verwechseln, näher *Götting*, S. 69 ff.

115 *Larenz*, § 23 Rdnr. 32 ff.

116 *Larenz*,§ 23 Rdnr. 75.

117 BGHZ 27, 90, 95; ganz h.M. in der Literatur, etwa: *Wente/Härle*, GRUR 1997, 96, 97.

aa) Meinungsstand

Auf Grund der engen Verbindung zwischen Verpflichtung und Verfügung im Urheberrecht hält ein Teil der Literatur[118] und die Rechtsprechung[119] das Abstraktionsprinzip auch in sonstigen urheberrechtlichen Verträgen für überflüssig. Argumente hierfür sind eine Analogie zu § 9 Abs. 1 VerlG und § 40 Abs. 3 UrhG, der ein Durchschlagen des Kausalverhältnisses auf die Verfügung bei Verträgen über künftige Werke anordnet. Auch die §§ 41 Abs. 5, 42 Abs. 5 UrhG regeln ein Erlöschen des Nutzungsrechts mit Wirksamwerden des Rückrufs (wegen Nichtausübung oder wegen gewandelter Überzeugung). Hinzu kommt nach Ansicht der Gegner des Abstraktionsprinzips die Besonderheit, dass im Urheberrecht auf Grund der persönlichen geistigen Schöpfung die Verpflichtung und die Verfügung enger miteinander verknüpft seien als in sonstigen Rechtsgebieten[120]. Es fehle an einem dem Sachenrecht typischen Numerus Clausus, weil von vorneherein festgelegte Gestaltungen zulässig seien[121]. Ferner wird argumentiert, dass es angesichts der Zweckgebundenheit urheberrechtlicher Verträge, die in der Zweckübertragungslehre[122] Ausdruck finde, an einem für das Abstraktionsprinzip wesentlichen Merkmal der „inhaltlichen Abstraktion" mangele[123].

bb) Eigene Bewertung

Diese Auffassung überzeugt nicht. Auch für den Bereich des Urheberrechts ist von der Gültigkeit des Abstraktionsprinzips auszugehen.

Eine Übertragung der oben genannten Vorschriften oder gar deren analoge Anwendung ist nicht zulässig, weil diese Normen nur einen ganz speziellen Ausschnitt – etwa Verträge über künftige Werke – regeln oder wie § 9 VerlG einen ganzen urheberrechtlich relevanten Bereich vom Abstraktionsprinzip ausnehmen. Es besteht keine Regelungslücke, die eine Analogie oder einen „allgemeinen Rechtsgedanken" zulassen würde: Auch im BGB ist das Abstraktionsprinzip nicht ausdrücklich gesondert normiert, sondern rechtsgeschichtlich gewachsen[124]. Wenn einzelne Gesetzeswerke oder Normen wie etwa das Verlagsgesetz oder §§ 40 Abs. 3, 41 Abs. 5, 42 Abs. 5 UrhG die Nichtanwendung des Abstraktionsprinzips explizit regeln, liegt darin die gesetzgeberische Besonderheit und gerade nicht der Regelfall. Anderenfalls wäre es dem Gesetzgeber auch im Rahmen des Urheberrechtsgesetzes möglich gewesen, das Abstrakti-

---

118 *Spautz*, in: *Möhring/Nicolini*, § 31 Rdnr. 16; *Schricker*, Vor §§ 28 ff. Rdnr. 59 ff.

119 OLG Hamburg, GRUR 2002, 335 f.; BGH GRUR 1982, 308, 309.

120 Zusammenfassend: *Schricker*, Vor §§ 28 ff. Rdn. 61.

121 *Haedicke*, S. 96 m.w.N., der sich aber für den Urheberrechtsvertrag bzgl. der Geltung nicht explizit festlegt.

122 Zur Zweckübertragungslehre s. § 4 unter 3. c) cc) (1).

123 *Götting*, S. 71.

124 *Brox*, Rdnr. 115.

onsprinzip nicht nur für Verträge über künftige Werke, sondern insgesamt mit einer Norm auszuschließen.

Deshalb ist vom Grundsatz auszugehen[125], dass im deutschen Recht das Abstraktionsprinzip gilt, sofern sich an den schuldrechtlichen Vertrag der Parteien ein Verfügungsgeschäft anschließt. Diese Prinzip hat auch im von persönlichen Leistungen dominierten Urheberrecht seine Berechtigung. Gehen z.B. Nutzungsrechte allein auf Grund eines schuldrechtlichen Vertrages noch nicht auf den Erwerber über, so hat der Urheber die Möglichkeit, die Einräumung dieser Nutzungsrechte von der Zahlung des Werklohns/Kaufpreises abhängig zu machen. Die Rückübertragung des Urheberrechts etwa nach erfolgtem Rücktritt wird dabei – wie bei Verträgen über sonstige Rechte – in aller Regel konkludent erfolgen. Selbst wenn noch ein gesonderter Rückübertragungsakt erforderlich sein sollte, genießt der Urheber Schutz, denn ein gutgläubiger Erwerb des Nutzungsrechts ist nicht möglich[126], sodass der Urheber keinen Verlust des Nutzungsrechts durch Weitergabe zu befürchten hat. Ein automatischer Rechterückfall würde im Falle der Verwertungsketten die Gefahr mit sich bringen, dass ein Sublizenznehmer seine Nutzungsrechte verliert und versuchen muss, sich auf Sekundärebene schadlos zu halten[127].

e) Bedeutung für den Urheberrechtsvertrag

Folgt man der Auffassung, dass das Abstraktionsprinzip auch im Urheberrechtsvertrag gilt, so erhält der Erwerber mit Abschluss des schuldrechtlichen Vertrages einen Anspruch auf Einräumung der gegenständlichen Nutzungsrechte in dem vertraglich vereinbarten Umfang, der durch einen Übertragungsakt gesondert zu erfüllen ist. Das kann sich bei der Frage auswirken, ob die Erfüllung eines Vertrages vorliegt und damit das Gewährleistungs- oder das allgemeine Leistungsstörungsrecht anzuwenden ist.

Lehnt man die Geltung des Abstraktionsprinzips für den Urheberrechtsvertrag dagegen ab, entsteht das Nutzungsrecht beim Erwerber konstitutiv mit Abschluss des (schuldrechtlichen) Vertrages[128].

Die nachfolgende Untersuchung der Leistungsstörungen in urheberrechtlichen Verträgen beschränkt sich vor allem auf den Bereich des Kaufrechts. *Haedicke* weist anhand der Entstehungsgeschichte des Abstraktionsprinzips nach, dass es bei Veräußerungsverträgen über unkörperliche Gegenstände nicht als notwendiges kaufrechtliches Strukturelement angesehen werden kann, weil es zunächst in Zusammenhang mit dem Recht der körperlichen Sachen entwickelt und für den Rechtskauf oder Forderungser-

---

125 So auch *Haberstumpf*, Handbuch, Rdnr. 69 ff.

126 S. § 3 unter 2.

127 Nicht überzeugend insoweit OLG Hamburg, GRUR 2002, 335 f. Das Gericht hält einen Schadensersatzanspruch des Dritten für ausreichend.

128 *Spautz*, in: Möhring/Nicolini, § 31 Rdnr. 1.

werb erst zu einem späteren Zeitpunkt überhaupt anerkannt wurde[129]. Selbst wenn man mit der herrschenden Auffassung davon ausgeht, dass das Abstraktionsprinzip im Urhebervertragsrecht nicht gilt, so kann deshalb – bei Vorliegen der sonstigen Voraussetzungen – dennoch Kaufrecht zur Anwendung kommen.

2. Kein gutgläubiger Erwerb

Nach allgemeiner Meinung ist im Urheberrecht ein gutgläubiger Erwerb gegenständlicher Rechte vom Nichtberechtigten ausgeschlossen, weil es an Publizitäts- und Rechtsscheintatbeständen – wie z.B. Besitz im Sachenrecht – fehlt[130]. Ein Verpflichtungsgeschäft ist möglich, seine Erfüllung hingegen nicht, sodass sich der vermeintlich Berechtigte schadensersatzpflichtig macht. Es gilt nicht anderes als beim Forderungsrecht des BGB: In beiden Fällen handelt es sich um Verfügungen über Rechte, bei denen es an einer geeigneten Rechtsscheingrundlage für den guten Glauben fehlt. Der Erwerb folgt dem Prioritätsprinzip: Die erste Verfügung ist gültig, die zweite ungültig[131].

3. Schöpferprinzip

a) Grundsatz

§ 7 UrhG statuiert das sog. Schöpferprinzip. Es besagt, dass derjenige Urheber ist, der die persönliche geistige Schöpfung erbracht hat. In seiner Person entstehen sämtliche Rechte, die das Urheberrechtsgesetz dem Urheber zuweist[132]. Das Schöpferprinzip gilt ausnahmslos und durchgängig. Urheber kann nur eine natürliche, nicht auch eine juristische Person sein[133]. Das Urheberrecht entsteht unmittelbar mit der Schöpfung des Werkes. Diese stellt nach allgemeiner Meinung einen Realakt dar, sodass auch Geschäftsunfähige Urheber sein können[134].

Das Schöpferprinzip gilt auch, wenn mehrere ein Werk gemeinsam geschaffen haben und damit Miturheber i.S.d. § 8 UrhG sind, weil diese Miturheberschaft das schöpferi-

---

129 *Haedicke*, S. 95 ff. m.w.N.; zur Entwicklungsgeschichte des Abstraktionsprinzips *Stadler*, S. 46 ff.

130 BGHZ 5, 116, 119; *Schack*, Rdnr. 537 f.

131 *Schricker*, Vor §§ 28 ff. Rdnr. 63.; nicht ausgeschlossen ist hingegen die Anwendung bürgerlich-rechtlicher Rechtsscheinvorschriften, wie etwa der Gutglaubensschutz des Vertretungsrechts (§§ 169 ff. BGB).

132 *Loewenheim*, in: Schricker, § 7 Rdnr. 1.

133 OLG Koblenz GRUR Int. 1968, 164, 165; LG Berlin GRUR 1990, 270. Anders ist es z.B. im amerikanischen Urheberrecht. Dort kann das Urheberrecht auch originär in der (ggf. juristischen) Person des Arbeitgebers entstehen (§ 201 (b) CA 1976 sog. „work made for hire").

134 Allg. Meinung, s. auch *Rehbinder*, Rdnr. 165.

sche Zusammenwirken voraussetzt[135]. Es entsteht nur ein Werk und demzufolge auch nur ein Urheberrecht. Über die Verwertung dieses Rechts können die Urheber nur gemeinsam entscheiden (§ 8 Abs. 2 S. 1 UrhG, §§ 709 Abs. 1, 714 BGB).

b) Der Arbeitnehmer als Schöpfer; Abgrenzung zum Arbeitsrecht

Im deutschen Recht entsteht das Urheberrecht auch zu Gunsten desjenigen, der die schöpferische Werkleistung für einen anderen in einem Arbeitsverhältnis[136] erbringt. Das ergibt sich aus § 7 UrhG und § 43 UrhG, wonach der Arbeitgeber auf den Erwerb von Nutzungsrechten beschränkt ist, die er für seine unternehmerischen Belange benötigt. Eine Zession, d.h. den gesetzlichen Übergang des ausschließlichen Nutzungsrechts, kennt das Urheberrechtsgesetz nur für Computerprogramme in § 69 b UrhG[137]. In allen anderen Fällen muss sich der Arbeitgeber diese Rechte vertraglich einräumen lassen.

Die Rechtsmaterie „Arbeitsrecht" und „Urheberrecht" grenzt *Bayreuther* anschaulich ab. Das Arbeitsrecht regelt „die Teile der Rechtsbeziehung zwischen Arbeitgeber und Urheber, die auch dann bestehen würden, wenn man die Urhebereigenschaft des Arbeitnehmers hinwegdenken würde"[138]. Das Urheberrecht greift dann ein, wenn es um die Beziehung des Urhebers zu den von ihm geschaffenen Werken geht[139]. Dies ist vom Werkstück zu unterscheiden, an dem der Arbeitgeber originär Eigentum und Besitz erwirbt[140].

c) Abgrenzung zum Arbeitnehmererfindungsgesetz

Das Arbeitnehmererfindungsgesetz gibt dem Arbeitgeber nach § 6 ArbnErfG das Recht, eine Diensterfindung in Anspruch zu nehmen, und dem Arbeitnehmer als Erfinder einen Anspruch auf angemessene Vergütung dieser Erfindung nach §§ 9, 10 ArbnErfG[141].

Dem Gesetz unterliegen nach § 1 ArbnErfG nur „Erfindungen" und „technische Verbesserungsvorschläge" von Arbeitnehmern, die patent- oder geschmacksmusterschutzfähig sind. Wegen dieses notwendigen technischen Bezugs unterliegen Werke im Sin-

---

135 BGH ZUM 1995, 482.

136 Unabhängig davon, ob auf Grund eines Dienst-, Werk- oder Auftragsvertrags; BGH GRUR 1952, 257; BAG GRUR 1961, 491, 492.

137 Der Rechtserwerb tritt in diesem Fall im Wege einer gesetzlichen Lizenz derivativ ein, *Lehmann*, NJW 1991, 2212, 2213; *Sack*, UFITA 121 (1993), 15, 23 f.

138 *Bayreuther*, GRUR 2003, 571 ff.; z.B. das Urlaubsrecht, die Begründung und Beendigung des Arbeitsverhältnisses usw.

139 *Bayreuther*, GRUR 2003, S. 571 ff.

140 *Bayreuther*, GRUR 2003, S. 571 ff.

141 Das Gesetz zielt darauf ab, das Recht der Arbeitnehmererfindungen möglichst umfassend und abschließend zu regeln; *Bartenbach/Volz* (Kommentar), § 2 Rdnr. 29.

ne des Urheberrechtsgesetzes grundsätzlich auch dann nicht dem Arbeitnehmererfindungsgesetz, wenn sie vom Arbeitnehmer im Rahmen des Arbeitsverhältnisses geschaffen werden[142]. Deshalb bestimmen sich die urheberrechtlichen Nutzungsrechte des Arbeitgebers nach § 43 UrhG und den allgemeinen Grundsätzen der §§ 31 ff. UrhG[143]. Überschneidungen gibt es nur bei technischen Zeichnungen und Computerprogrammen, die sowohl nach dem Urheberrechtsgesetz als auch nach dem Arbeitnehmererfindungsgesetzbehandelt werden können[144]. In diesem Bereich stehen beide Gesetze nebeneinander.

Damit kann das Urheberrecht durch das Schöpferprinzip vom Arbeitnehmererfindungsrecht folgendermaßen abgegrenzt werden: Die Rechtsgebiete schließen sich grundsätzlich gegenseitig aus, wenn der individuellen Leistung des Arbeitnehmers nicht ausnahmsweise Patent- oder Geschmacksmusterschutz zukommt[145].

Bisweilen wurde versucht, dem Urheber über eine Analogie zu §§ 20, 9, 10 ArbnErfG Anspruch auf angemessene Vergütung zukommen zu lassen. Diese Analogie wird aber unter Hinweis auf die grundsätzliche Trennung beider Rechtsgebiete von der Rechtsprechung mit Recht abgelehnt[146].

d) Bedeutung des Schöpferprinzips für das Urhebervertragsrecht

Das Urheberrecht entsteht auf Grund des Schöpferprinzips immer in der Person, die das Werk geschaffen hat. Das ist hinsichtlich der Verwertungsbefugnis nicht immer interessengerecht: So tätigt etwa der Arbeitgeber finanzielle Aufwendungen für seinen urheberrechtlich schaffenden Mitarbeiter, ohne das Urheberrecht originär zu erhalten. Und auch der freischaffende Urheber hat – finanzielle oder ideelle – Interessen an der Verwertung seiner Schöpfungen.

Das Schöpferprinzip erfordert also erst den Abschluss von Urheberrechtsverträgen; es ist der dogmatische „Vater aller Urheberrechtsverträge".

---

142 *Bartenbach/Volz*, Rdnr. 41.

143 BAG DB 1984, 991, 992. Nach der Auffassung von *Junker* scheint es zweifelhaft, ob einem Arbeitnehmer, der ein Computerprogramm erstellt, grds. ein Anspruch aus § 32 a UrhG zustehen kann. § 69 b UrhG basiere auf Art. III der Richtlinie 91/250/EWG, die ihrerseits von einer Ausschließlichkeit und Vorrangigkeit des „Computerrechts" ausgehe, *Junker*, NJW 2003, 2792, 2794.

144 Die Frage, ob Computerprogramme als solche patentierbar sind, ist umstritten, s. *Bayreuther*, GRUR 2003, 571, 578. Die neuere Rechtsprechung des BGH und des BPatG nimmt zwischenzeitlich grds. – soweit ersichtlich aber zurückhaltend – eine Patentierbarkeit an, BGH GRUR 2000, 1007; BPatG 1996, 866; BGH GRUR 2002, 143.

145 So auch *Bartenbach/Volz*, Kommentar, § 2 Rdnr. 29.

146 BAG NZA 1997, 765, 766; BGH GRUR 2001, 155 ff.; ausführlich hierzu *Bayreuther*, GRUR 2003, 571, 578.

§ 4
Vertragsinhalt und Vertragspflichten

1. Grundsatz: Privatrechtlicher Vertrag über Rechte

Ein urheberrechtlicher Vertrag regelt die Nutzungsrechte an Werken, es handelt sich also um einen privatrechtlichen Vertrag über Rechte[147]. Mit dem Nutzungsrecht erhält der Erwerber nach § 31 Abs. 2 UrhG die Befugnis, das Werk auf die ihm erlaubte Art zu nutzen.

2. Umfang der Rechtseinräumung

a) Einfache und ausschließliche Nutzungsrechte

Das Urheberrecht gibt dem Schöpfer die rechtliche Möglichkeit, einfache oder ausschließliche Nutzungsrechte an seinem Werk an Dritte zu vergeben, rein schuldrechtlich wirkende Verträge zu schließen oder die Nutzung zu gestatten[148]. Der Umfang der Einräumung ist entweder im Vertrag explizit geregelt oder durch Auslegung unter Beachtung der Zweckübertragungstheorie[149] zu ermitteln.

b) Beschränkung von Nutzungsrechten

Nach § 31 Abs. 1 S. 2 UrhG kann das Recht räumlich, zeitlich oder inhaltlich beschränkt eingeräumt werden. Die inhaltliche Aufspaltung darf nicht dazu führen, dass für alle Nutzungsberechtigten eine unübersichtliche Rechtslage entsteht[150].

3. Vertragsinhalt

a) Essentilia negotii, Parteivereinbarung und Ermittlung des Vertragsinhalts

Die Parteien des Urheberrechtsvertrags müssen sich, wie in jedem sonstigen zivilrechtlichen Vertragsverhältnis, zumindest über die wesentlichen Elemente des Vertrages, also über die essentilia negotii, einig sein, um einen Vertrag über die Nutzung von Ur-

---

147 S. zur Definiton § 1 unter 1. e).

148 S. § 1 unter 1. d).

149 Zur Zweckübertragungslehre s. § 4 unter 3. c) cc) (1).

150 *Reimer*, GRUR 1962, 625 ff. Bei Beschränkungen des Nutzungsrechts wird auch der Begriff der „alleinigen Lizenz" verwandt; s. *Stumpf/Groß*, S. 54. Es handelt sich dabei um eine ausschließliche Lizenz, die dem Lizenzgeber die Nutzungsbefugnis neben dem ausschließlichen Lizenznehmer belässt (sogenannte „eingeschränkte Ausschließlichkeit", *Rehbinder*, Rdnr. 307). Diese Möglichkeit ist in § 31 Abs. 3 S. 2 UrhG ausdrücklich geregelt.

heberrechten zu begründen. Fehlt diese Einigung, kommt ein Vertrag nicht zustande[151].

Grundsätzlich sind die essentilia negotii in jedem Vertrag(-styp) gesondert festzulegen und zu ermitteln. So besteht etwa in einem Kaufvertrag die wesentliche Pflicht des Verkäufers, dem Käufer die Sache zu übergeben und Eigentum daran zu verschaffen und die wesentliche Pflicht des Käufers, den vereinbarten Kaufpreis zu bezahlen (§ 433 BGB). Die Ermittlung der in *jedem* Urheberrechtsvertrag vorkommenden essentilia negotii in Bezug auf die Verpflichtungen beider Vertragspartner ist auch nach Inkrafttreten des „Gesetzes zur Stärkung der vertraglichen Stellung von Urhebern und ausübenden Künstlern" nicht möglich. Es gibt vielfältige Urheberrechtsverträge, die unter verschiedene zivilrechtliche Vertragstypen subsumiert werden können[152]. Somit ist in jedem Einzelfall zu prüfen, welches die wesentlichen Elemente des Vertrages sind.

b) Methodik und Bedeutung der Ermittlung des Vertragsinhalts für den Urheberrechtsvertrag und dessen Leistungsstörungen

Zunächst ist der Vertragsinhalt des Vertrages über urheberrechtliche Nutzungsrechte exakt zu ermitteln, um die Leistungsstörungen untersuchen zu können. Was nicht geschuldet wird, kann auch nicht Gegenstand von Leistungsstörungsrechten sein.

c) Inhaltsermittlung und Auslegung

Bei der Inhaltsermittlung des urheberrechtlichen Vertrages ist zunächst nach allgemeinen zivilrechtlichen Regeln unter Beachtung der urheberrechtlichen Besonderheiten vorzugehen:

aa) Zwingende Rechtsnormen

Es ist zu prüfen, ob zwingende Rechtsnormen – insbesondere solche des Urheberrechts – existieren, die auf den Inhalt der Urheberrechtsverträge durch Verbote oder Gebote einwirken. Hierbei ist insbesondere auf § 32 Abs. 3 UrhG zu verweisen, der das Recht des Urhebers auf eine angemessene Vergütung unabdingbar festschreibt[153]. Eine wei-

---

151 *Medicus*, § 29 Rdnr. 438.

152 S. in § 6 unter 2. bis 4.

153 Weitere zwingende Regelungen enthalten: § 31 Abs. 4 UrhG (Unwirksamkeit von Absprachen über noch nicht bekannte Nutzungsarten), § 36 Abs. 3 UrhG (Beteiligungsanspruch bei Bestellern), § 40 Abs. 2 UrhG (Unverzichtbarkeit im Voraus auf das Kündigungsrecht bei Verträgen über künftige Werke), § 41 Abs. 4 UrhG (Unverzichtbarkeit im Voraus auf das Rückrufsrecht wegen Nichtausübung) und § 42 Abs. 2 UrhG (Unverzichtbarkeit im Voraus auf das Rückrufsrecht wegen gewandelter Überzeugung).

tere bedeutende Vorschrift ist § 32 a UrhG. Danach hat der Urheber zwingend zusätzliche finanzielle Ansprüche, wenn die Verwertung unerwartet erfolgreich ist[154].

bb) Auslegung im konkreten Fall: Vorrang urheberrechtlicher Auslegungsgrundsätze

Lässt der Wortlaut des Vertrages inhaltliche Interpretationen zu, so ist der Inhalt des konkreten Vertrages durch Auslegung zu ermitteln. Für diese Auslegung gelten besondere urheberrechtliche Grundsätze, die lediglich durch die allgemeinen privatrechtlichen Auslegungsregeln der §§ 133, 157 BGB zu ergänzen sind[155].

(1) Zweckübertragungstheorie[156]

§ 31 Abs. 5 UrhG normiert den im gesamten Urheberrecht geltenden Grundsatz, dass der Urheber im Zweifel keine weitergehenden Nutzungsrechte einräumt, als es der Zweck der Verfügung erfordert[157].

Die Zweckübertragungslehre gilt zunächst für den Verfügungsakt der Nutzungsrechtseinräumung. Daneben ist auch der schuldrechtliche Vertragsinhalt mit der Theorie zu bestimmen. Zu Recht hält es *Schricker* für widersinnig, den Anwendungsbereich des § 31 Abs. 5 UrhG auf die Verfügung begrenzen, über die pauschale Verpflichtung im schuldrechtlichen Vertrag den Urheber aber im Ergebnis zur Einräumung aller Nutzungsrechte zu verpflichten[158].

Die Zweckübertragungstheorie zielt auf eine möglichst weitgehende Beteiligung des Urhebers am wirtschaftlichen Erfolg seines Werkes und will ihn vor pauschaler Rechtsvergabe schützen[159]. Damit basiert sie letztlich auf dem Schöpferprinzip und dem Wunsch des Gesetzgebers, das Urheberrecht durch die Verwertung nicht weiter als unbedingt notwendig von seinem Schöpfer zu separieren. Deshalb kommt der Zweckbestimmung i.S.d. § 31 Abs. 5 UrhG bei der vertraglichen Inhaltsermittlung

---

154 S. § 5 unter 2. b). Daneben existieren für den schuldrechtlichen Bereich folgende unabdingbare Normen: § 31 Abs. 4 UrhG regelt die Unwirksamkeit von Absprachen über noch nicht bekannte Nutzungsarten, § 40 Abs. 2 UrhG statuiert die Unverzichtbarkeit im voraus auf das Kündigungsrecht bei Verträgen über künftige Werke und die §§ 41 Abs. 4, 42 Abs. 2 UrhG normieren die Unverzichtbarkeit des Rückrufs wegen Nichtausübung oder gewandelter Überzeugung im Voraus. Für das dingliche Geschäft sind § 40 Abs. 1 UrhG, der das Schriftformerfordernis für Verträge regelt, die zur Nutzungsrechtseinräumung für künftige Werke verpflichten, und § 40 Abs. 3 UrhG, der die Unwirksamkeit von Vorausverfügungen über Nutzungsrechte an künftigen Werken bei Beendigung des Vertragsverhältnisses aufführt, zwingend zu beachten.

155 *Schricker*, §§ 31/32 Rdnr. 9 m.w.N.

156 Der Begriff wird kritisiert, weil er – auf *Wenzel Goldbaum* (S. 75 ff.) zurückgehend – noch aus einer Zeit stammt, in der man von der Übertragungsmöglichkeit des Urheberrechts ausging; vgl. *Rehbinder*, Rdnr. 311; *Schack*, Rdnr. 547.

157 BGH NJW 1998, 1716.

158 *Schricker*, §§ 31/32 Rdnr. 37.

159 BGH GRUR 1974, 786, 787; BGHZ 131, 8, 14.

zentrale Bedeutung zu, weil über den Zweck des Vertrages im Zweifel der Vertragsinhalt definiert wird.

Diesen Vertragszweck bestimmen die Parteien selbst. § 31 Abs. 5 UrhG stellt auf den von beiden Parteien verfolgten Zweck ab; eine einseitige Zwecksetzung genügt nach Ansicht der herrschenden Auffassung in der Literatur nicht[160]. Während *Schricker* von einer Art „subjektiver Geschäftsgrundlage" spricht[161], schlägt *Schack* bei der Ermittlung des Vertragszwecks eine „objektive Gesamtwürdigung aller Umstände nach Treu und Glauben unter Beachtung der Verkehrssitte" vor[162]. Beiden Ansichten ist gemein, dass die Rechtseinräumung nur so weit gehen kann, wie sich ein zweifelsfreier, gemeinsam verfolgter Zweck ermitteln lässt.

In der höchstrichterlichen Rechtsprechung finden sich einige Entscheidungen, die die Auswirkungen der Zweckübertragungstheorie anschaulich machen: So sind etwa im Zweifel mit der Einräumung des Rechts zur öffentlichen Vorführung eines Films keine Nutzungsrechte hinsichtlich der einzelnen Lichtbilder verbunden[163]. Eine Nutzungsberechtigung zur Vorführungen des Werkes im Theater berechtigt nicht zur Auswertung im Fernsehen[164].

(2) In dubio pro auctore

Im Zweifel für den Urheber: Eigenständige Bedeutung kommt dieser Formel nicht zu. *Schack* verwendet sie, um die Zweckübertragungstheorie auf einen kurzen Nenner zu bringen[165]. Letztlich kann man sie als eine Art Beweislastregel verstehen: Der Erwerber trägt die Beweislast dafür, dass die konkrete Nutzungsart von der Rechtseinräumung umfasst ist[166].

cc) Auslegung nach §§ 133, 157 BGB

Wenn über die vorrangigen urheberrechtlich besonderen Auslegungsgrundsätze kein Ergebnis und damit kein eindeutiger Vertragsinhalt festzustellen und zu ermitteln ist,

---

160 *v. Gamm*, § 31 Rdnr. 10. Nach der Rechtsprechung des BGH bestimmt sich die Ermittlung des Vertragszweckes nach den Vorstellungen und aus der Sicht des Urhebers, BGH NJW 2002, 896. Diese Auffassung ist abzulehnen, weil bereits die Zweckübertragungstheorie zu Gunsten des Urhebers wirkt und er in den Genuss eines weiteren Vorteils käme, wenn auch der Vertragszweck aus seiner Sicht zu bestimmen wäre.

161 *Schricker*, §§ 31/32 Rdnr. 40.

162 *Schack*, Rdnr. 548.

163 BGHZ 9, 262, 265.

164 BGH GRUR 1969, 143 ff.; weitere Rechtsprechungsnachweise bei *Schricker*, §§ 31/32 Rdnr. 42 ff.

165 *Schack*, Rdnr. 547.

166 OLG Hamburg, GRUR 1991, 599, 600. Weitere urheberspezifische Auslegungsregeln finden sich in § 37 UrhG (Bearbeitungen), § 38 UrhG (Sammelwerke), und in §§ 88, 89 UrhG (Filmwerke), die in anderen als den genannten Fällen keine Rolle spielen.

gelten ergänzend die allgemeinen zivilrechtlichen Normen der §§ 133, 157 BGB. Diese allgemeinen Auslegungsregeln haben aber stets die Schutzgedanken des Urheberrechts zu berücksichtigen[167].

4. Vertragspflichten des Urhebers im Einzelnen

Als einziger Urheberrechtsvertrag ist der Verlagsvertrag im Verlagsgesetz geregelt; seine Normen sind fast vollständig vertraglich abdingbar. Eine analoge Anwendung des Verlagsgesetzes auf den Urheberrechtsvertrag verbietet sich in aller Regel[168]. Es ist deshalb geboten, die Vorschriften des BGB bei der Bestimmung der Vertragstypen und damit der Vertragspflichten zu verwenden[169].

Urheberrechtliche Nutzungsverträge weisen häufig Elemente einer Vielzahl von schuldrechtlichen Vertragstypen und -pflichten auf, etwa des Kauf-, Werk- Dienst- oder Mietvertrags[170]. Die folgende Darstellung beschränkt sich darauf, die wesentlichen, urheberrechtlich typischen Pflichten darzustellen, die grundsätzlich für alle Urheberrechtsverträge gelten und nicht zulässigerweise vertraglich abbedungen wurden.

a) Rechtsverschaffungspflicht

Die wesentlichste Pflicht des Veräußeres ist die Rechtsverschaffungspflicht als vertragliche Hauptleistungspflicht. Der Veräußerer hat dem Erwerber das Nutzungsrecht in dem vertraglich festgelegten Umfange einzuräumen[171] und zum Inhaber dieses Rechts zu machen. Das gilt sowohl für die einfache und ausschließliche Lizenzvergabe[172].

Im Fall der rein schuldrechtlich wirkenden Nutzungsverträge oder Einwilligungen wird dem Erwerber kein gegenständliches „Recht" eingeräumt, so dass keine Rechtsverschaffungspflicht besteht[173].

---

167 Zur Auslegung etwa im Falle eines Filmverleihvertrags (Umfang der Vorstellungen) s. BGH GRUR 2003, 173 ff.: Der BGH nimmt im Wege der Auslegung eine Pflicht an, in den ersten Wochen nach dem Erscheinen möglichst viele Vorstellungen zu ermöglichen, wenn eine Beteiligung beider an der Verteilung des Einspielergebnisses vorgesehen ist.

168 S. in § 5 unter 3. c) ee).

169 Allg. Meinung, s. z.B. *Schricker*, §§ 31/32 Rdnr. 13 ff.

170 S. näher § 6 unter 3. und 4.

171 *Rehbinder*, Rdnr. 323.

172 S. zur Problematik bei der einfachen Lizenz in § 1 unter 1. d) cc).

173 S. in § 1 unter 1. d) dd), ee).

b) Pflicht zur Übertragung oder Nichtausübung des Verbotsrechts

Verpflichtet sich der Veräußerer zur Einräumung eines ausschließlichen Nutzungsrechts, so ist er Erwerber grds. berechtigt, das Werk auch unter Ausschluss des Inhabers des Urheberrechts zu nutzen[174] und ihm die Nutzung zu verbieten. Der Veräußerer schuldet dem Erwerber demnach die Einräumung des ihm zustehenden Verbotsrechts.

Haben die Parteien nur einen einfachen Lizenzvertrag geschlossen oder sind eine lediglich schuldrechtlich wirkende Verpflichtung eingegangen, so ist der Veräußerer berechtigt, das Werk neben dem Erwerber selbst zu nutzen oder weitere, einfache oder ausschließliche Lizenzen zu vergeben. Der Veräußerer behält das Recht, Dritten die Nutzung zu verbieten; er verpflichtet sich gegenüber dem Erwerber, diesem die Nutzung zu ermöglichen und das Verbotsrecht nicht auszuüben, ohne es auf diesen zu übertragen.

c) Enthaltungspflicht

Zu den allgemeinen Vertragspflichten gehört es, alles zu unterlassen, was dem Erwerber vertragswidrig Konkurrenz macht. Diese Pflicht wird § 242 BGB entnommen[175], wenn sie nicht explizit im Vertrag oder Gesetz (z.B. § 39 Abs. 3 VerlG) geregelt ist. Der Urheber hat sich während der Dauer des Nutzungsvertrags sämtlichen Handlungen zu enthalten, die dem Vertragspartner Konkurrenz machen[176], es sei denn, ihm ist anderes gestattet. Die Enthaltungspflicht ist eine Ausprägung des Wettbewerbsverbots[177]. Ob es sich um eine vertragliche Hauptpflicht oder um eine Nebenpflicht handelt, ist im Einzelfall durch Auslegung zu ermitteln. In der Regel wird sich die Enthaltungspflicht als Nebenpflicht klassifizieren lassen, weil sie vor allem der ordnungsgemäßen Vertragserfüllung dient und diese unterstützt.

Diese allgemeine Enthaltungspflicht ist vom Recht des Urhebers, bei der Vergabe einfacher Lizenzen eigene Nutzungen vornehmen zu dürfen, zu unterscheiden. In diesen Fällen handelt der Urheber grds. schon nicht vertragswidrig, weil die einfache Lizenz kein exklusives Recht des Erwerbers beinhaltet und deshalb eine sich aus § 242 BGB ergebende Enthaltungspflicht nicht besteht.

---

174 S. näher § 1 unter 1. d) bb).

175 *Schack*, Rdnr. 945.

176 BGH NJW 1973, 802 f.

177 BGH GRUR 1969, 364.

d) Sonstige Nebenpflichten

§ 241 Abs. 2 BGB statuiert weitere Nebenpflichten: Der Veräußerer hat Aufklärungspflichten, Leistungstreuepflichten und Schutzpflichten[178]. Diese können sich als Anspruch auf Auskunft und Rechnungslegung konkretisieren[179]. Darüber hinaus besteht die vorvertragliche Pflicht zur Wahrung der Vertraulichkeit. Damit soll sichergestellt werden, dass die Nutzung fremder Werke und Ideen finanziell nicht sanktionslos bleibt[180].

e) Bei Dienst- oder Werkverträgen: Herstellung des Werkes

Bei Dienst- und Werkverträgen besteht u.U. die Pflicht zur Herstellung des dem Vertrag zu Grunde liegenden Werkes[181].

5. Vertragspflichten des Erwerbers

Der Erwerber hat dem Urheber nach § 32 UrhG stets die angemessene Vergütung zu bezahlen. Diese Pflicht ist nicht mehr bis zur Grenze der Sittenwidrigkeit abdingbar. Nach § 32 Abs. 3 UrhG kann sich der Erwerber nicht auf eine zum Nachteil des Urhebers getroffene Vereinbarung berufen. Ob die Zahlung im Einzelfall als einmalige Pauschale oder während der Vertragslaufzeit zu entrichtende Rente ausgestaltet wird, ist für ihre Qualifizierung als vertragliche Hauptpflicht des Erwerbers unerheblich.

Darüber hinaus obliegen ihm Pflichten, die häufig abdingbar sind. So besteht grundsätzlich eine Ausübungspflicht, d.h., der Erwerber muss das Werk vervielfältigen und verbreiten. Diese Pflicht ist vertraglich regel- und konkretisierbar.

Die wichtigste Nebenpflicht liegt in der Pflicht zur Beachtung des Urheberpersönlichkeitsrechts[182] und – zumindest bei Dauerverhältnissen – der Treue- und Schutzpflicht.

Der Urheber hat zudem, wenn seine Vergütung etwa nach dem Umsatz oder der Zahl der verkauften Werke berechnet wird, einen Anspruch auf Auskunft und Rechnungslegung. Dies ergibt umgekehrt eine Pflicht zur ordnungsgemäßen Rechnungslegung und Auskunft für den Erwerber.

---

178 BGH NJW 1983, 998 (zur Leistungstreuepflicht); BGH NJW 1970, 653, 655 (zur Aufklärungspflicht); BGH NJW 1983, 2813, 2814 (zur Schutzpflicht).

179 S. etwa § 34 VerlG.

180 *Schack*, Rdn. 166.

181 *Rehbinder*, Rdnr. 323.

182 *Hertin*, in: Fromm/Nordemann, Vor § 31 Rdnr. 19.

6. Urheberrechtlich spezifische Nebenpflichten

Es gibt eine ganze Anzahl urheberrechtlich spezifischer Nebenpflichten[183]:

- Pflicht zur *Verteidigung des Schutzrechts*: Wenn das Nutzungsrecht durch Dritte beeinträchtigt wird, kommt eine Pflicht zur Mitwirkung des Urhebers an der Verteidigung in Betracht. Dies zumindest dann, wenn das Nutzungsrecht nicht ausschließlich auf den Erwerber übertragen wurde oder nicht übertragbare Urheberpersönlichkeitsrechte betroffen sind. Je größer die vertragswidrige Beeinträchtigung[184] des Nutzungsrechts, desto eher wird die Vertragsauslegung eine Pflicht des Urhebers zum Einschreiten ergeben.
- Pflicht zur *Anerkennung der Urheberschaft*: Nach § 13 UrhG hat der Urheber grundsätzlich das Recht, darüber zu bestimmen, ob das Werk mit einer Urheberbezeichnung zu versehen und welche Bezeichnung zu verwenden ist. Dieses Recht besteht gerade auch im Verhältnis zum Nutzungsberechtigten[185]. Auf dieses Recht kann der Urheber durch vertragliche Vereinbarung verzichten oder sich auf Grund von Branchenüblichkeit in Ausnahmefällen nicht berufen[186]. Aus § 13 UrhG folgt auch die *positive Pflicht zur Urheberbezeichnung*.
- Pflicht zur *Durchführung von Werbemaßnahmen*: Haben die Vertragsparteien eine umsatzabhängige Vergütung vereinbart, so werden sie in der Regel auch die Verpflichtung des Erwerbers (oder des Urhebers) zur Durchführung von Werbung vorsehen. Unterbleiben entsprechende Aktivitäten oder bleiben sie hinter der Verpflichtung zurück, so kann darin eine Nebenpflichtverletzung begründet sein.
- *Überschreitung* eingeräumter Rechte: Der Erwerber hat die (Neben-)Pflicht, die ihm übertragenen Rechte nur im vertraglich gewährten Umfange auszuüben. Eine Überschreitung dieser Befugnisse kann quantitativer, örtlicher, räumlicher, zeitlicher oder qualitativer Natur sein. Eine Überschreitung im weiten Sinne liegt auch im umgekehrten Fall vor, wenn der Urheber als Veräußerer das von ihm übertragene Nutzungsrecht vertragswidrig selbst verwendet und verwertet. In diesen Bereich fällt auch das Verbot, vertragswidrige *Konkurrenz* zu betreiben. Der Erwerber hat

---

183 Die Aufzählung erhebt keinen Anspruch auf Vollständigkeit und dient lediglich einer Übersicht. Da sich Nebenpflichten aus dem konkret geschlossenen Vertrag ergeben, sind sie jeweils im Einzelfall zu ermitteln.

184 Zu beachten ist, dass bei einfacher Rechtseinräumung grds. mit Konkurrenz gerechnet werden muss und eine Pflicht zum Einschreiten erst gegeben ist, wenn der ebenfalls Nutzungsberechtigte über das Maß der ihm erlaubten Nutzung hinausgeht (z.B. durch Rufschädigungen oder sonstiges wettbewerbswidriges Handeln).

185 *Dietz*, in: Schricker, § 13 Rdnr.13.

186 *Hock*, S. 100 ff.; zur restriktiven Anwendung der „Branchenüblichkeit“ LG München, ZUM 1995, 57, 58.

zudem grundsätzlich keine Berechtigung, das Nutzungsrecht nach Vertragsende weiter auszuüben[187].

- *Verletzung der Werkintegrität*: Der Erwerber ist nicht berechtigt, das Werk ohne Zustimmung des Urhebers an seiner Substanz zu ändern, indem er etwa Teile weglässt, kürzt oder in sonstiger Weise verändert[188]. Das gilt zumindest für Werke ohne Bearbeitungscharakter. Doch auch für Werke mit Bearbeitungscharakter ist ein Eingriff nicht grenzenlos möglich: Er muss sich zum einen im Rahmen der Vereinbarung halten, zum anderen ist eine volle Beseitigung der Schutzwirkung und Integrität nicht möglich[189].

7. Sonderfall: Vertrag über künftige Werke

Im Rahmen der Vertragsfreiheit können die Parteien Verträge über künftige Werke schließen, in denen in der Regel zugleich eine Herstellungspflicht des Urhebers begründet wird[190].

8. Schutz des Urhebers und Schranken des Vertragsinhalts

a) Problemdarstellung

Der Urheber ist seinen Vertragspartnern häufig im wirtschaftlichen, rechtlichen und logistischen Bereich unterlegen. In Fällen strukturellen Ungleichgewichts ist es grundsätzlich Aufgabe des Gesetzgebers, zwingende Normen zu schaffen, die diese Verhältnisse in den Grenzen der gewünschten politischen Richtung korrigieren. Das Urhebervertragsrecht war bis zum Inkrafttreten des „Gesetzes zur Stärkung der vertraglichen Stellung von Urhebern und ausübenden Künstlern" zum 1. Juli 2002 praktisch ausnahmslos dispositiv, sofern es überhaupt als normiert angesehen werden konnte. Erst mit der Schaffung des „neuen" Urhebervertragsrechts begegnete der Gesetzgeber mit den §§ 32 und 32 a UrhG zumindest in finanzieller Hinsicht der in der Regel unterschiedlichen Position und Stärke der Vertragspartner.

187 *Henn*, Rdn. 354. Dieser Gedanke ist auf Grund identischer Interessenlage ohne weiteres auf das Urhebervertragsrecht übertragbar.

188 Im Einzelfall ist die Abgrenzung zu Nutzungsverträgen ohne Bearbeitungscharakter schwierig, in denen dem Erwerber die Umsetzung des Werkes in eine andere Art der Darstellung erlaubt ist. Die Rechtsprechung tendiert diesbezüglich zu einer weiten Auslegung des § 39 UrhG, etwa BGH GRUR 1971, 35, 37 f.

189 BGH GRUR 1971, 269, 271. Auch in dieser Kategorie ist die Anwendung des § 97 UrhG nicht ausgeschlossen. Liegen die Voraussetzungen vor, so erhält der Urheber als Schadensersatz auch die Herausgabe des vom Verwerter erzielten Gewinns.

190 *Schack*, Rdnr. 975.

b) § 32 UrhG: Anspruch auf die „angemessene Vergütung“[191]

Erstmals hat der Gesetzgeber in den § 32 UrhG festgeschrieben, dass der Urheber für die Einräumung von Nutzungsrechten und die Verwertung seines Werks stets Anspruch auf die „angemessene Vergütung“ hat. Auf eine zum Nachteil des Urhebers getroffene Vereinbarung kann sich der Vertragspartner nach § 32 Abs. 3 S. 1, S. 2 UrhG nicht berufen.

c) In der Praxis übliche Vereinbarungen / Vertragsmuster / Formularverträge / Tarifverträge

Bis auf die Vergütungspflicht und den Anspruch des Urhebers auf weitere Beteiligung sind auch nach Inkrafttreten des „Gesetzes zur Stärkung der vertraglichen Stellung von Urhebern und ausübenden Künstlern“ die in der Rechtswirklichkeit relevanten urhebervertragsrechtlichen Regelungen dispositiv[192]. Diese den Vertragsparteien überlassene Regelungsbreite begünstigt eine Anwendung von Vertragsmustern und Tarifverträgen vor allem im Bereich des Arbeitsrechts. In der Praxis wird das Urhebervertragsrecht außerhalb der Tarifverträge von Formularverträgen beherrscht, die meist von den Verwertern vorgegeben werden. Häufig nutzte man aber auch die Möglichkeit, Tarifverträge zu schaffen[193].

Der Abschluss derartiger Verträge ist zulässig, der Inhalt nach den §§ 305 ff. BGB auf seine rechtliche Zulässigkeit überprüfbar[194]. Die Inhaltsermittlung des Urheberrechtsvertrags hat sich zunächst am Vertragstext zu orientieren. Steht der Inhalt fest, ist die Wirksamkeit der entsprechenden Klausel zu untersuchen[195]. Die Literatur kritisiert zuweilen, dass die Inhaltskontrolle im Bereich des Urhebervertragsrechts nur eine sehr eingeschränkte Wirkung entfaltet, weil das Urheberrecht nur sehr wenige Normen mit „Leitbildfunktion“ hat, von denen im Vertrag mit allgemeinen Geschäftsbedingungen abgewichen werden kann[196]. Die Zweckübertragungstheorie des § 31 Abs. 5 UrhG tauge nach der Rechtsprechung des BGH deshalb nicht, weil Auslegungsregeln keine Rechte begründen können[197]. Dabei verkennt der BGH, dass es nicht um bloße Terminologie – Rechte, Auslegungsregeln, dispositive Normen – gehen kann, sondern um Wertungen, die hinter diesem Wortlaut stehen. *Schricker* spricht unter Hinweis auf die AGB-rechtliche Kommentarliteratur vom „tragenden Gerechtigkeitsgehalt“ einer

---

191 Zum Ganzen: *Schmidt*, ZUM 2002, S. 781, 783 ff.; *Reinhard/Distelkütter*, ZUM 2003, S. 269 ff.

192 *Schack*, Rdnr. 952.

193 Tarifverträge sind u.a. abgedruckt in der dtv-Textausgabe Urheberrecht (Nr. 10 bis 10 f).

194 Die Normen beziehen nach § 310 Abs. 4 BGB nunmehr erstmals auch Arbeitsverträge in ihren Anwendungsbereich ein.

195 Einzelheiten der Prüfung nach §§ 305 ff. BGB sind nicht Gegenstand vorliegender Arbeit; vertiefend: *Steinberg*, Urheberrechtliche Klauseln in Tarifverträgen.

196 *Schack*, Rdnr. 958.

197 *Schack*, Rdnr. 958; BGH GRUR 1984, 45, 48 f.

Norm[198], zu dem auch – wie in ständiger Praxis außerhalb des Urheberrechts – die Heranziehung von Auslegungsregeln gehört. Die Prüfung der Allgemeinen Geschäftsbedingungen wird in Zukunft an Bedeutung zunehmen, weil der Gesetzgeber mit dem „neuen“ Urhebervertragsrecht u.a. zwingende Vergütungsregeln zu Gunsten des Urhebers normierte und damit erstmals in größerem Umfange auch gesetzliche „Leitbilder“ schuf.

Zusammenfassend lässt sich sagen, dass die restriktive Behandlung des Rechts der Allgemeinen Geschäftsbedingungen korrigiert werden kann. Durch die Schaffung gesetzlicher Leitbilder wird hierzu auch für die Rechtsprechung die Möglichkeit eröffnet.

198 *Schricker*, Vor §§ 28 ff. Rdnr. 14 m.w.N.

Teil 2:
Leistungsstörungen – Allgemeiner Teil

§ 5
Das BGB und die spezialgesetzliche Normierung der Leistungsstörungen im Urheberrechtsgesetz

1. Einleitende Überlegungen

In Teil 1 der Untersuchung wurde der Gegenstand und mögliche Inhalte des Urheberrechtsvertrags abstrakt dargestellt.

Nachfolgend wird aufgezeigt, mit welchem (zivilrechtlichen) Instrumentarium Leistungsstörungen des Urheberrechtsvertrages im schuldrechtlichen Bereich zu behandeln sind.

2. Grundsatz: Vorrang von Spezialvorschriften

Das Urheberrecht ist ein privatrechtliches Sondergebiet. Die Normen des BGB können daher auf urheber(vertrags)rechtliche Sachverhalte nur insoweit angewendet werden, als die speziellen urheberrechtlichen Gesetze keine Spezialregelungen enthalten[199]. Es ist somit zunächst zu untersuchen, ob spezielle und damit vorrangige Vorschriften des Urheberrechtsgesetzes existieren. Auch das Verlagsgesetz kann u.U. anzuwenden sein und – wie das Urheberrechtsgesetz – in seinem Anwendungsbereich die Normen des BGB verdrängen.

a) Regelungen im neuen Urhebervertragsrecht

Am 1. Juli 2002 ist das „Gesetz zur Stärkung der vertraglichen Stellung von Urhebern und ausübenden Künstlern" in Kraft getreten. Es hat zu Gunsten der Stellung des Urhebers im Wesentlichen drei Neuerungen gebracht:

- Der Urheber hat für die Einräumung von Nutzungsrechten und die Verwertung seines Werkes stets Anpruch auf die „angemessene Vergütung". Dieser in § 32 UrhG normierte Grundsatz ist nicht abdingbar[200]. Er gilt unmittelbar, wenn keine gesonderte vertragliche Regelung getroffen wurde. Bei Bestehen einer Vergütungsregel im Vertrag begründet er einen Anspruch auf Vertragsanpassung,

---

199 *Manz/Ventroni/Schneider*, ZUM 2002, 409.

200 Zur Frage, ob die Norm durch Prorogation der ausländischen Gerichtsbarkeit umgehbar ist, s. *Hertin*, MMR 2003, 16, 19 f.; *Hilty/Peukert*, GRUR Int. 2002, 643 ff.

wenn die Vergütung unverhältnismäßig gering ist[201]. Zudem steht dem Urheber nach § 32 a UrhG eine Anpassung der Vergütung zu, wenn die vereinbarte Gegenleistung in einem auffälligen Missverhältnis zu den Erträgen des Werkes steht[202].

- Sogenannte „gemeinsame Vergütungsregeln“ ermöglichen – abweichend vom Kartellverbot des § 1 GWB[203] – eine vertragliche Regelung der „angemessenen Vergütung“, um beiden Parteien auf Grund der oft langen Vertragsdauer Planungssicherheit zu geben[204].
- Erstmals wurde in § 75 Abs. 4 UrhG eine Gleichstellung des Urhebers und des ausübenden Künstlers vor allem in Bezug auf die Vergütungsansprüche der §§ 32, 32 a UrhG, aber auch hinsichtlich der Werkänderung geregelt[205].

Wesentliche inhaltliche Änderungen in der für die vorliegende Arbeit bedeutsamen Pflicht zur Einräumung und Übertragung von Nutzungsrechten und seiner Leistungsstörungen gibt es nicht; sie sind allenfalls klarstellender Natur. So wurde etwa in § 29 Abs. 2 UrhG die Möglichkeit der Einräumung von Nutzungsrechten ausdrücklich normiert, die aber seit jeher anerkannt war[206]. Regelungen über Leistungsstörungen in Urheberrechtsverträgen sind auch in der neuen Gesetzesfassung nicht vorhanden.

b) § 32 a UrhG n.F.[207] („Bestsellerparagraph“)

§ 36 UrhG a.F. normierte einen besonderen urheberrechtsspezifischen Anwendungsfall der Lehre von der Geschäftsgrundlage[208]. Auch § 32 a UrhG n.F. gibt dem Urheber einen Anspruch auf Vertrags- und Vergütungsanpassung, wenn ein Missverhältnis zwischen Entgelt des Urhebers und Gewinn des Verwerters vorliegt.

Die Rechtsprechung verlangte für die Anpassung des Vertrages nach § 36 UrhG a.F. zum einen das Vorliegen eines „groben“ Missverhältnisses[209] der Bedingungen, zu denen das einfache oder ausschließliche Nutzungsrecht bei Vertragsschluss eingeräumt wurde und dem dafür vereinbarten Entgelt, und zum anderen, dass der Erfolg der

---

201 *Nordemann*, S. 57 f.

202 S. in § 5 unter 2. b).

203 Hierzu näher: *Gläser*, Kartellrechtliche Grenzen der Ausgestaltungsvielfalt preisgebundener Verlagserzeugnisse.

204 *Nordemann*, S. 57 f.

205 *Nordemann*, S. 57 f.; *Erdmann*, GRUR 2002, 923, 930.

206 *Haas*, S. 19 ff.

207 Zum nicht unumstrittenen vertragsrechtlichen Wesen des Anspruchs aus § 32 a Abs. 1 S. 1 UrhG und § 32 Abs. 1 S. 2 UrhG s. *Hilty/Peukert*, GRUR Int. 2002, 644, 655.

208 BGHZ 115, 63 (für § 36 UrhG a.F.).

209 „Grob“ bedeutete eine Abweichung der Verhältnisse von einer Ausgewogenheit in unerträglicher Weise, *Schricker*, § 36 Rdn. 12. Damit wurde ein unbestimmter Rechtsbegriff mit einem anderen definiert, was einer vorhersehbaren Anwendung abträglich war.

Verwertung nicht vorhersehbar und unerwartet war[210]. Die hohen Voraussetzungen der Rechtsprechung hat zu einem restriktiven Anwendungsbereich des § 36 UrhG a.F. geführt. Die Kritik der Lehre an diesem geringen Anwendungsrahmen hat zur Modifizierung der Norm geführt[211].

Das neue Recht hat diese strengen Voraussetzungen abgemildert. Es reicht aus, dass ein „auffälliges" Missverhältnis[212] vorliegt. Die von der Rechtsprechung geforderte Vorhersehbarkeit des Erfolges ist nach § 32 a Abs. 1 S. 2 UrhG nicht mehr erforderlich. Liegen die Voraussetzungen des § 32 a UrhG vor, so hat der Erwerber in eine Vertragsanpassung einzuwilligen; d.h., das Gesetz gibt dem Urheber einen Anspruch auf Anpassung des Vertrages zu finanziell verbesserten Bedingungen. Deshalb stellt der Fall des „auffälligen Missverhältnisses" einen Leistungsstörungstatbestand im weiten Sinne dar. Dogmatisch ist im neuen Recht ein Abrücken von der Qualifizierung der Norm als Ausprägung von der Lehre des Wegfalls der Geschäftsgrundlage zu erkennen, weil die „Nichtvorhersehbarkeit" des Erfolges keinen Maßstab für die Anwendung mehr darstellt und § 32 a Abs. 2 UrhG eine Haftung für Folgeverwerter klarstellt[213].

Es steht zu erwarten, dass die Bedeutung des § 32 a UrhG gegenüber § 36 UrhG a.F. steigt und die Vertragsanpassung ein taugliches Mittel des Urhebers werden kann, seine Vergütung oder sonstige Erfolgsbeteiligung anzuheben. Es kommt letztlich nur noch auf den tatsächlichen Erfolg des genutzten Werkes im Verhältnis zur zunächst vereinbarten Beteiligung an. Sobald die Rechtsprechung die „Auffälligkeit" des Missverhältnisses im Sinne der Norm konkretisiert und gegen das frühere Erfordernis der „groben Abweichung" abgegrenzt hat, wird man in der Praxis den Anwendungsrahmen und die Erfolgsaussichten des § 32 a UrhG abschätzen können.

Problematisch ist, ob und wie § 32 a UrhG im in der Praxis häufig vorkommenden Fall der – zunächst – unentgeltlichen Einräumung der Nutzungsrechte anwendbar ist. *Schricker* ist der Auffassung, dass § 36 UrhG a.F. und damit § 32 a UrhG n.F. nicht anwendbar sei, weil bei einem Geschenk niemand geltend machen könne, dieses habe sich im Nachhinein als unerwartet wertvoll erwiesen[214]. Gegen diese Auffassung

---

210 BGHZ 115, 63; 137, 387; BGH GRUR 1991, 901, 902; BGH ZUM 1998, 497, 501 f.

211 *Katzenberger*, GRUR Int. 1983, 410 ff.; *Gerstenberg*, GRUR 1974, 591, 592 f.

212 Die konkrete Ausgestaltung des Missverhältnisses ist der Rechtsprechung überlassen. Eine Abweichung um 100% soll in jedem Fall auffällig sein, wohl auch eine solche um 2/3; s. *Hertin*, MMR 2003, 17 m.w.N.; *Jacobs* (NJW 2002, 1905, 1908) regt an, die Wuchergrenze des § 138 BGB zu implementieren. Dem ist nicht zuzustimmen, weil § 32 a UrhG ansonsten ohne eigenen Regelungsgehalt wäre.

213 *Berger*, GRUR 2003, 675 ff.; *Erdmann*, GRUR 2002, 923 ff.

214 *Schricker*, § 36 Rdnr. 9. Davon zu unterscheiden sei der Fall, in dem lediglich eine honorarfreie Nutzung, aber eine Veröffentlichungspflicht vereinbart wurde. Hier ist eine konkrete Gegenleistung bestimmt, die einer – auch finanziellen – Anpassung zugänglich ist. Es sei nicht einzusehen, warum der Verfasser, der ein symbolisches Entgelt erhalte, besser gestellt werde als derjenige, dem sogar das vorenthalten wurde; vgl. *Schricker*, a.a.O.

spricht der Wortlaut des § 32 a UrhG, der lediglich „die vereinbarte Gegenleistung" aufführt. Diese kann eben auch Null sein. Über die Formulierung des § 32 a Abs.1 S.1 UrhG („ ... unter Berücksichtigung der gesamten Beziehungen des Urhebers zu dem anderen ...") ist klargestellt, dass man grundsätzlich auch eine zunächst unentgeltliche Vereinbarung anpassen und dem Urheber eine Beteiligung zusprechen kann. Die oben genannte Formulierung erlaubt dies aber nur, wenn sämtliche („... gesamten Beziehungen ...") Vertragsvereinbarungen zwischen den Parteien inhaltlich erfasst sind. Zunächst ist also die Bestimmung, die die Unentgeltlichkeit regelt, auszulegen. Kam es den Parteien darauf an, den Urheber grundsätzlich von sämtlicher Vergütung auf Dauer auszuschließen, so kann er eine Anpassung nach § 32 a UrhG nicht gelten machen.

c) §§ 18, 30 ff. VerlG

Die §§ 18, 30 ff. VerlG enthalten für Verlagsverträge spezielle Leistungsstörungsrechte, die in ihrem Anwendungsbereich den Regeln des BGB vorgehen. Der Verlagsvertrag stellt einen Vertrag eigener Art mit Dauerschuldcharakter[215] dar, der auf Grund seines eigenen Gewährleistungssystems nicht als Kaufvertrag qualifiziert wird[216].

Zu untersuchen ist, ob die Regeln des Verlagsgesetzes, die Leistungsstörungsrechte beinhalten, auf das sonstige Urhebervertragsrecht angewendet werden können. Die Wechselwirkung zwischen Urheber- und Verlagsvertrag sei „kompliziert"[217]. Geklärt ist, dass das Verlagsgesetz den Verlagsvertrag als urheberrechtlichen Verwertungsvertrag regelt und das Verlagsrecht auf dem Urheberrecht aufbaut. Damit gelten sämtliche Vorschriften des Urheberrechtsgesetzes – einschließlich der Neuregelungen[218] – auch für das Verlagsrecht, sofern nicht eine abschließende verlagsrechtliche Sondervorschrift besteht[219].

Zu fragen ist, ob die Normen des Verlagsrechts, die sich mit Leistungsstörungen befassen, umgekehrt auch für den Bereich des Urheberrechtsgesetzes gelten. Fehlt eine Normierung im Urheberrechtsgesetz, so kommt grundsätzlich eine analoge Anwendung der verlagsrechtlichen Regelungen in Form der Einzelanalogie[220] in Betracht. Stets ist zu beachten, dass der Verlagsvertrag besondere, häufig im klassischen Urheberrechtsvertrag nicht vorkommende Vertragspflichten enthält, auf die die Normen des Gesetzes zugeschnitten sind. Den Verlagsverträgen ist u.a. die Verpflichtung des Verlegers zur Verwertung des Werkes, d.h. Vervielfältigung und Verbreitung, wesentlich. Diese

---

215 *Maunz/Schricker*, § 35 Rdnr. 1.

216 *Schricker*, Verlagsrecht, Einl. Rdnr. 3.; BGH GRUR 1960, 642, 643.

217 *Schricker*, Vor §§ 28 ff. Rdnr. 3; ausführlicher *Schricker*, GRUR Int. 1983, 446, 447.

218 *Maunz/Schricker*, Einl. Rdnr. 29 a.

219 *Maunz/Schricker*, Einl. Rdnr. 22, 25; § 1 Rdnr. 5. Das gilt vor allem auch für die §§ 31 ff. UrhG, *Maunz/Schricker*, Einl. Rdnr. 21.

220 Das ist die Übertragung der Rechtsfolge einer Norm auf einen „vergleichbaren" Fall; BGHZ 105, 143.

Verpflichtung besteht im sonstigen Urheberrechtsvertrag nicht zwingend. Der Verlagsvertrag ist zudem grundsätzlich wirtschaftsrechtlich ausgerichtet und zielt regelmäßig auf den größtmöglichen wirtschaftlichen Erfolg beider Vertragspartner unter besonderer Beachtung der Persönlichkeitsinteressen des Schöpfers. Deshalb besteht im Anwendungsbereich des Verlagsgesetzes ein besonderer Treuegedanke, der sich zu einer Mitteilungspflicht hinsichtlich des Bestehens von Problemen oder Mängeln konkretisieren kann[221].

Grundsätzlich scheint es denkbar, auf Urheberrechtsverträge, die ebenfalls eine Ausübungspflicht beinhalten, die Normen des Verlagsgesetzes analog heranzuziehen. Auch eine analoge Anwendung der Normen des Verlagsgesetzes, die sich mit allgemeingültigen Aussagen befassen, kommt in Betracht[222]. Dies muss aber im Einzelfall dogmatisch exakt untersucht werden, weil die h.M. eine solche Analogiefähigkeit bereits ablehnt, wenn es an der Ausübungspflicht fehlt[223]. Die Prüfung der nachfolgenden Normen wird auch vor dem Hintergrund dieser Analogiefähigkeit[224] erfolgen.

aa) § 18 VerlG – Kündigung

§ 18 VerlG gibt dem Verleger ein unbefristetes Kündigungsrecht, wenn der Zweck des Werkes nach Vertragsschluss wegfällt oder – verlagstypisch – wenn die Drucklegung eines Sammelwerkes unterbleibt. Der Vertrag wird dabei mit Wirkung für die Zukunft aufgelöst. Der Verfasser behält seinen Vergütungsanspruch. Letztlich handelt es sich um einen gesetzlich geregelten Sonderfall des Wegfalls der Geschäftsgrundlage[225].

Diese Norm ist nicht analogiefähig, weil sie ganz speziell Fallgestaltungen des Verlagsrechts im Auge hat. Beim Zweckfortfall ist etwa an das technische Gutachten, dessen Projekt nicht realisiert wird, oder den Gesetzeskommentar, dessen Gesetz nicht zur parlamentarischen Annahme gelangt, gedacht worden[226]. Für den Anwendungsbereich des Urheberrechtsgesetzes fehlt es deshalb bereits an einer für die Analogie notwendigen Regelungslücke. Die Fälle des Zweckfortfalls nach Vertragsschluss können mit dem Institut des Wegfalls der Geschäftsgrundlage im Urhebervertragsrecht nach § 313 BGB behandelt werden.

---

221 *Maunz/Schricker*, § 8 Rdnr. 39; *Haedicke*, S. 273.

222 *Schricker* spricht restriktiver von „nicht ausgeschlossen"; §§ 31, 32 Rdnr. 12.

223 *Maunz/Schricker*, § 1 Rdnr. 98; *Ulmer*, §§ 93 I, 115 VI.

224 Die Voraussetzungen einer solchen Analogie sind das Bestehen einer Regelungslücke im Gesetz, die nicht durch eine vorrangige Auslegung geschlossen werden kann, und die Vergleichbarkeit oder Rechtsähnlichkeit der Tatbestände. Durch den Vorrang der Auslegung sollte auf die Analogie – gesetzessystematisch gesehen – nur ein geringer Anwendungsbereich entfallen.

225 So auch *Maunz/Schricker*, § 18 Rdnr. 7.

226 *Maunz/Schricker*, § 18 Rdnr. 2.

bb) § 30 VerlG – Rücktritt wegen nicht rechtzeitiger Ablieferung

§ 30 VerlG gewährt dem Verleger ein Rücktrittsrecht, wenn der Verfasser sein Werk nicht rechtzeitig abliefert. Die Norm ist an § 326 BGB a.F. angelehnt und fordert deshalb eine Fristsetzung mit Ablehnungsandrohung[227]. Der Verleger kann zunächst zwischen Vertragserfüllung durch Herstellung oder Ablieferung und Fristsetzung wählen. Ein Verschulden ist nach § 30 VerlG im Unterschied zu § 326 BGB a.F. nicht erforderlich[228].

Einer analogen Anwendung des § 30 VerlG im Bereich des allgemeinen Urheberrechtsvertrags bedarf es auch dann nicht, wenn den Urheber eine Ablieferungspflicht seines Werkes trifft. Diese Pflicht ist im Bereich des Verlagsrechts wesentlich, sodass eine eigene Regelung gerechtfertigt ist. Eine solch überragende Bedeutung hat die Ablieferungspflicht im Rahmen des Urheberrechtsvertrags in der Regel nicht. Insofern besteht kein vergleichbarer Sachverhalt[229].

cc) § 31 VerlG – Rechte des Verlegers bei nicht vertragsgemäßer Beschaffenheit

§ 31 VerlG normiert ein spezielles Rücktrittsrecht für den Verleger, wenn der Verfasser ein Werk abliefert, das nicht vertragsgemäß beschaffen ist. Zudem regelt die Norm ein Wahlrecht auf Schadensersatz, wenn der Verfasser den Mangel zu vertreten hat. Hinsichtlich der Voraussetzungen der Anwendbarkeit erfolgt ein Verweis auf § 30 VerlG. Damit erfasst der Paragraph den für diese Arbeit höchst relevanten Bereich der Leistungsstörungen.

§ 31 VerlG behandelt zumindest den äußeren Zustand des Werkes und umfasst drei Arten von Mängeln: den für die Vervielfältigung ungeeigneten Zustand, die fehlende Veröffentlichungsfähigkeit aus objektiven Gründen und die fehlende Ausgabefähigkeit[230]. Schon durch diese Aufzählung wird deutlich, dass § 31 VerlG für den Bereich des sonstigen Urheberrechtsvertrags grundsätzlich nicht als analogiefähig angesehen werden kann, weil ausschließlich verlagsrechtliche Besonderheiten geregelt werden. Insofern fehlt es an einer für die Analogie notwendigen vergleichbaren Regelungs-

---

227 Eine Anpassung an die Schuldrechtsmodernisierung ist bislang nicht erfolgt, sodass auf Grund des eindeutigen Wortlauts nach wie vor eine Fristsetzung mit Ablehnungsandrohung verbunden werden muss. Die Fristsetzung ist entbehrlich, wenn die rechtzeitige Herstellung unmöglich ist, vom Verfasser verweigert wird oder ein besonderes Interesse an der sofortigen Vertragslösung besteht. So auch *Haas*, Rdnr. 459.

228 *Maunz/Schricker*, § 30 Rdnr. 21.

229 Auch das Vorliegen einer Regelungslücke ist fraglich. Das UrhG trifft fast keine Aussagen über die Behandlung von Leistungsstörungen. Der Gesetzgeber ging vielmehr von einer Anwendung der Regeln des BGB im Bereich dieser Leistungsstörungen aus, weil es sich beim Urheberrechtsvertrag um einen besonderen zivilrechtlichen Vertrag handelt. Einige Tatbestände, bei denen der Gesetzgeber Regelungsbedarf sah, wurden – wie etwa der „Rückruf" – normiert. Für jeden anderen Vorgang ist das allgemeine Zivilrecht anzuwenden.

230 *Schricker*, § 31 Rdnr. 2.

und Sachlage[231]. Auf Grund dieses eindeutigen Zuschnitts auf den Verlagsvertrag ist eine Anwendbarkeit auf den allgemeinen Urheberrechtsvertrag abzulehnen.

Von der Analogie zu unterscheiden sind die Rechtsgedanken, auf denen die Norm basiert, und ihre Voraussetzungen für das Vorliegen eines Mangels. Diese Gedanken und Voraussetzungen können bei der Frage herangezogen werden, ob im sonstigen Urheberrechtsvertrag ein Fehler vorliegt; etwa bei der Frage, wann sich ein Werk in einem „für die Vervielfältigung ungeeigneten Zustand“ befindet.

Für die verlagsrechtliche Praxis ist vor allem die fehlende Veröffentlichungsfähigkeit aus objektiven Gründen von Bedeutung. Die Beispiele, die die Literatur und die Rechtsprechung hierfür aufführen, sind vielfältig. Ein Werk ist etwa dann nicht von „vertragsgemäßer Beschaffenheit“, wenn es gegen ein gesetzliches Verbot[232] (z.B. durch einen strafrechtlich relevanten oder sittenwidrigen Inhalt) verstößt. Auch wenn der Vertrieb des abgelieferten Werkes zivilrechtliche Schadensersatzansprüche oder eine Verurteilung zur Unterlassung nach sich ziehen würde, ist das Werk nicht von „vertragsgemäßer Beschaffenheit“[233]. Das gilt auch für die Ablieferung eines unvollständigen Werkes oder für den Fall, dass das Werk gegen vertragliche Vereinbarungen, z.B. bezüglich des Umfangs oder der Werkkategorie, verstößt[234]. Mängel der Qualität des Werkes, also der wissenschaftlichen, künstlerischen oder literarischen Güte, kann der Verleger grundsätzlich nicht rügen[235]. Rechtsfolge eines Mangels im Sinne der Norm ist zunächst der Anspruch des Verlegers auf ordnungsgemäße Vertragserfüllung, d.h. auf Mängelbeseitigung[236]. Ist die Nacherfüllung nicht erfolgreich oder die Frist mit Ablehnungsandrohung ergebnislos verstrichen, so kann der Verleger grundsätzlich vom Vertrag zurücktreten und[237] – bei Verschulden – Schadensersatz verlangen.

dd) § 32 VerlG – Rücktritt des Verfassers bei nicht vertragsgemäßer Leistung des Verlegers

§ 32 VerlG ist das Gegenstück zu § 31 VerlG und verweist deshalb konsequent ebenfalls auf § 30 VerlG. Einschlägig ist die Norm dann, wenn das Werk nicht wie vereinbart verbreitet oder vervielfältigt wird; etwa wenn die Verbreitung nicht in der nach

---

231 Nach Ansicht des Verfassers ist bereits das Bestehen einer Lücke fraglich.

232 In Konkurrenz mit §§ 134, 138 BGB, die zur Nichtigkeit des Vertrages führen und damit § 31 VerlG ausschließen.

233 BGH GRUR 1979, 396, 397.

234 S. auch *Schricker*, § 31 Rdnr. 4 ff.

235 BGH GRUR 1960, 642, 644; einschränkend wohl *Asprogerakas-Grivas*, S. 146 ff.; dazu näher in § 13 unter 3. c).

236 *Maunz/Schricker*, § 31 Rdnr. 13.

237 Das kumulative „Und“ bezieht sich auf die neue zivilrechtliche Situation und dürfte im Verlagsrecht derzeit mangels Anpassung der Normen höchst strittig sein.

§ 14 VerlG üblichen Art erfolgt, die Arbeit ohne Zustimmung auf einen anderen Verleger übertragen wird oder der Verleger unzulässige Änderungen am Werk vornimmt[238]. Hinsichtlich der Rechtswirkungen dieser speziellen Nicht- oder Schlechterfüllungen kann auf die Ausführungen zu §§ 30, 31 VerlG verwiesen werden.

Eine Analogiefähigkeit für das übrige Urheberrecht ist – mit den zu §§ 30, 31 VerlG ausgeführten Argumenten – abzulehnen. Gegenstand der Norm sind verlagsrechtlich spezifische Tatbestände (hier: die Verbreitung des Werkes), die im sonstigen Urhebervertragsrecht nicht zwingend auftreten müssen. Es fehlt sowohl an einer vergleichbaren Sachlage als auch an einer Regelungslücke im Urheberrechtsgesetz[239].

ee) Verlagsgesetz: Zusammenfassung

Die Aufzählung zeigt, weshalb Lehre und Rechtsprechung eine Übertragung der Normen des Verlagsgesetzes, die sich mit Leistungsstörungen im Verlagsvertrag befassen, auf das sonstige Urhebervertragsrecht in aller Regel zu Recht ablehnen. Das Verlagsgesetz regelt in seinen §§ 30 bis 32 VerlG zunächst nur den Rücktritt und innerhalb der Rücktrittsvoraussetzungen – systematisch nicht überzeugend – die nicht vertragsgemäße Beschaffenheit. Aussagen über sonstige Rechtsfolgen (Schadensersatz, Minderung, Verzug) werden damit nicht vorrangig getroffen. Zudem sind die Vorschriften ersichtlich auf den Verlagsvertrag zugeschnitten: Inhalt ist etwa die verletzte Ausübungspflicht oder die fehlende Veröffentlichbarkeit des Werkes. Diese Bereiche betreffen das allgemeine Urheberrecht höchstens am Rande, nämlich dann, wenn diese Pflichten auch im urheberrechtlichen Vertrag geschuldet sind. Auch die Ähnlichkeit der Rechtsgebiete im Hinblick auf die beiden Vertragstypen gemeinsame Bedeutung der Persönlichkeitsinteressen der Schöpfer rechtfertigt eine Analogie nicht, weil diese Interessen v.a. im Urheberrecht häufig hinter die wirtschaftlichen Interessen der Verwerter zurücktreten[240]. Schließlich verbietet das Bedürfnis nach Rechtssicherheit eine analoge Anwendung: Wie in § 5 unter 2. c) dargestellt, normiert das Verlagsgesetz Leistungsstörungstatbestände, die speziell auf diesen Vertrag zugeschnitten sind. *Haedicke* weist am Beispiel des subjektiven Fehlerbegriffs des § 434 Abs. 1 BGB zu Recht darauf hin, dass die Regelungen des BGB ein höheres Maß an Rechtssicherheit vermitteln, weil z.B. der Einwand der „fehlenden Ausgabefähigkeit" im Sinne des § 31 VerlG häufig „nicht rational" überprüfbar ist[241].

---

238 *Maunz/Schricker*, § 32 Rdnr. 2.

239 Weitere verlagsrechtliche Sonderregeln, die auf das sonstige Urheberrecht nicht übertragbar sind, enthalten die §§ 33-35, 37 und 38 VerlG. § 38 VerlG enthält eine Bestimmung zur teilweisen Aufrechterhaltung eines Vertrages, wenn das Werk ganz oder teilweise schon abgeliefert wurde. Darüber hinaus beurteilt sich die Gewährleistung nach den allgemeinen Regeln des BGB; BGHZ 7, 331, 335 f.

240 Hierzu ausführlicher *Haedicke*, S. 274 f.

241 *Haedicke*, S. 275.

Im Rahmen der Untersuchung einzelner Fallgestaltungen in Teil 3 der vorliegenden Arbeit wird deshalb eine Analogie nicht angenommen. Allenfalls werden die dem § 31 VerlG zu Grunde liegenden Grundsätze und Gedanken in die Prüfung einbezogen.

d) §§ 41, 42 UrhG – Rückruf

§ 41 UrhG gewährt dem Urheber ein Rückrufsrecht für den Fall, dass der Inhaber eines ausschließlichen Nutzungsrechts das Recht nicht oder nur unzureichend ausübt. § 42 UrhG erlaubt dem Urheber diesen Rückruf, wenn das Werk seiner Überzeugung nicht mehr entspricht.

aa) § 41 UrhG – Nichtausübung

§ 41 UrhG, der im gesamten Gebiet des Urheberrechts anwendbar ist, schützt das Interesse des Urhebers am Bekanntwerden seines Werkes[242], indem ihm bei Vorliegen der Voraussetzungen[243] ein Rückrufsrecht gewährt wird.

Die wirksame Ausübung des Rückrufs hat nach § 41 Abs. 5 UrhG das Erlöschen des Nutzungsrechts zur Folge, d.h., es fällt ohne Weiteres an den Inhaber des Urheberrechts zurück. Der schuldrechtliche Vertrag, der der Einräumung des Nutzungsrechts zu Grunde liegt, wird mit der Ausübung des Rückrufs aufgelöst[244]. Es ist umstritten, ob diese schuldrechtliche Wirkung ex tunc oder ex nunc eintritt. Die besseren Argumente sprechen für eine ex nunc-Wirkung, weil beide Parteien zunächst bis zum Rückruf einen wirksamen Vertrag geschlossen haben und auch schließen wollten. Erst (k)eine Handlung des Erwerbers sorgt dann für die Ausübung des Rückrufs. Damit ähnelt dieses Recht dem Kündigungsrecht im Schuldrecht, das auch ex nunc wirkt. Wenn die Wirkungen ex tunc einträten, würden aus berechtigten Nutzungen im Nachhinein Urheberrechtsverletzungen. Das kann rechtspolitisch nicht gewünscht sein.

Nach § 41 Abs. 7 UrhG bleiben Rechte und Ansprüche nach anderen gesetzlichen Vorschriften unberührt. Damit sind vor allem die allgemeinen Vorschriften des BGB gemeint[245]. Das bedeutet streng genommen, dass § 41 UrhG nicht vorrangig, sondern alternativ anwendbar ist und dem Urheber neben den allgemeinen Rechten des BGB ein zusätzliches Mittel gibt, um seine Interessen zu schützen[246].

---

242 *Schricker*, § 41 Rdnr. 4.

243 Zusammenfassend: Fehlende oder unzureichende Ausübung und dadurch erhebliche Interessenverletzung und Beachtung der formalen Anforderungen (vor allem die grds. erforderliche Nachfristsetzung nach Abs. 3).

244 *Schricker*, § 41 Rdnr. 24.

245 *v. Gamm*, § 41 Rdnr. 8.

246 Zu beachten ist, dass nach § 41 Abs. 6 UrhG eine Entschädigung des Nutzungsberechtigten vorgesehen ist, „wenn und soweit es der Billigkeit entspricht". Deshalb ist das „Schwert" des Urhebers, mit dem er vermeintlich Druck ausüben kann, relativ stumpf.

bb) § 42 UrhG – Gewandelte Überzeugung

§ 42 UrhG, der dem Urheber ein Rückrufsrecht wegen – seiner – gewandelten Überzeugung gewährt, ist ähnlich aufgebaut wie § 41 UrhG. In Absatz 5 wird auf die Absätze 5 und 7 des § 41 UrhG verwiesen. Das bedeutet, dass § 42 UrhG dem Urheber eine alternative Möglichkeit gibt, einen Vertrag zu beenden[247]. Im Unterschied zu § 41 UrhG statuiert § 42 in Abs. 3 UrhG, dass der Inhaber des Nutzungsrechts stets angemessen zu entschädigen ist. Das ist systemgerecht: Während beim Rückruf nach § 41 UrhG eine Pflichtverletzung des Erwerbers vorliegen muss, kann der Urheber kraft eigener Überzeugung nach § 42 UrhG Nutzungsrechte fast nach Belieben entziehen. Rechtsfolge neben der Entschädigungspflicht ist das Erlöschen des Nutzungsrechts ex nunc im Sinne eines Heimfalls und die Vereinigung mit dem in der Hand des Urhebers gebliebenen Mutter-Urheberrechts[248]. Der zu Grunde liegende schuldrechtliche Vertrag endet ebenfalls ex nunc.

e) Ergebnis und Bedeutung für das Urhebervertragsrecht

Die Zahl spezieller urheberrechtlicher Vorschriften, die im weitesten Sinne Leistungsstörungen behandeln, ist klein. Lediglich §§ 32, 32 a UrhG enthalten Tatbestände, die dem allgemeinen Institut des Wegfalls der Geschäftsgrundlage vorgehen. §§ 41, 42 UrhG sind Alternativen, die dem Rücktritt im BGB ähneln.

Auch auf Grund dieser Regelungsarmut hat die Behandlung von Leistungsstörungen im Urhebervertragsrecht mangels spezialgesetzlicher Vorschriften in aller Regel mit den Normen des BGB stattzufinden. Eine Analogie der Vorschriften des Verlagsgesetzes, die sich mit Leistungsstörungen befassen, ist abzulehnen.

§ 6
(Bürgerlich-rechtliche) Typologisierung von Urheberrechtsverträgen

1. Notwendigkeit einer Typologisierung

a) Fehlen einer ausreichenden spezialgesetzlichen Normierung

In § 5 wurde aufgezeigt, dass eine spezielle urheberrechtliche Normierung im Bereich der Leistungsstörungen in weiten Bereichen fehlt. Die wenigen einschlägigen Bestimmungen stehen entweder alternativ neben den allgemeinen Regeln des BGB und/oder

---

247 Die Voraussetzungen: Es bedarf eines nachweisbaren Überzeugungswandels beim Urheber, der dazu führt, dass die weitere Verwertung des Werkes für den Urheber unzumutbar wird.

248 *Dietz*, in: Schricker, § 42 Rdnr. 33.

sie betreffen Tatbestände, die urheberrechtsspezifisch und damit nicht verallgemeinerungsfähig sind[249]. Das gilt auch für das Verlagsgesetz.

b) Zuordnung zu bürgerlich-rechtlichen Regelungen

Im Übrigen muss bei der Bestimmung der Rechte und Pflichten, bei der Behandlung der Leistungsstörungen und der Frage nach der Vertragsbeendigung auf die entsprechende Anwendung der bürgerlich-rechtlichen Regelungen zurückgegriffen werden[250].

Daraus folgt zweierlei: Zunächst ist anhand der Prüfung des Inhalts des Urheberrechtsvertrags zu untersuchen, welche bürgerlich-rechtlichen Vorschriften dem Typus des Urheberrechtsvertrags entsprechen. Danach sind die einschlägigen Regeln des BGB auf diesen Vertrag anzuwenden.

c) Beachtung urheberrechtlicher Besonderheiten

Einig ist man sich darin, dass die bürgerlich-rechtlichen Vorschriften nicht ohne Weiteres auf den Urheberrechtsvertrag übertragen werden dürfen. Dieser spezielle Vertragstyp weist – dies wurde in Teil 1 der vorliegenden Arbeit behandelt – eine Reihe von Besonderheiten auf, die bei der Prüfung der Leistungsstörungen zu berücksichtigen sind. Die Regeln des BGB sollen deshalb nach allgemeiner Auffassung nicht undifferenziert und „gewaltsam“[251], sondern nur insoweit angewendet werden, als sie für den urheberrechtlichen Vertragsgegenstand und die besondere urheberrechtliche Interessenslage „passen“[252].

2. Einschränkung des Spektrums bürgerlich-rechtlicher Vertragstypen?

Ob Lizenzverträge unter das (gesamte) bürgerlich-rechtlichen Vertragsspektrum subsumiert werden können, ist umstritten. Im Folgenden werden zunächst die sich gegenüberstehenden Auffassungen dargestellt, um sie anschließend zu bewerten.

---

249 So etwa §§ 41, 42 UrhG: Ein „Rückrufsrecht“ im BGB wegen Wandel der Überzeugung hätte in beinahe allen Bereichen des BGB fatale Auswirkungen, wenn jeder Vertrag grds. einer Rückabwicklung zugänglich wäre, ohne dass einem Vertragspartner irgendein Vertragsverstoß zur Last fallen muss.

250 Allg. Meinung, etwa: *Schricker*, §§ 31/32, Rdnr. 13; *Hertin*, in: Fromm/Nordemann, Vor § 31 Rdnr. 14; BGH GRUR 1966, 390; BGH ZUM 1989, 241 ff.

251 *Haedicke*, S. 13.

252 *Rehbinder*, Rdnr. 322.

a) Auffassung 1: Lizenzverträge als Rechtspachtverträge

Eine stark verbreitete Meinung ordnet den Lizenzvertrag unter Hinweis auf dessen für einen Pachtvertrag typischen Dauerschuldcharakter dem (Rechts-) Pachtvertrag zu[253]. Als weiteres Argument wird vorgebracht, dass der Inhaber des Rechts nur Teile davon abspalte, um sie einem anderen zur Nutzung auf Zeit zu überlassen. Dies entspreche einer pachtrechtlichen Gebrauchsüberlassung[254]. Der Nutzer ist danach zur Verwertung und zur „Fruchtziehung" berechtigt. *Haedicke* qualifiziert den einfachen Lizenzvertrag pachtrechtlich, weil ihm zum einen wesentliche kaufrechtliche Strukturelemente fehlen – v.a. ein umfassender Zuständigkeitswechsel am Vertragsgegenstand – und er zum anderen letzlich nur eine Verdoppelung der Nutzungsbefugnisse mit sich bringe, die eine Anwendung des Trennungsprinzips nicht zwingend erfordere[255]. Im alten Recht erfuhr die Auffassung auch deshalb Zustimmung, weil die kurze kaufrechtliche Verjährungsfrist des § 477 BGB a.F. von sechs Monaten für Lizenzverträge mit Dauerschuldcharakter nicht angemessen erschien[256].

b) Auffassung 2: Lizenzverträge als Rechtskaufverträge

Eine andere Auffassung qualifiziert den (ausschließlichen) Lizenzvertrag als Rechtskaufvertrag oder zumindest als kaufähnlichen Vertrag[257]. Dies folge aus den Parellelen der Strukturelemente des lizenzrechtlichen Verpflichtungsvertrages und des gesetzlichen Leitbilds des Kaufvertrags. In beiden Fällen sei regelmäßig zwischen der schuldrechtlichen Verpflichtung und der gegenständlichen Rechtseinräumung zu trennen. Diese Einräumung führe zudem – wie im Kaufrecht – zu einer umfassenden Änderung der rechtlichen Zuständigkeit; dem Verlust des Rechts beim Veräußerer folge ein Rechteerwerb im gleichen Umfange beim Nutzer[258]. Schließlich passe das kaufrechtliche Haftungsregime, insbesondere die Sachmängelhaftung[259].

---

253 *Stumpf/Groß*, Rdnr. 24; *Ohl*, GRUR 1992, 77. Zur Einordnung des Lizenzvertrages als Dauerschuldverhältnis siehe § 8 unter 1.

254 *Stumpf/Groß*, Rdnr. 20.

255 *Haedicke*, S. 110; S. 83 ff.

256 *Stumpf/Groß*, Rdnr. 321.

257 Für die Anwendung kaufrechtlicher Vorschriften v.a. *Haedicke*, S.110, der aber (wohl) offen lässt, ob daneben auch andere Vertragstypen in Betracht kommen; *Nirk* (insbesondere für das Patentrecht), GRUR 1970, 329 ff. Der „kaufähnliche Vertrag" war im alten Recht in § 445 BGB a.F. ausdrücklich normiert.

258 V.a. *Haedicke*, S. 105; 110.

259 *Nirk* (für den patentrechtlichen Lizenzvertrag), GRUR 1970, 329 ff.

c) Auffassung 3: Lizenzverträge als Verträge sui generis oder typengemischte Verträge

Weiter wird vertreten, dass der Lizenzvertrag nicht unter die bürgerlich-rechtlichen Vertragstypen subsumiert werden könne und einen Vertrag sui generis oder einen typengemischten Vertrag mit Elementen des Kauf- und Pachtrechts darstelle[260]. Diese Auffassung nimmt de facto eine negative Abgrenzung vor. Der Qualifizierung als reiner Kaufvertrag stünden zum einen die lizenzrechtlichen Eigenarten und zum anderen der Dauerschuldcharakter, der Einordnung als Pachtvertrag die mögliche gegenständliche Übertragung von Rechtszuständigkeiten entgegen.

Bei dem Verlagsvertrag handelt es sich – soweit ersichlich nach allen Auffassungen – um einen Vertrag sui generis. Er unterscheidet sich vom gesetzlichen Leitbild des Kaufvertrags, weil er zum einen nicht zwingend auf die Verschaffung einer Rechtsposition gerichtet sein muss, sondern auch rein schuldrechtliche Nutzungsbefugnisse – etwa in Bezug auf die Vervielfältigung oder Verbreitung eines Werkes – geschuldet sein können[261]. Zum anderen enthalten Verlagsverträge grds. eine Auswertungspflicht des Verlegers. Eine solche (Haupt-) Pflicht kennt das Kaufrecht nicht; insbesondere handelt es sich bei der Pflicht zur Abnahme der Kaufsache um eine abdingbare Nebenpflicht[262]. Schließlich hat das Verlagsgesetz ein eigenes Gewährleistungsregime geschaffen, das sich vom kaufrechtlichen durch ein vorrangiges Rücktrittsrecht gemäß §§ 31, 30 VerlG unterscheidet.

d) Auffassung 4: Keine Einschränkung bei Urheberrechtsverträgen

Die speziell urheberrechtliche Literatur vertritt die Auffassung, dass grds. die Anwendung des gesamten Spektrums bürgerlich-rechtlicher Verträge in Betracht komme und im Einzelfall zu prüfen sei, welche Vorschriften dem Typus des jeweiligen Urheberrechtsvertrages entsprechen[263]. Dies wird im Wesentlichen mit dem Grundsatz der Vertragsfreiheit und der Freiheit der Gestaltung einzelner Rechtsgeschäfte begründet, die eine pauschale Zuordnung zu nur einem Typus nicht erlauben[264].

Diese Meinung ordnet Verträge, die zur Übertragung oder Einräumung gegenständlicher Nutzungsrechte verpflichten, dem Kaufrecht zu, weil sie auf eine Zuordnungsänderungen der Rechtszuständigkeit zielen und damit die wesentlichen Strukturelemente des Kaufvertrages aufweisen[265].

---

260 BGHZ 26, 7, 9; 105, 374, 375; *Henn*, Rdnr. 90.

261 *Schricker*, Verlagsrecht, § 1 Rdnr. 8; § 8 Rdnr. 17, 40; so auch *Haedicke*, S. 105 f.

262 *Schricker*, Verlagsrecht, § 1 Rdnr. 7; *Haedicke*, S. 105 f.

263 So *Schricker*, §§ 31/32 Rdnr. 13; *Rehbinder*, Rdnr. 322 (Nr. 2); allgemein *Schack*, Rdnr. 943.

264 *Schricker*, §§ 31/32 Rdnr. 13 f.

265 *Schricker*, §§ 31/32 Rdnr. 14 m.w.N. *Haedicke* beschreibt die kaufrechtlichen Veräußerungsgeschäfte als „entgeltliche, auf den Austausch von Ware gegen Geld gerichtete Schuldverträge ...,

e) Eigene Bewertung

Die Auffassungen, die einen Lizenzvertrag stets unter *einen* bestimmten bürgerlich-rechtlichen Vertragstypus subsumieren wollen, greifen zu kurz. Dies würde nämlich voraussetzen, dass der Urheberrechtsvertrag stets unter das gesetzliche Leitbild *eines* Vertragstyps fallen würde. Schon die Vielzahl der unterschiedlichen Anknüpfungen im Schrifttum und der Rechtsprechung zeigen, dass eine eindeutige Zuteilung auf vielfältige Kritik stößt.

Gegen die exklusive Anwendung des Pachtrechts spricht etwa, dass gerade bei der ausschließlichen Nutzungsrechtseinräumung ein Recht – wirtschaftlich betrachtet – umfassend und in einem einmaligen Übertragungsakt eingeräumt wird und auf Seiten des Erwerbers ein Rechtezuwachs eintritt, der grds. mit einem Rechteverlust des Veräußerers korrespondiert. Diese Struktur weicht erheblich vom gesetzlichen Leitbild des Pacht- und Mietvertrages ab. Das gegen das Kaufrecht vorgebrachte Argument der kurzen 6-monatigen Verjährung hat durch § 438 Abs. 1 Nr. 3 BGB, der eine zweijährige Frist normiert, an Bedeutung verloren.

Der ausschließlichen Anwendung des Kaufrechts steht entgegen, dass beinahe jedem Urheberrechtsvertrag ein dauerhaftes Element, das eher für eine „pachtähnliche" Gebrauchsüberlassung auf Zeit spricht, innewohnt und keine umfassende Übertragung des Vollrechts stattfindet. Zudem sind Vertragsgestaltungen denkbar, die gerade nicht – oder nicht ausschließlich – auf eine gegenständliche Rechtseinräumung zielen und deren Schwerpunkt in der zeitweisen Werknutzung liegt. Regelmäßig ist etwa die Vergabe einer einfachen Lizenz pachtrechtlich zu bewerten[266].

Deshalb ist der unter c) und d) dargestellten Auffassung zu folgen und in jedem Einzelfall anhand der Ermittlung der Vertragspflichten und der damit einhergehenden Prüfung der Strukturelemente des bürgerlich-rechtlichen Vertrages zu untersuchen, welcher Vertragstyp anzuwenden ist[267]. Dabei ist ggf. zu beachten, dass urheberrechtliche Verträge Strukturelemente mehrerer Vertragstypen beinhalten können[268]. Das macht nachfolgende Untersuchung zur Frage des anwendbaren Rechts bei typengemischten Verträgen notwendig.

---

die auf einen rechtsgeschäftlich durch Verfügung bewirkten Güterumsatz abzielen"; *Haedicke,* S. 100.

266 Siehe ausführlich in § 6 unter 4. a) bb).

267 Das widerspricht auch nicht der Untersuchung *Haedickes,* der v.a. in Bezug auf die ausschließliche Lizenz die Möglichkeit der Anwendung des Kaufrechts prüft und befürwortet. *Haedicke* nimmt darüber hinaus an, dass daneben auch andere Vertragstypen angewendet werden können, wenn die Vertragspflichten eine Subsumtion unter eine andere Regelung zulassen; *Haedicke,* S. 101 ff., 110. So lehnt er die Anwendung von Kaufrecht für die einfache Lizenz und lediglich schuldrechtlich wirkende Rechtsgeschäfte ab und ordnet sie den Gebrauchsüberlassungsverträgen zu, S. 110. Diese Vorgehensweise ist im allgemeinen Zivilrecht üblich, wenn man die Anwendung eines Gewährleistungsregimes prüft. Stets ist vorab anhand des gesetzlichen Leitbildes festzustellen, um welchen Vertragstyp es sich handelt.

268 S. in § 6 unter 3.

3. Urheberrechtsverträge als typengemischte Verträge

a) Grundsätzliches

(Typen-) Gemischte Verträge sind gegeben, wenn mehrere Vereinbarungen vorliegen, die grundsätzlich verschiedene Vertragstypen darstellen und nur in ihrer Gesamtheit ein sinnvolles Ganzes ergeben[269].

Urheberrechtsverträge können Elemente verschiedener bürgerlich-rechtlicher Vertragstypen enthalten und damit gemischte Verträge darstellen. Diese Aussage wird durch die ständige Rechtsprechung des BGH gestützt[270]. So ist denkbar, dass neben eine häufig kaufrechtlich zu qualifizierende Rechtsverschaffungspflicht eine werkvertragliche Herstellungspflicht tritt, wenn der Urheber etwa ein Gemälde erst erschaffen und die Nutzungsrechte hieran im Anschluss verschaffen muss. Stimmen in der Literatur gehen sogar davon aus, dass der typengemischte Urheberrechtsvertrag, der keinem bestimmten Vertragstyp des BGB zugeordnet werden kann, die Regel und der Vertrag, der sich eindeutig auf einen gesamten Typus des BGB verweisen lässt, hingegen die Ausnahme darstellt[271].

b) Arten der gemischten Verträge

Man unterscheidet im Wesentlichen drei Arten der gemischten Verträge:

- Beim *Kombinationsvertrag* sind Elemente verschiedener Verträge (Haupt-)Leistung des so kombinierten Vertrages. Musterbeispiel ist der Beherbergungsvertrag, der Elemente des Miet-, Dienst- und Werkvertrags enthält[272]. Urheberrechtsverträge fallen häufig unter diese Kategorie[273]. Sie enthalten mehrere Vertragspflichten, die verschiedenen Typen angehören und gleichwohl nebeneinander stehen. Das sind auf Seiten des Urhebers etwa die kaufrechtliche Rechtsverschaffungspflicht, u.U. die werkvertragliche Erstellungspflicht und die Enthaltungspflicht als Neben- oder Hauptpflicht. Auf Seiten des Werknutzers steht die Vergütungs- und die werkvertragliche Ausübungspflicht. Zwar sind nicht alle Pflichten des Urheberrechtsvertrags „Hauptleistungen". Das ist aber auch nicht notwendig, um das Vorliegen eines gemischten Kombinationsvertrags zu bejahen.

---

269 Typengemischte Verträge sind von den zusammengesetzten abzugrenzen, die dann vorliegen, wenn mehrere an sich rechtlich selbstständige Verträge derart eng miteinander verknüpft sind, dass sie für die rechtliche Beurteilung eine Einheit bilden, BGHZ 43, 49. Urheberrechtsverträge stellen grds. keine solchen zusammengesetzten Verträge dar.

270 BGH ZUM 1989, 241, 243; BGH GRUR 1966, 390; s. auch *Manz/Ventroni/Schneider*, S. 411.

271 *Manz/Ventroni/Schneider*, S. 411; *Asprogerakas-Grivas*, S. 19.

272 BGH NJW 1963, 1449.

273 *Asprogerakas-Grivas*, S. 19; *Manz/Ventroni/Schneider*, S. 411; BGH GRUR 1966, 390.

- Beim *Vertrag mit andersartiger Nebenleistung* schuldet eine Partei eine Nebenleistung, die für sich betrachtet einem anderen Vertragstyp zugehörig ist[274]. Auch solche Verträge sind im Urhebervertragsrecht – wenn auch seltener – vorzufinden. So sind etwa in Architektenverträgen in der Praxis Gestaltungen anzutreffen, in denen der Architekt die Einräumung von Nutzungs- und Änderungsrechten an seiner urheberrechtlich geschützten Entwurfsplanung von der Beauftragung mit der weiteren Planung abhängig macht. In diesem Fall wird die (kaufrechtliche) Rechtsverschaffungspflicht mit einer Beauftragungspflicht für eine weitere Werkleistung zu einem Vertrag verbunden.
- Beim *gekoppelten Vertrag* tauschen die Parteien Leistungen aus, die verschiedenen typischen Verträgen entsprechen[275].

Die Unterscheidung oder Subsumtion des Sachverhalts unter einen der aufgezeigten Vertragstypen ist im Rahmen der Prüfung der Leistungsstörungsrechte grundsätzlich entbehrlich, weil Leistungsstörungen im Rahmen dieser Verträge in ihren Rechtsanwendungen und -folgen einheitlich behandelt werden. Wie diese Behandlung auszugestalten ist, ist strittig. Es gibt mehrere Theorien:

aa) Absorptionstheorie

Die Absorptionstheorie hält das Recht der Hauptleistung, die im Einzelfall durch Auslegung zu ermitteln ist, für anwendbar. Dieses Recht verdrängt die Regeln der anderen eventuell in Betracht kommender Typen[276].

bb) Kombinationstheorie[277]

Nach der Kombinationstheorie sind die für den einzelnen Vertragsbestandteil geltenden Normen anzuwenden. Etwaig vorliegende Gegensätze werden durch den mutmaßlichen Parteiwillen ausgeglichen[278].

---

274 Beispiel: Kauf eines Kleidungsstücks mit der Abrede, dieses zunächst zu ändern; *Thode*, in: MüKo, § 305 Rdnr. 65.

275 Z.B. Hausmeistervertrag: Dienstleistung gegen Überlassung einer Wohnung, BAGE 21, 340, 343.

276 *Thode*, in: MüKo, § 305 Rdnr. 67.

277 Die „Theorie der analogen Rechtsanwendung" entspricht im Ergebnis der Kombinationstheorie, geht aber vom Ansatz aus, dass gemischte Verträge nicht gesetzlich geregelt sind und daher nur eine analoge Anwendung der Vorschriften des BGB in Betracht kommt; *Heinrichs*, in: Palandt, Überbl. v. § 311 Rdnr. 24.

278 *Heinrichs*, in: Palandt, Überbl. v. § 311 Rdnr. 24.

cc) Neuere Lehre und Rechtsprechung

Die neuere Lehre ist sich weitgehend einig, dass auf Grund der Vielzahl möglicher gemischter Verträge und Mischformen keine der oben genannten Theorien entscheidend weiterhelfen kann[279]. Deshalb hat sie nach „elastischeren" Lösungen gesucht, die sich am Sinn und Zweck des Vertrages orientieren[280]. Die Rechtsprechung ist ihr darin gefolgt und hat folgende Grundsätze aufgestellt:

- Auf die Beendigung eines gemischten Vertrages sind die Vorschriften desjenigen Vertragstyps anzuwenden, der den Gesamtcharakter am stärksten bestimmt, weil die Beendigung in der Regel auch den ganzen Vertrag umfasst und nur einheitlich vorgenommen werden kann[281].
- Für Leistungsstörungen sind jeweils die Regeln des Vertragstyps anzuwenden, für den die betreffende Leistung charakteristisch ist[282] (z.B. das Kaufrecht, wenn Probleme mit der häufig kaufrechtlich zu qualifizierenden Rechtsverschaffungspflicht des Urhebers auftreten). Kollidieren die gesetzlichen Vorschriften, ist das Recht des Typs anzuwenden, das den rechtlichen oder wirtschaftlichen Schwerpunkt bildet[283]. Sind die Vertragstypen gleichwertig vertreten, ist die Vorschrift anzuwenden, die dem Vertragszweck am besten entspricht[284].

dd) Stellungnahme und Bedeutung für den Urheberrechtsvertrag

Die Entscheidung, nach welcher Methode Leistungsstörungen bei gemischten Verträgen zu behandeln sind, hat im Bereich des Urhebervertragsrechts erhebliche Bedeutung. Der Urheberrechtsvertrag umfasst häufig Elemente mehrerer Typen und ist damit regelmäßig zu den gemischten Verträgen zu zählen. Daran hat sich auch durch die Modernisierung des Schuldrechts nichts geändert. Zwar versucht der Gesetzgeber, die Rechtsfolgen von Leistungsstörungen bei den verschiedenen Vertragstypen zu vereinheitlichen. Das gilt aber zum Beispiel nicht beim Miet- oder Rechtspachtvertrag, der nach einem eigenen Gewährleistungssystem behandelt wird. Auch im übrigen bestehen im Einzelfall erhebliche Unterschiede[285].

Die oben unter d) dargestellte Variante, die sich an der Kombinationstheorie orientiert und diese individuell modifiziert, verdient – trotz Bedenken[286] – den Vorzug, denn sie

---

279 *Heinrichs*, in: Palandt, Überbl. v. § 311 Rdnr. 25; *Thode*, in: MüKo, § 305 Rdnr. 67.

280 *Fikentscher*, § 65 II.

281 BAGE 21, 340, 344.

282 BGHZ 63, 306, 307; BGH NJW 1972, 46.

283 BGH NJW 1995, 326.

284 *Heinrichs*, in: Palandt, Überbl. v. § 311 Rdnr. 25, 26.

285 Etwa bei der Verjährung.

286 Der Nachteil jeder einzelfallorientierten und variablen Lösung ist die Rechtsunsicherheit auf Grund der nur eingeschränkten Vorhersehbarkeit. Der Rechtsanwender kann nicht mit hinrei-

ermöglicht eine auf den Einzelfall bezogene Prüfung der Leistungsstörungen mit variablen Möglichkeiten, die gerade im von persönlichen Werken geprägten Urheberrecht sinnvoll ist. Zudem ist diese Variante von der Rechtsprechung akzeptiert und gewährt damit Beratungssicherheit[287] für die Praxis. Die Absorptionstheorie führt hingegen in ihrer konsequenten Anwendung zu unnatürlich anmutenden Lösungen, wenn sie etwa Kauf- statt Werkvertragsrecht auf zu erstellende Werke anwendet, nur weil etwa beim (Urheberrechts-)Vertrag die Rechtsverschaffung im Vordergrund steht. Die Anwendung der Kombinationstheorie vermag bei der Vertragsbeendigung nicht zu überzeugen, weil sie mehrere in Betracht kommende Lösungen – z.B. Kündigung oder Rücktritt – ermöglicht, die zu unterschiedlichen Ergebnissen führen, und so im Einzelfall eine unsichere Beratungslage schafft.

4. Einzelne Vertragstypen

a) Kaufrecht

Eine Anwendung der Normen des Kaufrechts nach §§ 433 ff. BGB kommt in Betracht, wenn der Vertrag auf eine Zuordnungsänderung oder Rechtsübertragung[288] gerichtet ist. Gegenstand des urheberrechtlichen Kaufvertrags ist das (Nutzungs-) Recht am Werk, nicht das Werk selbst oder ein Werkexemplar[289].

Der (Urheberrechts-)Vertrag über den Erwerb von Nutzungsrechten stellt dann einen Rechtskauf nach § 453 BGB dar[290].

Das Urheberrecht und das Sacheigentum am Werk stehen unabhängig voneinander und völlig selbstständig nebeneinander[291] und sind auch in der Behandlung der Leistungsstörungen strikt zu trennen.

aa) Kaufrecht bei der ausschließlichen Lizenz

Die kaufrechtlichen Vorschriften sind bei Urheberrechtsverträgen anwendbar, die die Übertragung gegenständlicher Nutzungsrechte oder die Belastung des Urheberrechts durch die Einräumung gegenständlicher Nutzungsrechte[292] beinhalten[293]. Das ist bei

---

chender Sicherheit eine Falllösung, die im Prozess „hält“, aufzeigen. Er muss damit den Mandanten zumindest über die Risiken aufklären.

287 Beratungssicherheit ist nicht mit Vorhersehbarkeit zu verwechseln.

288 Übertragung der Nutzungs-, nicht der Urheberrechte!

289 Allg. Meinung; z.B. *Staub*, S. 81.

290 Fehrenbacher, JR 2001, 309 (für den Begriff der Lizenzen). Diese Feststellung kann auch durch einen Umkehrschluss hergeleitet werden: Unter den Begriff des „Sachkaufs“ fällt grds. nur die Veräußerung des Eigentums an körperlichen Sachen; näher *Haedicke*, S. 73.

291 BGHZ 62, 331, 333.

292 *Hertin*, in: Fromm/Nordemann, Vor § 31 Rdnr. 14.

Verträgen der Fall, die den Urheber zur Einräumung des ausschließlichen Nutzungsrechts und damit zu einer Rechtsverschaffung[294] verpflichten, wenn diese Pflicht als Hauptpflicht zu qualifizieren ist[295].

Derartige Verträge entsprechen dem kaufrechtlichen Leitbild, nämlich einem entgeltlichen Austauschvertrag, der zu einer auf einen Güterumsatz zielenden Verfügung verpflichtet und bei dem zwischen dem Verpflichtungs- und Verfügungsgeschäft zu trennen ist[296].

bb) Kaufrecht bei der einfachen Lizenz und der bloß schuldrechtlich wirkenden Berechtigung?

In § 1 unter 1 d) cc) wurde festgestellt, dass der einfachen Lizenz durch den Sukzessionsschutz des § 33 UrhG nur eine gewisse Verfügungswirkung zukommt, die mit einer umfassenden Änderung der Rechtszuständigkeit – wie im Falle der ausschließlichen Lizenz – nicht zu vergleichen ist. Vergibt der Urheber eine einfache Lizenz oder eine bloß schuldrechtlich wirkende Berechtigung, ist er an einer eigenen Werknutzung oder der Vergabe weiterer Lizenzen nicht gehindert. *Haedicke* vergleicht an dieser Stelle den einfachen Lizenzvertrag mit einem Gebrauchsüberlassungsvertrag: Beiden Vertragstypen sei die erlaubte Benutzung auf eine bestimmte Zeit und die nur teilweise „verdinglichte" Rechtsposition gemein, die die Anwendung des Trennungs- und Abstraktionsprinzips nicht erforderlich mache. Auf Grund dieser Strukturunterschiede zum Leitbild des Kaufvertrages und der Nähe zum Miet- und Pachtrecht seien einfache Urheberrechtsverträge als Gebrauchsüberlassungsverträge zu qualifizieren, die dem Pachtrecht zuzuordnen sind[297].

Nach *Haedicke* sind dem einfachen Lizenzvertrag demnach v.a. zwei Strukturelemente zu eigen, die zur Folge haben, dass es sich bei diesem Vertragstyp grundsätzlich um einen Pacht- und nicht um einen Kaufvertrag handelt: Zum einen die nur teilweise gegenständliche Rechtsposition – vergleichbar mit dem mietrechtlichen Sukzessionsschutz des § 566 BGB – und zum anderen die (nicht exklusive) Nutzungsberechtigung auf Zeit. Der einmalige Akt der – teilweisen – Übertragung von Nutzungsbefugnissen ist für die Qualifikation des Vertragstyps hiernach von untergeordneter Bedeutung.

Dem ist zuzustimmen. Ein wesentliches Strukurelement des (Rechts-) Kaufvertrages ist neben der Pflicht zur gegenständlichen Einräumung eines Rechtes auch die Ausschließlichkeit der Berechtigung des Erwerbers im Sinne eines Gütertransfers. Der Veräußerer verliert durch den Kaufvertrag seine Rechtszuständigkeit, die im vertraglich

---

293 Das gilt auch bei der nach § 29 S. 1 UrhG nur ausnahmsweise zulässigen Übertragung des Urheberrechts.

294 BGH GRUR 1951, 471, 473; 1966, 390, 391.

295 Das ist regelmäßig der Fall. So auch *Haedicke*, S. 107.

296 So auch *Haedicke*, S. 100, S. 107.

297 *Haedicke*, S. 108.

vereinbarten Umfang auf den Erwerber übergeht. Der „Veräußerer" einer einfachen Lizenz behält diese Rechtszuständigkeit; sie wird nur durch den Sukzessionsschutz des § 33 UrhG dahingehend eingeschränkt, dass bei der Vergabe weiterer Lizenzen die Ausübung der bereits erteilten Lizenz nicht verhindert werden kann. Das schmälert zwar den Wert des Rechts, ändert jedoch nichts an dessen Bestand. Damit fehlt dem einfachen Lizenzvertrag das für einen Kaufvertrag wesentliche Element. Diese Ausführungen gelten auch für die bloß schuldrechtlich wirkende Berechtigung, der keinerlei Verfügungswirkung zukommt.

Die vorliegende Untersuchung befasst sich in Teil 3 v.a. mit Leistungsstörungen im kaufrechtlichen Bereich. Damit schließt die Betrachtung Verträge über einfache Nutzungsrechtseinräumung und schuldrechtliche Geschäfte grds. von der Prüfung aus.

b) Gebrauchsüberlassungsverträge: Miet[298]- und Pachtrecht

Wie in § 6 unter 4. a) bb) untersucht, sind Lizenzverträge, die ein einfaches Nutzungsrecht am Werk gewähren, als Gebrauchsüberlassungsverträge zu qualifizieren, deren Leistungsstörungen mit den miet- und pachtrechtlichen Vorschriften des BGB behandelt werden.

Darüber hinaus können die Normen der §§ 535 ff. BGB auf urheberrechtliche Verträge angewendet werden, die auf eine dauernde Werknutzung[299] abzielen, ohne eine Übertragung des Nutzungsrechts zu beinhalten. Hierunter fallen z.B. rein schuldrechtlich wirkende Verträge, die dem Werknutzer gestatten, ein Gemälde für eine gewisse Zeit auszustellen oder Verträge zwischen dem Filmverleiher und dem Kinounternehmen bei Überlassung des (Vorführungs-)Rechts auf Zeit[300].

In aller Regel wird im urhebervertragsrechtlich relevanten Bereich Pachtrecht nach §§ 581 ff. BGB zur Anwendung kommen, so etwa bei Verträgen zwischen dem Film-

---

298 Eine urheberspezifische Legaldefinition der „Vermietung" findet zwar sich in § 17 Abs. 3 UrhG. Danach dient die Vermietung und damit die Gebrauchsüberlassung im Sinne dieser Norm zumindest mittelbar Erwerbszwecken und bedeutet, dass die Vermietung – im Gegensatz zur Leihe des § 27 Abs. 2 S. 2 UrhG – den wirtschaftlichen Interessen des Vermieters dienen muss, BGH GRUR 1972, 617, 618. Der Unterschied des § 17 Abs. 3 UrhG, der als Definition für das ganze UrhG gilt, zu den §§ 535 ff. BGB besteht darin, dass sich der urheberrechtliche Vermietungsbegriff auch nach dem Zweck der Vereinbarung beurteilt und damit auch vom BGB nicht umfasste Fälle erreicht. So sind z.B. auch Gebrauchsüberlassungen gemeint, obwohl die mietrechtlichen Vorschriften des BGB umgangen wurden; z.B. bei Videotheken, die sich in „Club"-Form organisiert haben. § 17 Abs. 3 UrhG enthält keine Regelungen für die Behandlung von Leistungsstörungen, sodass bei sämtlichen Formen des Typs „Mietvertrag" auf die Normen der § 535 ff. BGB und des allgemeinen Schuldrechts zurückzugreifen ist. Sinn des § 17 Abs. 3 UrhG ist vor allem, eine möglichst weitreichende Einbeziehung des Begriffs „Miete" im Sinne des UrhG zu erreichen.

299 Dementsprechend ist das Mietverhältnis ein Dauerschuldverhältnis, *Weidenkaff*, in: Palandt, Einf. v. § 535, Rdnr. 1.

300 OLG Celle, NJW 1965, 1667.

hersteller und dem Verleiher[301], da sich die Miete nach allgemeinen bürgerlich-rechtlichen Abgrenzungskriterien nur auf Sachen bezieht, während sich der Pachtvertrag auch auf Rechte erstreckt und Fruchtziehung gewährt[302]. Der Filmverleihvertrag ist ein solcher Pachtvertrag[303]. Eine exakte Unterscheidung ist wegen der Verweisung des Pacht- auf das Mietrecht nach § 581 Abs. 2 BGB zumeist entbehrlich[304].

c) Werkvertragsrecht

Verträge über noch zu erstellende Werke können werkvertragliche Elemente aufweisen. Dann sind die §§ 631 ff. BGB anwendbar. Im Verlagsgesetz findet sich in § 47 eine spezielle Norm zum Bestellvertrag, die allerdings keine Regelung über Leistungsstörungsrechte enthält, sondern nur die Leistungspflichten regelt (Erschaffung des Werkes nach den An-/Vorgaben des Bestellers). Darüber hinaus sind meist zusätzlich die Voraussetzungen des Kauf- oder Mietrechts gegeben, wenn eine Rechtsverschaffung oder eine dauernde Gebrauchsüberlassung geschuldet wird, sodass der „klassische" Werkvertrag nur relativ selten einschlägig ist.

Dogmatisch ist folgende Trennung zu beachten: Der Vertrag über die Herstellung eines urheberrechtlich geschützten Werkes – etwa eines Gemäldes – unterfällt hinsichtlich der Gewährleistung bei Fehlern am Werkexemplar den Regeln der §§ 633 ff. BGB. Davon ist der Vertrag zu unterscheiden, der die Einräumung von Nutzungsrechten an einem solchen Werk betrifft. Im Werkvertragsrecht kann die Herstellungspflicht des Urhebers auch ohne die Übertragung von Nutzungsrechten hieran erfüllt werden[305].

In vielen Fällen, in denen man auf Grund der Herstellungspflicht auf den ersten Blick geneigt ist, Werkvertragsrecht anzuwenden, liegt die Problematik im Bereich der Rechtseinräumung und damit häufig im Kaufrecht. In jedem Fall ist zu prüfen, ob ein gemischter Vertrag vorliegt. Da dies in der Regel der Fall sein wird, gelangt man zu der oben in § 6 unter 3. vorgenommenen Prüfung des anzuwendenden Rechts.

Es lassen sich einige Vertragstypen aufzeigen, bei denen es sich auch im urheberrechtlichen Bereich um Werkverträge handelt. So stellt der Architektenvertrag, vor allem

---

301 BGHZ 2, 331.

302 *Weidenkaff*, in: Palandt, Einf. v. § 535, Rdnr. 16.

303 *Ditzen*, S.77 bis 100.

304 Ein Unterschied kann sich wegen §§ 584 bis 584 b BGB allenfalls in Bezug auf die Kündigung und die Entschädigung wegen verspäteter Rückgabe ergeben.

305 Beispiel (von *Staub*, S. 85): Der Musiker, der sich zur Komposition eines Liedes verpflichtet und es bei einem konkreten Anlaß auch vortragen soll, erfüllt diese Verpflichtung vollumfänglich mit der Aufführung, ohne dass es einer Vereinbarung über die Einräumung von Nutzungsrechten am Werk bedarf. Will der Vertragspartner des Urhebers das Lied auf Tonband aufnehmen und dieses verbreiten, muss er sich zusätzlich die entsprechenden Rechte einräumen lassen. Ein solcher Vertrag würde bei der Behandlung etwaiger Leistungsstörungen u.U. kaufrechtlichen Regeln unterfallen.

hinsichtlich der Entwurfsplanung, einen Werkvertrag dar, ebenso der Vertrag zur Herstellung von Individualsoftware[306]. Auch der bereits erwähnte Bestellvertrag zählt in der Regel zu den Werkverträgen[307].

d) Arbeits- und Dienstvertragsrecht

In § 3 unter 3. b) wurde dargestellt, dass das Urheberrecht – zumindest in Deutschland – originär beim Schöpfer, also beim Arbeitnehmer und nicht beim Arbeitgeber[308], entsteht. Hinzu kommt, dass etwa drei Viertel aller urheberrechtlich relevanten Leistungen von abhängig Beschäftigten, also von „unselbstständigen" Arbeitnehmern, erbracht werden[309]. Trotz dieser großen Bedeutung, die der Arbeitnehmer und der Arbeitsvertrag für das Urheberrecht haben, befasst sich lediglich § 43 UrhG mit dieser Thematik. Danach sind die Vorschriften über die Einräumung von Nutzungsrechten in §§ 31-42 UrhG grundsätzlich anwendbar, wenn die Werke innerhalb eines Arbeits- oder Dienstverhältnisses geschaffen wurden. § 43 UrhG wird zum Urhebervertragsrecht gezählt, der eine widerlegbare Vermutung aufstellt, dass eine Rechtseinräumung – die Rechte zur Werknutzung – auf Grund eines Dienst- oder Arbeitsverhältnisses nur für Werke erfolgt, die in Erfüllung einer entsprechenden Arbeitspflicht geschaffen wurden[310]. Auf Grund der Rechtsunsicherheit, die einer solchen Generalklausel innewohnt, wird in der Praxis zumeist versucht, die Rechte und Pflichten kollektivvertraglich zu fixieren.

Inhaltlich folgt für den Arbeitnehmer nach § 43 UrhG somit grundsätzlich eine schuldrechtliche Verpflichtung[311] aus dem Arbeitsvertrag, dem Arbeitgeber die Nutzungsrechte an seinem Werk einzuräumen[312], sofern nichts anderes vereinbart wurde. Dies stellt eine arbeitsvertragliche Hauptleistung dar[313]. Die inhaltliche Reichweite der Rechtseinräumung richtet sich entweder nach der Individualvereinbarung oder nach dem Vertragszweck.

---

306 BGH NJW 1990, 3008.

307 Ggf. kann auch ein Dienstvertrag in Betracht kommen; vgl. BGH GRUR 1978, 244 ff.

308 BGH GRUR 1952, 257; 1961, 491.

309 *Schack*, Rdnr. 978.

310 *Rehbinder*, Rdnr. 329.

311 Der Vollzug der schuldrechtlichen Pflicht, die Nutzungsrechtseinräumung, erfordert wegen des Abstraktionsprinzips eine weitere Einigung der Parteien. Diese wird in der Regel konkludent geschehen.

312 Das wiederum ist zu trennen vom – körperlichen – Werkexemplar, an dem der Arbeitgeber nach § 950 BGB originär Eigentum erwirbt; *Rehbinder*, Rdnr. 328.

313 *Rehbinder*, Rdnr. 331.

e) Sonstige Verträge

Auch sonstige bürgerlich-rechtliche Vertragstypen können auch im Rahmen des Urhebervertragsrechts zur Anwendung kommen, etwa die Schenkung, der Tausch oder das Auftrags- oder Wahrnehmungsverhältnis.

5. Zusammenfassung und Bedeutung für den Urheberrechtsvertrag

Die nähere Betrachtung zeigt, dass man bei der Suche nach dem Recht zur Behandlung von Leistungsstörungen bei Urheberrechtsverträgen in der Regel schematisch vorgehen kann:

- Zunächst ist zu prüfen, ob sich im Urheberrechtsgesetz eine spezielle Norm findet[314]. Wenn das wie in der überwiegenden Mehrzahl der Konstellationen zu verneinen ist, ist in zweiter Stufe
- danach zu fragen, welche bürgerlich-rechtlichen Vorschriften einschlägig sind. Dabei ist zunächst eine Inhaltsermittlung des Urheberrechtsvertrags vorzunehmen und auf Grund der unterschiedlichen Regelungsregime mit den dargestellten Kriterien zur Inhaltsermittlung eine Unterscheidung zu treffen, ob es sich um einen ausschließlichen, einen einfachen Lizenzvertrag oder um eine schuldrechtliche Berechtigung handelt. Die ausschließliche Nutzungsberechtigung führt dabei häufig zur Anwendung der kaufrechtlichen Vorschriften, während bei der einfachen Nutzungsrechtseinräumung und der schuldrechtlichen Gestattung die Gebrauchsüberlassung im Vordergrund steht und in erster Linie miet- und pachtrechtliche Normen zu prüfen sind.
- In einigen Fällen enthält das Rechtsgeschäft Merkmale unterschiedlicher Vertragstypen und lässt sich deshalb als „gemischter Vertrag" qualifizieren. Folgt man der flexiblen Theorie der neueren Lehre und Rechtsprechung, ist bei der Prüfung von Leistungsstörungen grundsätzlich das Recht anzuwenden, dessen Vertragsteil betroffen ist (z.B. bei Mängeln bei der Rechtsverschaffung das Kaufrecht).
- Stets ist exakt darauf zu achten, dass man die Mängel im Urheberrechtsvertrag, also im Bereich der Verpflichtung zur Übertragung von Nutzungsrechten am Werk, nicht mit bürgerlich-rechtlichen Konstellationen „mischt", die einem anderen Bereich zuzuordnen sind. Liegen etwa Mängel am Werkexemplar vor, so hat das mit dem Urheberrechtsvertrag im engen Sinne, also mit der Übertragung von Nutzungsrechten an einem Werk, nichts zu tun.
- Das so ermittelte Ergebnis ist anhand der dargestellten urheberrechtlichen Besonderheiten zu überprüfen[315]. Wie dies im Einzelfall zu erfolgen, ist bislang wenig er-

314 Die analoge Anwendung des Verlagsrechts ist abzulehnen, s. in § 5 unter 2. c).

forscht. Dieses von allen Teilen der Literatur vorgeschlagene Prüfungsinstitut wird wohl in seiner rechtlichen Praxistauglichkeit „überschätzt". Teil 3 der vorliegenden Arbeit wird zeigen, dass nur in wenigen Fällen eine Änderung des mit den Regeln des BGB gefundenen Ergebnisses angezeigt ist. Zudem ist eine Änderung der festgestellten Rechtsfolge dogmatisch schwer zu begründen.

§ 7
Die wesentlichen Neuregelungen im Überblick

1. System und wesentliche Ziele

Vier Schwerpunkte kennzeichnen die Reform des Leistungsstörungsrechts[316]: Das Gewährleistungsrecht des Kauf- und Werkvertrags wurde weitestgehend auf Basis des allgemeinen Leistungsstörungsrechts vereinheitlicht. Dadurch hat sich dessen Bedeutung erhöht. Das Gesetz normierte die bislang nicht kodifizierten Rechtsinstitute (WGG, p.V.V., c.i.c., Kündigung aus wichtigem Grunde). Das Unmöglichkeitsrecht wurde entsprechend seiner relativ geringen praktischen Bedeutung vereinfacht. Schließlich wurde das Rücktrittsrecht in Voraussetzungen und Folgen erheblich modifiziert und vom Erfordernis des Verschuldens befreit[317].

Die Haftung für die Verletzung von Nebenpflichten ergibt sich nach neuem Recht aus § 280 Abs. 1 BGB, unabhängig von der Frage, ob es sich um leistungsbezogene oder nicht leistungsbezogene Nebenpflichten handelt, weil die Norm für alle Pflichtverletzungen aus Schuldverhältnissen gleichermaßen gilt[318]. Wegen der im Vergleich zum Mängelgewährleistungsrecht u.U. unterschiedlichen Verjährungsfristen spielt die Qua-

---

315 Die dogmatisch korrekte Vorgehensweise ist, zunächst anhand bürgerlich-rechtlicher Vorschriften zu einem Ergebnis zu gelangen und dieses dann auf Übereinstimmung mit urheberrechtlichen Besonderheiten zu untersuchen. Es ist praktisch nicht durchführbar, die urheberrechtlichen Besonderheiten bereits im Rahmen der Prüfung der zivilrechtlichen Normen zu berücksichtigen. Im Grunde wird nicht anderes als eine Prüfung durchgeführt, die § 242 BGB ähnelt.

316 Zur zeitlichen Anwendbarkeit: Nach Art. 229 § 5 S. 1 EGBGB gilt für alle Schuldverhältnisse, die vor dem 1.1.2002 entstanden sind, das BGB in der „alten Fassung" fort. Entscheidend ist der Zeitpunkt des Vertragsschlusses. Das „neue" Schuldrecht gilt für ab dem 1.1.2002 geschlossenen Urheberrechtsverträge. Bei Dauerschuldverhältnissen galt nach Art. 229 § 5 S. 2 EGBGB eine einjährige Übergangsfrist bis zum 31.12.2002.

317 Wie in § 326 BGB a.F. noch erforderlich. Dadurch wurde die „Abschaffung" der Wandlung möglich; zum Ganzen: *Canaris*, XI (B, I).

318 *Heinrichs*, in: Palandt, § 280 Rdnr. 22 ff.; *Lorenz/Riehm*, Rdnr. 170. § 280 BGB erfährt die Begrenzung des Anwendungsbereichs erst auf der Rechtsfolgenseite: Für Verzögerungsschäden oder Schadensersatz statt der Leistung ist die Erfüllung der weiteren Voraussetzungen der §§ 281 bis 283 oder 286 BGB erforderlich.

lifizierung einer Pflichtverletzung in Haupt- und Nebenpflichten in der Praxis eine wichtige Rolle[319].

Die Regelungen des Verzugs sind weitgehend unverändert geblieben[320].

Auf eine ausführliche Darstellung der Änderungen – mit Ausnahme des für das Urhebervertragsrecht bedeutsamen Kaufrechts – wird verzichtet.

2. Änderungen im Kaufrecht

Die Neuregelungen des Kauf- und auch des Werkvertragrechts sind vor allem durch eine Tendenz gekennzeichnet: Die gewährleistungsrechtlichen Sonderregeln sollen möglichst umfassend abgeschafft und durch den Rückgriff auf die einschlägigen Vorschriften des allgemeinen Leistungsstörungsrechts ersetzt werden.

a) Grundsätzliches

Die bedeutsamste Änderung im Kaufrecht ist die Einführung des Nacherfüllungsanspruchs des Käufers und des damit korrespondierenden Rechts des Verkäufers zur Nacherfüllung auch beim Stückkauf. Dies und die Pflicht zur mangelfreien Leistung[321] schaffte die Voraussetzung für den „Wegfall eines besonderen Gewährleistungsrechts beim Kauf“[322] und die Integration in das allgemeine Leistungsstörungsrecht für Sach- und Rechtsmängel. So ist etwa das Institut der Wandlung entfallen und durch ein Rücktrittsrecht ersetzt worden. Auch die Unterscheidung zwischen Mangel- und Mangelfolgeschaden ist wegen des Verweises auf §§ 280 ff. BGB obsolet[323].

Die haftungsrechtliche Differenzierung zwischen Sach- und Rechtsmangel wurde durch die Gleichstellung in § 437 und § 453 BGB grds. aufgegeben. Zugleich wurde der Begriff der „Zusicherung“ gestrichen und durch den der Garantie (§ 443 BGB) ersetzt.

---

319 Es gilt nach § 195 BGB grds. die kenntnisabhängige dreijährige Verjährungsfrist. Im Anwendungsbereich z.B. des Kaufrechts kommt nach § 438 Abs. 1 Nr. 3 BGB regelmäßig eine zweijährige Frist in Betracht. Für eine Anwendung der kaufrechtlichen Vorschriften analog *Heinrichs*, in: Palandt, § 280 Rdnr. 22.

320 Zum Verzug auch *Heinrichs*, BB 2001, 157, 161.

321 *Lorenz/Riehm*, Rdnr. 463. Das neue Kaufrecht geht deshalb von dem Gedanken des „behebbaren Mangels“ aus.

322 Begr. BT-Drucks. 14/6040, S. 94.

323 Begr. BT-Drucks. 14/6040, S. 94.

b) Speziell: Rechtskauf

Das alte Recht sah für den urheberrechtlich bedeutsamen Rechtskauf[324] Sonderregelungen vor, die nach § 453 BGB durch die Verweisung auf die entsprechende Anwendung der Vorschriften über den Sachkauf abgeschafft wurden. Neben „Rechten" nennt § 453 BGB auch sonstige Gegenstände des Kaufes, womit z.B. der Unternehmenskauf oder Know-how gemeint ist[325]. Somit finden grundsätzlich alle Vorschriften über den Sachkauf und die entsprechende Mängelhaftung auch auf den Kauf von Rechten, um den es im Folgenden geht, Anwendung, wenn die einschlägige Regelung nicht ausnahmsweise ausschließlich auf Sachen oder körperliche Gegenstände zugeschnitten ist[326].

Hauptpflicht des Verkäufers ist, den Käufer zum Inhaber der verkauften Rechts zu machen. Dazu muss er alle Handlungen vornehmen, die zur Übertragung notwendig sind. Er ist nach §§ 453 Abs. 1, 433 Abs. 1 S. 2 BGB verpflichtet, mangelfrei zu leisten[327].

c) Mangelbegriff und Haftung

Gegenstand des urheberrechtlichen Kaufvertrags ist die Veräußerung eines Nutzungsrechts an einem Werk, das nach §§ 413, 398 BGB übertragen wird. Damit wird keine „Sache" i.S.d. § 433 BGB geschuldet, sondern die Einräumung einer Rechtsstellung. § 453 Abs. 1 BGB ordnet aber eine analoge Anwendung des § 434 BGB an. Dies hat zur Folge, dass auch der Verkäufer eines Rechts eine „vereinbarte Beschaffenheit" schulden kann oder sich das Recht nach § 434 Abs. 1 S. 2 Nr. 1 BGB zur gewöhnlichen Verwendung eignen muss[328].

d) Rechts- und Sachmangel im Urheberrechtsvertrag?

Es entspricht allgemeiner Ansicht, dass die Rechtsmängelhaftung des § 435 BGB im Rahmen des Rechtskaufvertrages – zumindest analog – heranzuziehen sein kann[329]. „Paradefall" ist etwa die vertragswidrige Belastung der Nutzung durch die vorherige Vergabe einer einfachen Lizenz.

Die kaufrechtlichen Vorschriften gehen nach den §§ 433 ff. BGB systematisch zunächst von einem Sachkauf aus und statuieren hierfür das Haftungssystem für Sach-

---

324 Etwa § 437 BGB a.F., der über § 440 BGB a.F. zur Anwendung des allgemeinen Leistungsstörungsrechts führte.

325 *Putzo*, in: Palandt, § 453 Rdnr. 5 ff.

326 Z.B. § 447 BGB.

327 Die Pflicht zur mangelfreien Leistung gilt auch für eine etwaig zu übergebende Sache nach § 453 Abs. 3 BGB.

328 S. näher in § 13.

329 Allgemeine Meinung. Für viele *Schricker*, §§ 31/32, Rdnr. 14; *Ulmer*, § 92 II; *Haedicke*, S. 270.

und Rechtsmängel. § 453 BGB, der im Bereich des urheberrechtlichen Lizenzvertrages angewendet werden kann, enthält keine Aussage, für welche Art von Kaufgegenständen welche Mangelart in Betracht kommt. Die Norm eröffnet durch den Verweis auf die entsprechende Anwendung der Regelungen über den Sachkauf grundsätzlich die Möglichkeit der Sachmängelhaftung auf einen Rechtskauf[330].

Zu untersuchen ist, ob die Sachmängelhaftung im urheberrechtlichen Lizenzvertrag in Betracht kommt.

aa) Bedeutung und Auswirkung der Unterscheidung zwischen Sach- und Rechtsmangel

Auf der Rechtsfolgenseite differenziert § 437 BGB nicht zwischen Sach- und Rechtsmangel, sondern stellt diese gleich. Deshalb ist zunächst zu prüfen, ob eine Unterscheidung der beiden Mängelarten überhaupt erforderlich ist.

(1) Auffassung Haedickes von der verschuldensunabhängigen Haftung

Haedicke vertritt – zumindest bei der ausschließlichen Lizenz[331] – die Ansicht, dass an beide Erscheinungsformen in Bezug auf den Schadensersatzanspruch nach § 311 a Abs. 2 BGB grds. verschiedene Verschuldensmaßstäbe anzulegen seien; und zwar unabhängig davon, ob die Norm direkt oder über § 437 Nr. 3 BGB angewendet werde. Deshalb müssten sie zwingend unterschieden werden. Während ein Schadensersatzanspruch bei Vorliegen eines Sachmangels grds. Verschulden erfordere[332], bedürfe es dieses Verschuldens bei Rechtsmängeln im Vertrag grds. nicht[333].

Dies ergebe sich aus Interessenlage des Vertrages und der Risikoverteilung im Sinne einer „Risikosphäre“[334]:

Bei Mängeln, die nur dem Recht in seinem Bestand oder Umfange anhaften, könne meist alleine der Veräußerer einer Rechtsposition seine tatsächliche Leistungsfähigkeit, Berechtigung und Beherrschbarkeit des Riskos erkennen. Aus diesem Grunde sei wie bisher eine verschuldensunabhängige Schadensersatzpflicht für den Fall des Vorliegens eines Rechtsmangels gerechtfertigt. Keine Rolle spiele insoweit, ob es sich bei

---

330 So auch *Haas*, in: Haas/Medicus/Rolland/Schäfer/Wendtland, S. 291.

331 *Haedicke*, S. 270 ff.

332 Eines Verschuldens bedarf es – wie im alten Recht – nicht bei Abgabe einer Zusicherung oder Garantie.

333 Hinzu kommt, dass für bestimmte Formen von Rechtsmängeln nach § 438 Abs. 1 Nr. 1 BGB eine 30-jährige Verjährungsfrist normiert ist. Diese Frist kommt aber bei Urheberrechtsverträgen nicht zum Tragen, da diese Verträge weder ein dingliches Recht, das zur Herausgabe einer Kaufsache berechtigt (Nr. 1 a)), noch ein sonstiges im Grundbuch eingetragenes Recht (Nr. 1 b)) gewähren.

334 *Haedicke*, S. 127 ff.

der Veräußerung um eine Vollrechtsübertragung – wie etwa im Patentrecht möglich – oder um eine ausschließliche Lizenz handele. In beiden Fällen liege die Erkennbarkeit des Risikos und der Berechtigung in aller Regel in der Sphäre des Veräußerers[335]. Die Überprüfung der rechtlichen Verstrickungen sei dem Käufer auf Grund des hohen Aufwandes nicht zuzumuten[336].

Eine verschuldensabhängige Haftung sei indes in den Konstellationen anzunehmen, in denen für Verkäufer und Käufer gleichermaßen erkennbar sei, dass eine Rechtsposition nicht bestehe oder bestehen könne oder in denen der Rechtsmangel außerhalb der vom Verkäufer steuerbaren Umstände liege[337]. *Haedicke* begründet dies rechtshistorisch mit der unveränderten Interessenlage vor und nach der Schuldrechtsreform. Vor der Reform sei die herrschende Auffassung von einer verschuldensunabhängigen Schadensersatzpflicht des Verkäufers zumindest in den Fällen des anfänglichen Unvermögens ausgegangen. Nur er war zuverlässig in der Lage, das Fehlen von Rechtsmängeln zu überprüfen. An dieser Interessenlage habe sich nach der Modernisierung des Schuldrechts nichts geändert[338].

Haedicke leitet diesen Haftungsmaßstab dogmatisch aus einer Interpretation des Verschuldensmaßstabs des § 276 BGB ab, wonach der Schuldner Vorsatz und Fahrlässigkeit zu vertreten habe, wenn sich eine strengere Haftung nicht aus dem sonstigen „Inhalt des Schuldverhältnisses" ergebe. Die Norm sei dergestalt auszulegen, dass sich bei einem Mangel der zu verschaffenden Rechtsposition, der in der Risikoshäre des Verkäufers liege, ein verschuldensunabhängiger Schadensersatzanspruch eben aus diesem „Inhalt des Schuldverhältnisses" herleiten lasse[339]. Deshalb widerspreche dieses Ergebnis der gesetzlichen Regelung in § 311 a Abs. 2 BGB nicht, der bei Schadensersatzansprüchen wegen anfänglicher Unmöglichkeit Verschulden erfordere. Dieses Verschulden ergebe sich eben wie bisher aus § 276 BGB.

Die Möglichkeit der verschuldensunabhängigen Haftung sei hingegen bei Vorliegen eines Sachmangels – außerhalb einer gesonderten vertraglichen Vereinbarung (etwa einer Garantie) – nicht angezeigt. Die Ratio des Sachmängelgewährleistungsrechts sei die Schaffung eines gerechten Ausgleichs bei Äquivalenzstörungen im Austauschverhältnis. Ewaige Mängel der Beschaffenheit der Sache seien aber regelmäßig sowohl für den Verkäufer als auch für den Käufer gleichermaßen erkennbar[340].

Konsequent grenzt *Haedicke* die Sach- von den Rechtsmängeln allgemein ab: Sachmängel seien solche, die der Sache als Gegenstand unmittelbar anhaften und typischerweise nicht ausschließlich in der Verkäufersphäre liegen, sondern für den Erwer-

---

335 *Haedicke*, GRUR 2004, 123, 127; S. 270 f.; S. 284 f.

336 *Haedicke*, GRUR 2004, 123, 125.

337 *Haedicke*, GRUR 2004, 123, 127.

338 *Haedicke*, S. 123 ff. m.w.N.

339 *Haedicke*, GRUR 2004, 123, 127.

340 *Haedicke*, GRUR 2004, 123, 126.

ber gleichermßen erkennbar seien, da auch er die Beschaffenheit und Brauchbarkeit überprüfen könne[341]. Rechtsmängel seien indes gegeben, wenn die zu beurteilende Äquivalenzstörung ausschließlich in der Verkäufersphäre begründet sei[342].

Trotz abweichender dogmatischer Herleitung der verschuldensunabhängigen Schadensersatzhaftung bei Rechtsmängeln kommen andere Autoren zu ähnlichen Ergebnissen wie *Haedicke*. So schlagen sie im Falle der anfänglichen Unmöglichkeit etwa eine konkludent abgegebene Garantie, eine Zulassung der Garantiehaftung in allgemeinen Geschäftsbedingungen oder strenge Voraussetzungen für eine erfolgreiche Exkulpation vor[343].

(2) Eigene Bewertung

Bei Anwendung der allgemeinen Auslegungsregelungen halte ich – trotz der in sich schlüssigen Theorie der „verschuldensunabhängigen Haftung" – ein abweichendes Ergebnis für vertretbar:

Zunächst ist die Wertung des Gesetzgebers im Wege der historischen Auslegung anzuführen: In der Begründung des Gesetzentwurfs findet sich, dass die Einstandspflicht des Veräußerers für anfängliches Unvermögen im Gegensatz zum alten Recht verschuldendsabhängig gestaltet sein solle, weil dies sowohl rechtsethisch überzeugender als auch insgesamt flexibler sei und eine Garantiehaftung unter Gerechtigkeitsgesichtspunkten nicht überzeuge[344]. Eine solche Garantiehaftung ergab sich im übrigen aus dem Gesetz schon im alten Recht nicht unmittelbar[345]. Dem Gesetzgeber war das Problem der verschuldensabhängigen oder –unabhängigen Haftung bei der Schaffung des § 311 a Abs. 2 BGB demnach bewußt. Er hat sich dennoch – und zwar mit eingehender Begründung nach einer Diskussion mit dem Bundesrat, der auf das Abrücken von der Garantiehaftung für die Verität verkaufter Rechte aufmerksam machte[346] – ausdrücklich für eine verschuldensabhängige Haftung entschieden. Dabei verwies die Bundesregierung auf die Möglichkeit, einzelvertraglich eine Garantie für den Bestand des veräußerten Rechts zu vereinbaren[347]. Daher scheint es vorzugswürdig, eine solche

---

341 *Haedicke*, S. 128; S. 168.

342 *Haedicke*, S. 143; S. 154. Sachmängel können etwa dann vorliegen, wenn öffentlich-rechtliche oder privatrechtliche Vorschriften die Benutzung allgemein und generell-abstrakt beschränken; z.B. die sich aus dem Allgemeinwohl ergebenden Schranken des Eigentums gemäß § 917 BGB (Notwegerecht) oder gesetzliche Einfuhrbeschränkungen; siehe *Haedicke*, S. 143 ff.

343 *Faust*, in: Huber/Faust, S. 217 ff.; *Manz/Ventroni/Schneider*, S. 413.

344 Begr. BT-Drucks. 14/6040, S. 165.

345 Wenn das konkret verkaufte Recht nicht bestand und das Nichtbestehen auf Gründen beruhte, die sich der Einsicht des Käufers regelmäßig verschlossen, dann folgte bei direkter Anwendung des § 437 i.V.m. §§ 440 Abs. 1, 320 ff. BGB a.F. eigentlich eine verschuldensabhängige Haftung. Eine solche wurde aber häufig nicht angenommen. Vielfach wurde eine Garantiehaftung konstruiert; vgl. *Faust* in Huber/Faust, S. 217; Begr. BT-Drucks. 14/6040, S. 202.

346 Stellungnahme Bundesrat, Begr. BT-Drucks. 14/6040, S. 17 f.

347 Gegenäußerung Bundesregierung, Begr. BT-Drucks. 14/6040, S. 54.

Garantie für das Urhebervertragsrecht nicht per se über den „Inhalt des Schuldverhältnisses" im Sinne des § 276 BGB anzunehmen, sondern zumindet dahingehende Willensäußerungen zu verlangen. Insofern unterscheidet sich das Urhebervertragsrecht nicht wesentlich von anderen Rechtsgeschäften, die den Verkauf von Rechten zum Gegenstand haben. In beiden Fällen wird ein nicht „sichtbares" Recht verkauft, dessen Bestand in aller Regel nur der Verkäufer zuverlässig bewerten kann.

So weist *Faust* darauf hin, dass eine Verschuldenshaftung nicht zu einer sorglosen Prüfung des Verkäufers hinsichtlich des Bestandes des von ihm veräußerten Rechts führen müsse. Eine solche Prüfung spiele für die Frage des Verschuldes im Sinne des § 311 a Abs. 2 BGB eine entscheidende Rolle[348]. *Huber* hält den erklärten Willen des Gesetzgebers, von einer pauschalen Garantiehaftung abzurücken, für maßgebend und trägt sinngemäß vor, dass eine Garantieübernahme über eine entsprechende – von *Haedicke* geforderte – Auslegung des § 276 BGB wieder zu einer verschuldensunabhängigen Haftung führen würde, die gerade – als eine der bedeutsamsten Änderungen im neuen Schuldrecht – abgeschafft worden sei[349].

Keine der Auffassungen bezieht – soweit ersichtlich – eine textliche Besonderheit des § 311 a Abs. 2 BGB in die Auslegung des Wortlauts ein. Das Verschuldenserfordernis der Norm weicht von der „klassischen" Formulierung etwa des § 280 Abs. 1 S. 2 BGB („Dies gilt nicht, wenn der Schuldner die Pflichtverletzung nicht zu vertreten hat.") ab. Das Verschulden des § 311 a Abs. 2 BGB bezieht sich ausschließlich auf die Kenntnis des Leistungshindernisses bei Vertragsschluss. Der Schuldner hat nur schuldhafte und damit mindestens fahrlässige Unkenntnis zu vertreten. Wenn man nun eine Garantiehaftung unter Hinweis auf den „Inhalt des (urheberrechtlichen) Schuldverhältnisses" annimmt, so fingiert man eine schuldhafte Unkenntnis des Schuldners hinsichtlich seines eigenen Leistungsvermögens und unterstellt damit ein vorwerfbares Unterlassen. Das ist ein Mehr an Fiktion als im Falle einer sonstigen Garantiehaftung, die regelmäßig lediglich das Erfordernis des Verschuldens als solches abbedingt. Auch dies spricht gegen die Annahme einer verschuldensunabhängigen Haftung gemäß §§ 311 a Abs. 2, 276 BGB.

Ferner stützt der Wortlaut des § 276 Abs. 1 S. 1 BGB eine solche Garantiehaftung und die These *Haedickes* von der „Anwendung des Garantieprinzips"[350] nicht zwingend. Die Vorschrift normiert die Möglichkeit einer strengen Haftung, u.a. wenn sich dies aus dem Inhalt des Schuldverhältnisses und dabei „insbesondere aus der Übernahme einer Garantie oder eines Beschaffungsrisikos" ergibt. Diese „Übernahme" setzt begrifflich eine Willensbetätigung voraus, die zwar auch durch schlüssiges Verhalten erfolgen kann, jedoch stets die positive Feststellung eines entsprechenden rechtsgeschäftlichen Willens erfordert. Die Annahme, die Garantie oder zumindest die ver-

---

348 *Faust*, in: Huber/Faust, S. 218.

349 *Huber*, in: Huber/Faust, S. 411; so auch *Dauner-Lieb*, S. 152 f.

350 *Haedicke*, S. 131.

schuldensunabhängige Haftung ergebe sich stets ohne weiteres aus dem „Inhalt des Schuldverhältnisses", widerspricht damit dem Erfordernis der Feststellung einer Willenserklärung zur „Übernahme" einer solchen.

Im Ergebnis ist festzuhalten, dass weder die Entstehungsgeschichte, noch die systematische oder grammatikalische Auslegung der §§ 311 a Abs. 2, 276 Abs. 1 BGB die Annahme einer verschuldensunabhängigen Haftung bei anfänglichen Rechtsmängeln im Rahmen des Urheberrechtsvertrages zwingend rechtfertigt. Nach der hier vertretenen Ansicht ist eine solche Haftung v.a. unter Bezugnahme auf die Gesetzesbegründung abzulehnen. Daraus folgt, dass eine Unterscheidung zwischen Sach- und Rechtsmängeln auf Grund der Gleichstellung der Rechtsfolgen weitgehend obsolet ist.

bb) Exkurs: Sachmangel beim urheberrechtlichen Rechtskauf?

Unter Geltung des alten Rechts war umstritten, ob die kaufrechtliche Sachmängelhaftung bei Lizenzverträgen anzuwenden war. Diejenigen, die den Lizenzvertrag kaufrechtlich einordneten[351], gingen im Falle des Beschaffenheitsmangels des Immaterialguts mehrheitlich von einer analogen Anwendung der §§ 459 ff. BGB a.F. aus[352]. Die Rechtsprechung sah dies anders: Während das Reichsgericht eine Sachmängelhaftung für Lizenzverträge nicht annahm, weil es sich bei dem Vertragsgegenstand nicht um eine körperliche Sache handelte[353], ließ der BGH diese Frage zunächst offen[354] und entschied sich in einer patentrechtlichen Fragestellung im Jahre 1979 gegen eine solche und für eine Anwendung allgemeiner Regeln[355]. Die Entscheidungen der höchstrichterlichen Rechtsprechung waren von Billigkeits- und Risikoerwägungen und dem Bemühen geprägt, dem Erwerber auch ohne spezielle Zusicherungen einen verschuldensunabhängigen Schadensersatzanspruch zu gewähren[356].

Ausgangspunkt der Beantwortung der Frage nach der Sachmängelhaftung im urheberrechtlichen Lizenzvertrag ist der Gesetzeswortlaut des § 434 Abs. 1 BGB. Da die Vorschrift zunächst nur körperliche Gegenstände im Sinne des § 90 BGB erfasst, kommt allenfalls eine analoge Anwendung in Betracht[357]. Die Sache[358] hat die vereinbarte

---

351 Zur unterschiedlichen rechtlichen Qualifikation des Lizenzvertrages siehe in § 6 unter 2.

352 *Nirk* (für das Patentrecht), GRUR 1970, 107, 108; *Malzer* (für das Patentrecht), GRUR 1971, 96, 98; a.A. *Hertin* (für das Urheberrecht), in: Fromm/Nordemann, Vor § 31 Rdnr. 22.

353 RGZ 163, 1, 5 f.

354 BGH GRUR 1965, 298, 301.

355 BGH GRUR 1979, 768.

356 *Haedicke* (S. 279 f.) zeigt auf, dass die Rechtsprechung nicht zu überzeugen vermag. Während das Reichsgericht die entscheidende Frage, ob nämlich die Sachmängelhaftung auch auf unkörperliche Vertragsgegenstände anzuwenden ist, nicht prüfe, stehe der Erwerber eines Immaterialgutes bei genauer Betrachtung der Entscheidung des BGH (GRUR 1979, 768) durch die Anwendung allgemeinen Schuldrechts und der damit einhergehenden längeren Verjährungsfrist etwa bei objektiv unbehebbaren Fehlern entgegen den sonstigen Wertungen bei Lizenzverträgen („gewagte Natur") unter Umständen besser.

357 *Putzo*, in: Palandt, § 434 Rdnr. 3.

„Beschaffenheit“ aufzuweisen. *Müller* geht deshalb davon aus, dass Rechte im Regelfall keinen Sachmangel aufweisen könnten, weil es ihnen an einer solchen Beschaffenheit fehle[359]. Diese Auffassung übersieht, dass eine Beschaffheit, die im Ergebnis nichts anderes als eine Eigenschaft darstellt, grds. im Wege der Vertragsfreiheit vereinbart werden kann und deshalb auch Rechte diese vertraglich bestimmten „Beschaffenheiten“ aufweisen können.

Haas nimmt die Möglichkeit des Vorliegens von Sachmängeln beim Rechtskaufvertrag an, wenn die Beschaffenheit des hinter dem verkauften Recht stehenden Gegenstandes nach Auffassung der Vertragsparteien auch die Beschaffenheit des Rechts bestimme[360]. Diese Auffassung separiert die Bereiche „Immaterialgut“ und „Werkverkörperung“ und nimmt deshalb zu einer anderen Frage Stellung, nämlich ob und ggf. wie sich ein Fehler der Werkverköperung auf die Lizenz und damit auf das verkaufte Recht auswirken kann[361].

Haedicke befürwortet eine analoge Anwendung der Vorschriften der Sachmängelhaftung auf Lizenzverträge entsprechend den §§ 453 Abs. 1, 433 Abs. 1 S. 2, 434 BGB. Das VerlG enthalte keine vorrangig zu beachtende Sondervorschriften, weil die Regelungen der §§ 31, 30 VerlG im Urheberrecht nicht herangezogen werden können. Die Strukturähnlichkeit von Lizenz- und Kaufverträgen und das Gebot, gleich gelagerte Sachverhalte auch gleich zu behandeln, gebiete eine vorrangige Anwendung gewährleistungsrechtlicher Vorschriften, wenn dies wertungsmäßig zulässig sei[362]. Eine nähere Untersuchung zeige, dass die Interessenlage der Parteien eines Lizenzvertrages bei Beschaffenheitsmängeln der eines Sachkaufes gleiche. *Haedicke* begründet das Vorliegen einer Strukurgleichheit von Immaterialgüterrechten und absoluten Rechten an körperlichen Gegenständen mit einer „Bezogenheit auf den vorrechtlichen Gegenstand“ und mit dem Umstand, dass die Beschaffenheit von Immaterialgütern sowohl für den Verkäufer als auch für den Käufer gleichermaßen möglich sei, ausführlich[363].

Dieser Auffassung ist zuzustimmen. Die Schwächen aller anderen Meinungen liegen vor allem in der fehlenden dogmatischen Veranlassung. Die Rechtsprechung hat – zum alten Recht – v.a. auf Grundlage von Wertungsgesichtspunkten und Billigkeitserwägungen argumentiert, ohne die soeben beschrieben Wertungsfehler zu berücksichtigen. Gleichwohl ist diese Unterscheidung auf Grund der hier angenommenen Gleichstellung zwischen Sach- und Rechtsmangel hinsichtlich der Frage des Verschuldens auf der Rechtsfolgenseite nicht von grundsätzlicher Bedeutung.

---

358 Auch § 435 BGB (Rechtsmangel) spricht von „Sache“, so dass auch ein urheberrechtlicher Lizenzvertrag i.V.m. § 453 BGB einheitlich als „Sache“ im Sinne dieser Regelungen verstanden werden kann.

359 *Müller*, in: Hoeren/Martinek, S. 469 m.w.N..

360 *Haas*, in: Haas/Medicus/Rolland/Schäfer/Wendtland, S. 291.

361 Näher in § 12 unter 2.

362 *Haedicke*, S. 281. Näher zur Nichtanwendbarkeit des VerlG in § 5 unter 2 c).

363 *Haedicke*, S. 281 f., S. 187 ff, insb. S. 189; S. 154.

cc) *Beschaffenheit eines Rechts und Abgrenzung von Sach- und Rechtsmangel*

Die Frage, welche Beschaffenheiten ein Recht aufweisen kann, ist komplex. Sie wird in § 13 unter 3. ausführlich untersucht. Nach der hier vertretenen Auffassung kommt eine solche Beschaffenheit nur bei objektiv nachprüfbaren Merkmalen in Betracht[364].

Im alten Recht wurden Sach- vom Rechtsmangel wie folgt unterschieden: Ließ sich die Beeinträchtigung des Wertes oder der Brauchbarkeit der Sache in dieser selbst festmachen, so lag in der Regel ein Sachmangel vor[365]. Ein Rechtsmangel lag indes vor, wenn Dritte in Bezug auf die Sache Rechte gegen den Käufer geltend machen konnten. Dies ergab sich aus § 434 BGB a.F. und wurde durch § 435 BGB weitestgehend übernommen.

Haedicke grenzt nunmehr nach der Risikosphäre ab: Liege ein Mangel im Recht vor, der typischerweise ausschließlich in der Sphäre des Verkäufers angesiedelt ist, greife die – seiner Meinung nach verschuldensunabhängige – Rechtsmängelhaftung. Sei der Fehler im Wege der Untersuchung von beiden Vertragsparteien gleichermaßen zu erkennen, handele es sich um einen Sachmangel[366]. Diese Abgrenzung setzt demnach regelmäßig eine vorgelagerte Wertung voraus.

Einig sind sich alle Auffassungen und die Gesetzesbegründung darin, dass der Begriff des Rechtsmangels objektiv zu verstehen ist und nicht vom vereinbarten Verwendungszweck der Parteien abhängt. Dafür biete § 435 BGB im Gegensatz zu § 434 BGB („vereinbarte Beschaffenheit"; „nach dem Vertrag vorausgesetzte Verwendung") keinen Anhaltspunkt[367]. Somit spricht viel dafür, einen Sachmangel bei Mängeln der vertraglich vereinbarten „Beschaffenheitsmerkmale" anzunehmen, die dem Kaufgegenstand – dem Nutzungsrecht – anhaften.

Diese Feststellungen sind für die weitere Untersuchung ausreichend, weil eine exakte Abgrenzung zwischen Sach- und Rechtsmangel nach der hier vertretenen Auffassung entbehrlich ist.

e) **Rechtsfolge bei Vorliegen eines Mangels: § 437 BGB**

§ 437 BGB differenziert nicht zwischen Sach- oder Rechtsmängeln, sondern stellt sie hinsichtlich der Rechtsfolge gleich. Damit werden alle Mängel, unabhängig davon, ob

---

364 S. in § 13 unter Nr. 3.

365 *Malzer*, in: Hoeren/Martinek, S. 137; BGHZ 98, 534.

366 *Haedicke*, S. 147 f. Die Prüfung *Haedickes* erfolgte anhand der Darstellung des Sachkaufes, sei jedoch auch auf den Rechtskauf übertragbar, S. 283 ff.

367 *Haas*, in: Haas/Medicus/Rolland/Schäfer/Wendtland, Kapitel 5 Rdnr 134; Haedicke, S. 168 f.; Begr. DT-Drucks. 14/6040, S. 218; im alten Recht bereits RGZ 99, 217, 220.

Sach- oder Rechtsmangel, anfänglich oder nachträglich, behebbar oder unbehebbar, gleich behandelt[368], wenn sie zum maßgeblichen Zeitpunkt vorgelegen haben[369].

§ 437 Nr. 1 bis 3 BGB zählt enumerativ die Rechte des Käufers bei Vorliegen eines Mangels auf. Die Norm verweist im Wege der Rechtsgrundverweisung vorrangig auf das Recht zur Nacherfüllung nach § 439 BGB, das Rücktritts- oder Minderungsrecht nach §§ 440, 323 oder 326 Abs. 5 BGB oder 441 BGB und den Anspruch auf Schadens- oder Aufwendungsersatz. Damit wird klargestellt, dass man sich hinsichtlich der Voraussetzungen der verschiedenen Rechte an den allgemeinen Leistungsstörungsrechten zu orientieren hat.

Aus der Gleichstellung von Sach- und Rechtsmangel ergibt sich eine weitere Neuerung: Auch im Rahmen der Rechtsmängelhaftung kann der Kaufpreis gemindert werden. Diese Möglichkeit bestand im alten Recht nach §§ 325 Abs. 1 S. 3, 323 BGB a.F. nicht[370].

f) Einschränkung der Gewährleistung auf Grund des Charakters als „gewagtes Geschäft“?

aa) Problemstellung

Das Gewährleistungssystem des Kaufrechts für Äquivalenzstörungen basiert auf einer Wertung des Gesetzgebers hinsichtlich der Risikoverteilung. Wenn Urheberrechtsverträge als „gewagte Geschäfte“ von dieser vorgesehenen Risikoverteilung abweichen, könnte dies dazu führen, dass das Gewährleistungssystem des Kaufrechts in seiner gesetzlichen Ausprägung nicht oder nur modifiziert anzuwenden ist. Diese These wird in Rechtsprechung und Literatur in Bezug auf Lizenzverträge mit der Folge einer eingeschränkten Haftung des Verkäufers vertreten[371]. Es ist nachfolgend zu untersuchen, ob der Urheberrechtsvertrag ein solches „gewagtes Geschäft“ darstellt und sich hieraus Auswirkungen auf die Gewährleistung ergeben.

---

368 *Lorenz/Riehm*, Rdnr. 570.

369 In der Regel bei Übertragung und damit meist bei Abschluss des Abtretungsvertrages, näher in § 7 unter 2. j).

370 Der BGH versuchte, die Minderung durch die „Hintertür“ der c.i.c. zu konstruieren, indem er dem Käufer einen Anspruch auf Ersatz des „zuviel Gezahlten“ gab, wenn dieser wegen Rechtsmängel fahrlässig nicht aufgeklärt wurde. Der Käufer hatte nicht einmal den Nachweis der Kausalität zu erbringen und zu beweisen, dass der Verkäufer auch zu dem niedrigeren Preis kontrahiert hätte; BGH NJW 2000, 803; 2001, 2875.

371 BGHZ 83, 283, 288 f; 129, 236, 248; Nachweise zum Schrifttum bei *Haedicke*, S. 197 Fn. 200. Der Wagnischarakter wird v.a. im Patentrecht diskutiert. Die Bedeutung der Diskussion im Urheberrecht dürfte geringer sein, weil das wesentliche „Wagnis“ in der Schöpfungshöhe des Geisteswerkes liegen wird und die Anforderungen an eine Werkschöpfung relativ gering sind.

bb) Besonderes Wagnis im Urhebervertragsrecht?

Da jedem Kaufvertrag gewisse Risiken innewohnen, kommt ein Wagnis, das zur Einschränkung der Verkäuferhaftung führt, nur in Betracht, wenn es typischerweise bei urheberrechtlichen Lizenzverträgen auftritt, den Verkäufer einseitig belastet und sich deshalb auf die Kaufgewährleistungsordnung auswirkt[372].

Der wesentliche Unterschied des Urhebervertragsrechts zu sonstigen Rechtskäufen besteht in der Möglichkeit des Weg- oder Entfalls des Schutzrechts. Stellt sich ein „Werk“ nicht als ausreichend individuell dar, so wirkt sich dies auf den Bestand des Rechts als solches und damit auf den Gegenstand des Nutzungsvertrages aus. Einen solchen „Entfall“ etwa des Eigentums auf Grund bestimmter Eigenschaften der Kaufsache ist den sonstigen Rechtsgebieten grds. fremd[373]. Zu prüfen ist also, ob dieser mögliche Entfall des Schutzrechts zu einer Haftungseinschränkung auf Verkäuferseite führen kann.

(1) Allgemeine zivilrechtliche Risikoverträge

Es ist zwischen drei verschiedenen Formen von Risikoverträgen zu trennen, die sich v.a. im Hinblick auf die Intensität des übernommenen Risikos unterscheiden[374].

Zunächst wohnt jedem Vertragstyp ein gewisses Risiko inne, das im Wege der Vertragsauslegung, der Gefahrtragung oder der Mängelhaftung verteilt wird. Eine Haftungseinschränkung ist nicht vorgesehen[375].

Bei sog. „echten aleatorischen Verträgen“, also etwa reinen Spekualtionsgeschäften oder unverbindlichen Spielen, gehen die Parteien bewusst eine erhebliche Unsicherheit ein. Eine Änderung der rechtlichen Risikozuordnung findet deshalb grds. nicht statt[376].

Bei den „echten Wagnisverträgen“ wird ein besonderes Risiko bewusst und als wesentliche Vertragspflicht übernommen. Solche Verträge sind entweder im Gesetz verankert (etwa der Bürgschafts- oder der Garantievertrag) oder zwischen den Parteien konkret vereinbart. Auch in diesem Fall findet eine Risikoabwälzung auf den „Verkäufer“ grds. nicht statt, weil das Risiko – zumal als wesentlicher Vertragsbestandteil – bewusst eingegangen wurde[377].

Festzustellen ist, dass in allen drei allgemeinen zivilrechtlichen Fallgruppen eine Änderung des Gewährleistungssystems für Äquivalenzstörungen grds. nicht angezeigt ist.

---

372 So auch *Haedicke*, S. 198, 199, der die „gewagten Geschäften“ für alle Immaterialgüter untersucht.

373 So auch *Haedicke*, S. 199.

374 Zum Ganzen: *Henssler*, insb. S. 731 ff.

375 Zusammenfassend: *Haedicke*, S. 200.

376 *Henssler*, S. 293 ff.

377 *Henssler*, S. 291; zusammenfassend: *Haedicke*, S. 201.

(2) Auswirkungen dieser Feststellungen auf den Urheberrechtsvertrag

Diese Feststellungen zeigen, dass eine Änderung des Gewährleistungssystems auf Grund eines risikoreichen Geschäftes zu Lasten des Käufers im allgemeinen Zivilrecht grds. nicht in Betracht kommt.

Es ist zu fragen, ob die urheberrechtliche Besonderheit – die Möglichkeit des Entfalls des Schutzrechtes – zu einer anderen Bewertung führt, weil sich der Vertragstyp damit so weit von den kaufrechtlichen Wertungen entfernt, dass eine Modifizierung des Gewährleistungsrechts gerechtfertigt ist.

Der Urheberrechtsvertrag stellt kein „aleatorisches Geschäft" dar. Er enthält kein überwiegendes, den Vertrag prägendes Element der Unsicherheit, sondern zielt typischerweise auf eine wirtschaftliche Verwertung eines Rechts, das regelmäßig tatsächlich besteht[378]. Diese wirtschaftliche Verwertbarkeit hat regelmäßig keinen Einfluss auf den Bestand des Rechts[379].

Eine Einordnung als „echtes Wagnisgeschäft" mit einer Haftungsverschiebung zu Lasten des Käufers scheitert an zweierlei: Zum einen ist die tatsächliche Risikosteigerung dieses Vertragstyps schwer feststellbar. Zum anderen – und das ist entscheidend – kann grds. v.a. der Verkäufer den Bestand und den Umfang des Rechts und seiner Berechtigung prüfen. Etwaige Mängel im Bestand des Rechts sind – wenn sie sich nicht aus abstrakten, für jeden ersichtlichen Regelungen ergeben – der Spähre des Verkäufers zuzuordnen. Eine Besserstellung des Verkäufers ist damit wertungsmäßig nicht gerechtfertigt[380].

Im Ergebnis ist festzuhalten, dass es sich bei Urheberrechtsverträgen nicht um „gewagte Geschäfte" handelt, die eine Änderung des Gewährleistungssystems zu Lasten des Käufers rechtfertigen.

g) Ausschluss der Gewährleistung nach allgemeinen Regeln

Die Gewährleistungsrechte können auf Grund von Kenntnis oder grob fahrlässiger Unkenntnis des Mangels nach § 442 BGB, der auch für den Rechtsmangel anwendbar ist, oder durch vertragliche Vereinbarung ausgeschlossen sein[381].

---

378 So auch *Haedicke*, S. 203 f., der dies auch für den Urheberrechtsvertrag über die Einräumung von noch zu schaffenden Immaterialgütern unter Hinweis auf die generelle Anerkennung derartiger Verträge etwa in § 40 UrhG annimmt.

379 *Nirk*, GRUR 1970, 329, 335.

380 So auch (ausführlich) *Haedicke*, S. 205 f.

381 Innerhalb der Grenzen der §§ 444 oder 309 Nr. 8 b) BGB. Der Ausschluss durch die handelsrechtliche Genehmigungsfiktion nach § 377 Abs. 2 HGB spielt im Bereich des Rechtskaufs und damit des Urhebervertragsrechts keine Rolle, weil eine Untersuchungspflicht schwerlich vorstellbar ist. Eine Vereinbarung ist dann unwirksam, wenn dem Verkäufer entweder Arglist zur Last fällt oder er eine Garantie übernommen hat.

h) Garantiehaftung

Im alten wie im neuen Recht kann der Veräußerer eine Eigenschaft zusichern, für die er verschuldensunabhängig einzustehen hat. Diese Garantiehaftung gilt auch im Anwendungsbereich sonstiger Vertragstypen, insbesondere im Miet- und Pachtrecht, denn sie folgt dem allgemeinen Grundsatz, dass derjenige, der das Bestehen oder Nichtbestehen von Eigenschaften garaniert, die Folgen haftungsrechtlich zu tragen hat.

i) Sonderfall: § 453 Abs. 3 BGB

Nach § 453 Abs. 3 BGB ist der Verkäufer verpflichtet, dem Käufer eine Sache frei von (Sach- und Rechts-)Mängeln zu übergeben, wenn ein Recht Gegenstand des Kaufvertrags war, das zum Besitz einer Sache berechtigt. Das entspricht dem bisherigen § 433 Abs. 1 S. 2 Alt. 2 BGB a.F.

Die Übergabe einer Sache wird neben der Übertragung des Rechts nur geschuldet, wenn das verkaufte Recht nach § 854 BGB zum Besitz berechtigt. Die Übergabe ist dann vertragliche Leistungspflicht und zur Erfüllung des Vertrages notwendig. Eine solche „Übergabepflicht" wird angenommen, wenn die Übergabe zum Vollzug des Rechtserwerbs gehört, oder wenn die Inhaberschaft des Rechts den Erwerber zum Besitz der Sache berechtigt oder ihm das Recht an der Sache vermittelt. Das ist vor allem beim Erbbaurecht, Nießbrauch und Wohnrecht der Fall.

Es stellt sich die Frage, ob § 453 Abs. 3 BGB auch auf Urheberrechtsverträge anwendbar ist, wenn diese den Veräußerer sowohl zur Einräumung eines Nutzungsrechtes als auch zur Verschaffung des Besitzes einer Werkverkörperung verpflichten. Zu denken ist vor allem an den Urheberrechtsvertrag mit werkvertraglichem Charakter, der vom Urheber die Schaffung und Übergabe etwa eines Gemäldes verlangt, damit der Erwerber die übertragenen Nutzungsrechte überhaupt verwerten kann.

aa) Problemstellung im alten Recht

Vor Inkrafttreten der Schuldrechtsreform war umstritten, ob der Verkäufer sachbezogener Forderungen überhaupt für die von der Forderung oder dem Recht betroffene (körperliche) Sache haftet[382]. Dieser Streit ist durch die Aufnahme des § 453 Abs. 3 BGB weitgehend obsolet geworden. Die Normierung steht im Einklang mit mit dem

---

382 Zum Streitstand ausführlich: *Haedicke*, S. 178 ff. Es standen sich im Wesentlichen zwei Auffassungen gegenüber. Eine Meinung lehnte die Anwendung der §§ 459 ff. BGB a.F. auf sachbezogene Forderungen unter Hinweis auf den Gesetzeswortlaut und das fehlende Erfordernis ab, weil dem Rechtskauf eben stets ein Risiko innewohne und gerade nicht für die verkörperte Sache gehaftet werde; so BGH JZ 1962, 671. Eine andere Auffassung wendete die §§ 459 ff. BGB a.F. wegen der Nähe zum Sachkauf insbesondere dann an, wenn die Forderung nicht nur zum Besitz der Sache berechtigte, sondern darüber hinaus auch die Sachnutzungsbefugnis beinhaltete; so: *Reinicke/Tiedtke*, Rdnr. 1074.

Sinn und Zweck der Sachmängelhaftung. Wenn eine Forderung verkauft wird, die zum Besitz einer Sache berechtigt, so entspricht die Interessenlage der Vertragsparteien e-her derjenigen beim Sachkauf als derjenigen beim Forderungskauf[383].

bb) Anwendbarkeit auf Urheberrechtsverträge?

Auch nach neuem Recht ist nicht geklärt, ob urheberrechtliche Nutzungsrechtseinräumungen, die mit der Pflicht zur Besitzverschaffung einer Sache einher gehen, von § 453 Abs. 3 BGB umfasst sind. Die bislang von § 433 Abs. 1 S. 2 Alt. 2 BGB a.F. erfassten Fälle – etwa Wohn- oder Erbbaurecht – deuten darauf hin, dass die Norm nur anzuwenden ist, wenn das Recht und die Besitzverschaffung zwingend voneinander abhängig sind; das Eine also nicht sinnvoll ohne das Andere ausgeübt werden kann. Gerade der Wortlaut der Vorschrift („Ist ein Recht verkauft, das zum Besitz einer Sache berechtigt...") spricht für diese (restriktive) Auslegung. Aus dem veräußerten Recht hat sich die Befugnis zur Besitzberechtigung herzuleiten. *Haedicke* ist der Auffassung, dass § 453 Abs. 3 BGB bei allen sachbezogenen Forderungen und insbesondere auch bei solchen, die auf Herausgabe eines Gegenstandes gerichtet sind und den Besitz vermitteln (sollen), wegen der Ähnlichkeit und damit der Nähe zum Sachkaufvertrag zur Anwendung kommen müsse[384]. Sonstige zum Kaufgegenstand akzessorische Forderungen seien dagegen nicht von der Vorschrift umfasst. Eine Anwendung lasse sich weder dem Gesetzeswortlaut entnehmen noch aus der Interessenlage herleiten[385]. Auch eine wirtschaftliche Betrachtung rechtfertigt eine Anwendung der Norm auf Forderungen, die auf eine Sachleistung gerichtet sind, nicht. Anderenfalls würde der Verkauf eines Anspruchs, der auf Verschaffung einer Sache gerichtet ist, praktisch dem Verkauf der Sache selbst gleichgestellt und dem Verkäufer damit eine Haftung für die wirtschaftliche Werthaltigkeit auferlegt[386].

Nach diesem Verständnis fällt der sachbezogene Teil eines urheberrechtlichen Vertrages, der den Veräußerer neben der Einräumung eines Nutzungsrechts an einem Werk auch zur Übergabe der Werkverkörperung verpflichtet, nicht unter § 453 Abs. 3 BGB. Der Verschaffung des Nutzungsrechts hängt in diesen Fällen zwar mit der körperlichen Übergabe zusammen, indes berechtigt „das Recht" – somit das Nutzungsrecht – nicht zum Besitz. Dieses erlaubt dem Käufer nur, das Werk auf die vertraglich vereinbarte Weise zu verwerten. Beide Teile können getrennt behandelt werden, ohne dass jeder Teil – für sich betrachtet – dadurch seinen Sinn verliert.

Eine erweiterte Auslegung des § 453 Abs. 3 BGB ist in der Tat nicht erforderlich. Die Norm besagt nur, dass der Verkäufer in den einschlägigen Fällen verpflichtet ist, dem

---

383 So auch *Haedicke*, S. 183.

384 *Haedicke*, S. 183, 184. Von § 453 Abs. 3 BGB wird demnach also auch der Verkauf eines Herausgabeanspruchs umfasst.

385 *Haedicke*, S. 183, 184. Es fehle insbesondere die Ähnlichkeit zum Sachkaufvertrag.

386 So auch *Faust*, in: Bamberger/Roth, § 453 Rdnr. 5.

Käufer auch die körperliche Sache frei von Sach- und Rechtsmängeln zu übergeben. Wenn sich der Urheber als Veräußerer verpflichtet, dem Erwerber neben der Nutzungsrechtseinräumung die Werkverkörperung zu überlassen, so liegt dieser Abrede regelmäßig ein Rechtsbindungswille zu Grunde. Dieser ist auf einen Mietvertrag bei zeitweiliger Überlassung zur Nutzung gezielt oder auf einen eigenständigen Kaufvertrag, wenn die Eigentumsverschaffung beabsichtigt ist. Die Abrede ist autonom zu qualifizieren und folgt gesondert der jeweiligen Gewährleistungsordnung.

Zusammenfassend ist somit festzustellen, dass § 453 Abs. 3 BGB auf Urheberrechtsverträge auch dann nicht anzuwenden ist, wenn der Urheber neben der Nutzungsrechtseinräumung die Übergabe der Werkverkörperung schuldet.

j) Konkurrenzen

Die kurze Verjährung des § 477 BGB a.F. von in der Regel sechs Monaten war im alten Recht ein Grund für das Ausweichen auf Möglichkeiten außerhalb des Kaufgewährleistungsrechts[387]. Diese Situation ist durch die Annäherung der Verjährungsfristen „gemildert" worden[388]. Der Gesetzgeber überlässt die Abgrenzung und die Anwendungsbereiche weiterhin bewusst der Rechtsprechung und Wissenschaft[389]. Grundsätzlich gilt der Vorrang des Gewährleitungsrechts gegenüber dem allgemeinen Leistungsstörungsrecht im Rahmen seiner Anwendbarkeit.

aa) Gefahrübergang/maßgeblicher Zeitpunkt

Der urheberrechtliche Vertrag stellt in Bezug auf die Pflicht zur Verschaffung des Nutzungsrechts einen Rechtskauf dar. Im Unterschied zum Sachkauf, bei dem der Gefahrübergang und damit die Anwendung des besonderen Gewährleistungsrechts in der Regel nach § 446 BGB[390] von der Übergabe der Sache abhängt, ist der maßgebliche Zeitpunkt beim Rechtskauf mangels „übergabefähiger" Sache[391] die Übertragung des Rechts, also in der Regel der Zeitpunkt des Abschlusses des Abtretungsvertrages[392]. Das bedeutet, dass der Verkäufer die bei Kaufvertragsschluss bestehenden Mängel solange noch beheben kann, bis die Übertragung des Rechts stattfindet, ohne dass die Mängelgewährleistung nach § 437 BGB eingreift[393]. In den meisten Fällen werden die Zeitpunkte jedoch zusammenfallen. Mit anderen Worten: In aller Regel ist die Kaufge-

---

387 *Lorenz/Riehm*, Rdnr. 34 ff. m.w.N.

388 Die Regelverjährung nach § 438 Abs. 1 Nr. 3 BGB beträgt zwei Jahre; Begr. BT-Drucks. 14/6040, S. 242.

389 Begr. BT-Drucks. 14/6040, S. 210 für die Konkurrenz zu § 119 Abs. 2 BGB.

390 Oder nach § 447 BGB beim Versendungskauf mit der Auslieferung der Sache an den Spediteur.

391 Ausnahme: § 453 Abs. 3 BGB; *Putzo*, in: Palandt, § 446 Rdnr. 2.

392 *Putzo*, in: Palandt, § 453 Rdnr. 29.

393 *Putzo*, in: Palandt, § 453 Rdnr. 29. Bis zu diesem Zeitpunkt gilt allgemeines Leistungsstörungsrecht.

währleistung dann einschlägig, wenn das Nutzungsrecht bei Abschluss des Kaufvertrages mangelhaft ist.

Ist das Recht nicht mangelhaft, sondern aus irgendeinem Grund von Anfang an nicht existent oder erloschen, so gilt das allgemeine Leistungsstörungsrecht der §§ 280, 283 bis 285, 311 a und 326 BGB. Eine Anwendung der §§ 437 ff. BGB und damit des besonderen Gewährleistungsrechts kommt nicht in Betracht, weil bei einer fehlenden Übertragbarkeit begrifflich kein Fehler oder Mangel im Recht besteht, sondern überhaupt kein Recht. Für die Behandlung der Leistungsstörungen im Urhebervertragsrecht ist deshalb von Bedeutung, ob man einen Tatbestand als Mangel zu qualifizieren hat.

bb) Anfechtung wegen Irrtums oder Drohung (§§ 119, 123 Abs. 1 BGB)

Diese Anfechtungsrechte bestehen „konkurrenzlos" weiter, weil sie nach wie vor unterschiedliche Rechtsgüter betreffen[394]. Das Anfechtungsrecht schützt die Freiheit der Willensbildung. Auch der Irrtum über die Mangelfreiheit eines Rechts berechtigt nicht zur Anfechtung wegen eines Eigenschaftsirrtums nach § 119 Abs. 2 BGB[395]. Die Anfechtung bewirkt eine ex-tunc Rückabwicklung des Vertrages[396].

cc) Bereicherungsrecht

Bereicherungsrechtliche Ansprüche sind im Anwendungsbereich der §§ 434 ff. BGB ausgeschlossen und kommen grundsätzlich nur in Betracht, wenn der Kaufvertrag unwirksam oder angefochten ist[397].

dd) § 311 Abs. 2, 3 BGB; culpa in contrahendo

Die h.M. schloss Schadensersatzansprüche aus c.i.c. nach altem Recht wegen fahrlässiger Falschangaben über Umstände, die Gegenstand einer sachmangelbegründenden Beschaffenheitsvereinbarung sein konnten, im Wege des Vorrangs des Gewährleistungsrechts aus[398]. Betraf die Falschangabe Umstände, die keinen Mangel oder keine zugesicherte Eigenschaft betrafen, wurde die c.i.c. zugelassen[399].

Im urheberrechtlich relevanten Verhältnis zur Rechtsmängelhaftung wurde keine bedeutsame Konkurrenz ausgemacht, weil diese dem allgemeinen Leistungsstörungsrecht unterlag und Verjährungsproblematiken nicht auftraten[400]. Die Abgrenzung zur

---

394 Ganz h.M., etwa *Huttenhauer*, JuS 1998, 684, 689; BGH NJW 1958, 177 für das alte Recht.

395 *Putzo*, in: Palandt, § 437 Rdnr. 53; BGHZ 34, 32.

396 So auch *Haedicke*, S. 263 f. unter Hinweis auf ein obiter dictum des BGH, Urteil vom 13.07.1982 (Az. X ZR 50/81).

397 *Putzo*, in: Palandt, § 437 Rdnr. 57; differenzierter *Lorenz/Riehm*, Rdnr. 574, die die Kondiktion bei einer wertvolleren aliud-Lieferung durch den Verkäufer zulassen.

398 *Lorenz/Riehm*, Rdnr. 575 m.w.N.

399 BGH NJW 1991, 1673; 1992, 2564.

400 BGH NJW 2000, 803; 2001, 2875.

c.i.c., die sich nunmehr aus §§ 311 Abs. 2, 3, 241 Abs. 2 BGB herleitet, ist vor allem wegen der unterschiedlichen Verjährungsfristen[401] und des unterschiedlichen Verjährungsbeginns[402] nun aber notwendig.

Das – neue und alte – Problem besteht darin, dass im Falle der Fahrlässigkeit auch bei behebbaren Mängeln über die c.i.c. ein Anspruch auf Vertragsaufhebung bestehen kann und eine Umgehung des neuen Systems mit seinem Vorrang der Nacherfüllung droht. Das kann im Ergebnis nicht richtig, nicht systemkonform und damit nicht erwünscht sein. Deshalb sind die Ansprüche zumindest bei der fahrlässigen c.i.c. im Anwendungsbereich der Sach- und Rechtsmängelhaftung im Wege der Gesetzeskonkurrenz nicht zuzulassen[403].

Bezieht sich die Pflichtverletzung auf sonstige Pflichten[404] i.S.d. § 241 Abs. 2 BGB und nicht auf die Mangelhaftigkeit des Kaufgegenstandes, so ist die c.i.c. wie bisher[405] nach uneingeschränkt anwendbar.

3. Werkvertrag

a) Bedeutung für den Urheberrechtsvertrag

Werkvertragsrecht kommt im Bereich der Urheberrechtsverträge vor allem dann vor, wenn die Herstellung eines Werkes geschuldet ist. Die Rechtsprechung hat die kaufrechtlichen Vorschriften bislang in der Regel analog angewendet[406].

Es ist exakt zwischen der Herstellungspflicht (des Werkexemplars) und der Rechteinräumung zu unterscheiden, sodass sich nach Auffassung des Verfassers die Bedeutung des Werkvertragsrechts im Urheberrecht in Grenzen hält. Die urheberrechtliche Relevanz liegt vielfach in der Pflicht zur mangelfreien Einräumung des urheberrechtlichen Nutzungsrechts. Zur Einschränkung des Anwendungsbereichs kommt hinzu, dass nach § 651 S. 1 BGB grundsätzlich Kaufrecht einschlägig ist, wenn die Lieferung einer herzustellenden beweglichen Sache geschuldet wird.

---

401 Kaufrecht: grds. zwei Jahre; allgemeines Schuldrecht: grds. drei Jahre.

402 Kaufrecht: Ablieferung/Rechtsübertragung; allgemeines Schuldrecht: Kenntnis des Käufers.

403 *Putzo* schließt die c.i.c im Anwendungsbereich der Mängelhaftung auch bei Vorsatz aus; *Putzo*, in: Palandt, 437 Rdnr. 51. Dem ist nur bedingt zuzustimmen: Bei arglistigem Vorspiegeln oder Verschweigen einer (negativen) Eigenschaft besteht kein Konkurrenzproblem, weil sich die Verjährung über § 438 Abs. 3 BGB nach der regelmäßigen dreijährigen Frist des § 195 BGB bemisst.

404 Auf die Behandlung der Problematik des selbstständigen Beratungsvertrags nach neuem Recht wird verzichtet, weil davon auszugehen ist, dass ein solcher Vertrag im Rahmen des Urhebervertragsrechts nur äußerst selten vorkommt.

405 Es „droht" aber weiterhin die schwierige Abgrenzung zwischen Mangelfolgeschaden – dann Gewährleistungsrecht – und mangelunabhängiger Nebenpflichtverletzung; etwa BGHZ 66, 208, 213; 117, 249, 252.

406 *Sprau*, in: Palandt (61. Aufl. Hauptband), Vorb. v. § 633 Rdnr. 1 m.w.N.

b) Grundsätzliches zur Änderung

Das „neue" Werkvertragsrecht ist vor allem gesetzessystematisch und sprachlich geändert worden, indem die Gewährleistungsansprüche an das allgemeine Schuldrecht gekoppelt wurden[407]. Inhaltlich wurden keine wesentlichen Änderungen vorgenommen. Die wichtigste Neuregelung betrifft die Verjährung in § 634 a BGB, die nunmehr frühestens nach zwei Jahren eintritt.

Der Sachmangelbegriff wird in § 633 Abs. 2 BGB – ohne inhaltliche Änderung – beschrieben[408]. Das Recht des Bestellers auf Selbstvornahme setzt nicht mehr voraus, dass sich der Unternehmer in Verzug befindet, sondern verlangt in § 637 Abs. 2 BGB lediglich eine „einfache" Fristsetzung.

c) Pflichten des Urhebers als Werkunternehmer

Das Werk kann – und damit bekommt es urheberrechtliche Relevanz – auch nichtkörperlicher oder geistiger Natur sein, wie etwa das Konzert eines Künstlers oder die Planung eines Architekten[409]. Stets ist die sach- und rechtsmangelfreie Herstellung des versprochenen Werkes geschuldet. Dabei kommt es vor allem darauf an, ob Dritte am Werk Rechte geltend machen können und das Werk deshalb von der vereinbarten Beschaffenheit abweicht oder den Besteller in der vertraglich vorausgesetzten oder gewöhnlichen Verwendung des Werkes beeinträchtigt.

Auch im Werkvertragsrecht werden die Sach- und die Rechtsmängel gleichgestellt. Die wesentliche Auswirkung des neuen Rechts liegt im Verjährungsrecht: Nach § 634 a Abs. 1 Nr. 3 BGB verjähren Gewährleistungsansprüche bei geistigen Werkleistungen in der regelmäßigen Frist von drei Jahren mit dem von subjektiven Faktoren abhängigen Beginn und damit nach der allgemeinen Frist des § 195 BGB.

d) Rechtsfolgen mangelhafter Leistungen

Hinsichtlich der Rechtsfolgen bei mangelhaft erstellten Werken kann grundsätzlich auf die Ausführungen zum Kaufrecht verwiesen werden[410].

---

407 Bereits das alte Recht kannte den vorrangigen Anspruch auf Nacherfüllung, nannte ihn aber „Beseitigung".

408 Durch die Anpassung des Gewährleistungsrechts an die allgemeinen Vorschriften mit dem Grundbegriff der „Pflichtverletzung" wird die Unterscheidung zwischen Mangel- und Mangelfolgeschaden und damit erst recht diejenige zwischen nahem und entferntem Mangelfolgeschaden entbehrlich.

409 Zur mitunter schwierigen Abgrenzung solcher Leistungen zum Dienstvertrag BGHZ 63, 306 ff.; 31, 224, 226 ff.

410 Unterschiede bestehen in der im Werkvertragsrecht fehlenden Einbeziehung von Werbeaussagen in den objektiven Fehlerbegriff, in der Möglichkeit der Selbstvornahme der Nacherfüllung einschließlich des nunmehr gesetzlich normierten Vorschussanspruchs und in dem Umstand, dass das Wahlrecht zwischen den verschiedenen Arten der Nacherfüllung – Mängelbeseitigung

4. Sonstige Vertragstypen

Mit Ausnahme der Neuerungen im Recht der allgemeinen Leistungsstörungsrechte, die in ihrem Anwendungsbereich für alle schuldrechtlichen Verträge gelten, haben die sonstigen Vertragstypen (Mietvertrag, Dienstvertrag usw.) durch die Reform des Schuldrechts keine oder keine wesentliche Änderung erfahren. Deshalb wird auf eine gesonderte Darstellung verzichtet.

§ 8
Leistungsstörungen und Besonderheiten bei Dauerschuldverhältnissen

1. Rechtliche Qualifikation des Urheberrechtsvertrags als Dauerschuldverhältnis

Im Dauerschuldverhältnis entstehen während der Vertragslaufzeit ständig neue Leistungs-, Neben- und Schutzpflichten. Es setzt voraus, dass dauerndes Verhalten oder wiederkehrende Leistungen geschuldet werden, der Gesamtumfang der Leistung von der Dauer der Rechtsbeziehung abhängt und ein besonderes Vertrauensverhältnis zwischen den Vertragsparteien besteht[411]. Die klassischen, gesetzlich normierten Dauerschuldverhältnisse sind Miet- und Pacht-, Darlehens-, Dienst- und Gesellschaftsverträge. Aber auch sonstige Vertragstypen wie Kauf- oder Werkvertrag können – je nach individueller Ausgestaltung – ein Dauerschuldverhältnis darstellen[412].

Gemäß der in § 1 unter 1. e) aufgestellten Definition handelt es sich bei einem Urheberrechtsvertrag um einen Vertragstyp, der die Pflicht zur Einräumung von Nutzungsrechten an urheberrechtlich geschützten Werken beinhaltet. Diese Pflicht kann je nach Vertragsgestaltung sowohl durch einen einmaligen Akt als auch durch die auf gewisse Dauer angelegte Verwendung des Vertragsgegenstandes, wie etwa beim Pachtvertrag, erfüllt werden.

Mit dieser Pflicht zur Rechtseinräumung korrespondieren vielfach Unterlassungspflichten des Urhebers, die sich auf die „Laufzeit" des Vertrages erstrecken müssen. Dies v.a. dann, wenn es sich um die Einräumung eines ausschließlichen Nutzungsrechts handelt, weil damit stets eine Enthaltungspflicht einhergeht. Als wiederkehrende Leistung ist auch die laufende Umsatzbeteiligung zu definieren. Bei der Beurteilung der Frage, ob der Urheberrechtsvertrag ein Dauerschuldverhältnis darstellt, ist insgesamt auf die individuelle Ausgestaltung des Vertrages abzustellen[413].

---

und Neuherstellung – anders als im Kaufrecht nach § 635 BGB dem Werkunternehmer zusteht, s. *Lorenz/Riehm*, Rdnr. 634.

411 *Heinrichs*, in: Palandt, § 314 Rdnr. 2; siehe auch *Haedicke*, S. 249.

412 *Heinrichs*, in: Palandt, § 314 Rdnr. 2.

413 *Manz/Ventroni/Schneider*, S. 409, die richtigerweise darauf hinweisen, dass der gegenständliche Übertragungsakt als solcher keinen Dauerschuldcharakter aufweist, weil er sich in einer einma-

Bei fast jeglicher – selbst der einmaligen[414] – Rechtseinräumung existieren zumindest Nebenpflichten, die dauerhaften und stetigen Charakter haben. Deshalb ist der Urheberrechtsvertrag regelmäßig zumindest über diese Nebenpflichten als Dauerschuldverhältnis zu qualifizieren. Auch die Rechtsprechung hat den Lizenz- und den Verlagsvertrag als Dauerschuldverhältnisse eingeordnet[415].

2. Kündigung und/oder Rücktritt: rechtliche Voraussetzungen, Abgrenzung und Rechtsfolgen

a) In Vollzug gesetzte Verträge mit dauerschuldrechtlichem Charakter

Grundsätzlich sind in Vollzug gesetzte Dauerschuldverhältnisse kündbar. Der Rücktritt vom Vertrag ist regelmäßig nicht vorgesehen. An diese Stelle tritt das Recht zur Kündigung[416]. Bei den gesetzlich geregelten Dauerschuldverhältnissen sieht das Gesetz stets ein Recht beider Seiten zur Kündigung aus wichtigem Grunde vor, etwa § 543 BGB für die Miete, § 626 BGB für den Dienstvertrag oder § 723 BGB für die Gesellschaft bürgerlichen Rechts. Im Urheberrechtsgesetz findet sich dagegen für das Urheberrecht keine ausdrückliche Bestimmung.

§ 314 BGB schreibt erstmals das außerordentliche Kündigungsrecht von Dauerschuldverhältnissen aus wichtigem Grunde gesetzlich und allgemeinverbindlich fest. Damit ist keine inhaltliche Änderung der bisherigen Rechtslage verbunden, die ein Kündigungsrecht aus wichtigem Grunde über eine Analogie zu den §§ 626, 543 BGB zuließ. § 314 BGB ist daher auf Urheberrechtsverträge anwendbar.

Ein Kündigungsrecht sollte in Anlehnung an die BAG-Rechtsprechung[417] in drei Stufen geprüft werden:

- Zunächst ist zu untersuchen, ob der Sachverhalt generell und objektiv geeignet ist, eine außerordentliche Kündigung zur rechtfertigen. Beispiele sind bedeutsame Schutzpflichtverletzungen (z.B. Verstoß gegen Enthaltungspflichten), Leistungsverweigerung oder Unmöglichkeit der Leistung bis hin zu Straftaten gegen den Gläubiger (strafrechtlich relevante Nutzung des Werkes). Ein Verschulden ist dabei grundsätzlich nicht erforderlich[418].

---

ligen Leistung, der Übertragung, erschöpft. Gegenstand der vorliegenden Arbeit ist die Untersuchung der Auswirkungen von Mängeln im schuldrechtlichen Bereich.

414 Selbst der Fall, der nach dem bisherigen Urhebervertragsrecht als einmaliger Leistungsaustausch betrachtet wurde (Pauschalvergütung gegen Einräumung der Rechte), lässt sich auf Grund des Anspruchs des Urhebers auf weitere Beteiligung und der damit einhergehenden Auskunftspflicht des Erwerbers als Dauerschuldverhältnis klassifizieren.

415 BGH BB 1997, 1503 (Lizenzvertrag); BGH NJW 1990, 1989.

416 Begr. BT-Drucks. 14/6040, S. 177; BGH NJW 1986, 125; BGHZ 50, 312 (für den Mietvertrag); *Larenz*, Lehrbuch, S. 32.

417 Zusammenfassend: *Schaub*, Arbeitsrechtshandbuch, § 125 Rdnr. 43 ff. m.w.N.

418 Begr. BT-Drucks. 14/6040, S. 178.

- Auf zweiter Stufe sind die Interessen abzuwägen, die sämtliche Umstände des Einzelfalls berücksichtigen. Ein Festhalten am Vertrag bis zum Ablauf der restlichen Laufzeit darf nicht zumutbar sein.
- Schließlich ist die Kündigung, wenn der Grund hierzu in einer Pflichtverletzung der anderen Partei liegt, grundsätzlich erst nach einer vorherigen Abmahnung oder einer Frist zur Abhilfe zulässig (§ 314 Abs. 2 BGB). Ausnahmen bestehen bei so schwerwiegenden Störungen, die eine sofortige Beendigung des Vertrages rechtfertigen[419].

Rechtsfolge einer wirksamen Kündigung ist die Auflösung des Vertragsverhältnisses mit Wirkung für die Zukunft[420].

b) Nicht in Vollzug gesetzte Verträge und die Anwendbarkeit allgemeiner Vorschriften

Ist der Vertrag (noch) nicht in Vollzug gesetzt worden, liegt kein Leistungsaustausch und regelmäßig auch keinerlei dauerhafte Verpflichtung vor. Damit ist hinsichtlich der Beendigung des Vertrages allgemeines Leistungsstörungsrecht anwendbar. Das hat zur Folge, dass ein Rücktritt etwa bei Verzug oder Unmöglichkeit in Betracht kommt.

3. Problematik und Bedeutung für den Urheberrechtsvertrag bei in Vollzug gesetzten Verträgen

a) Grundsätzliche Überlegungen

Wie festgestellt, lassen sich Urheberrechtsverträge auf Grund eines stetigen und dauernden Pflichtenprogramms beider Parteien in der Regel als Dauerschuldverhältnisse qualifizieren, aber nicht im „klassischen“ Sinne etwa eines Darlehens- oder Pachtvertrags, bei dem die Hauptleistungspflicht den dauerhaften Charakter ausmacht, sondern meist in Form eines Vertrages mit zwei wesentlichen Merkmalen: Die Hauptleistungspflicht des Urhebers – häufig die Pflicht zur Einräumung eines Nutzungsrechts – lässt sich regelmäßig kaufrechtlich qualifizieren. Der Charakter als Dauerschuldverhältnis folgt dagegen durch weitere Haupt- oder Nebenpflichten, die der Urheber zu erbringen oder zu unterlassen hat, z.B. durch die Enthaltungspflicht. Auf Seiten des Erwerbers hat die Ausübungspflicht oder die Pflicht zur regelmäßigen Umsatzbeteiligung des Urhebers dauerhaften Charakter.

Lässt man nun die Kündigung des Vertragsverhältnisses nach § 314 BGB mit Wirkung für die Zukunft zu, ist der Rücktritt und damit die Anwendung der §§ 346 ff. BGB bei

---

419 BGH NJW-RR 1991, 1266; BGH MDR 1975, 572.

420 Schadensersatzansprüche bleiben nach § 314 Abs. 4 BGB unberührt, soweit die Anspruchsvoraussetzungen einer entsprechenden Norm erfüllt sind.

in Vollzug gesetzten Dauerschuldverhältnissen regelmäßig ausgeschlossen[421]. Bereits erbrachte Leistungen verbleiben beim jeweiligen Vertragspartner[422].

Es stellt sich die Frage, ob im Rahmen des Urheberrechtsvertrags eine Kündigung nach § 314 BGB in Betracht kommt, obwohl eindeutig dem Kaufrecht unterfallende Pflichten verletzt wurden[423], die darüber hinaus den Vertrag dominieren[424]. Konsequenz einer rigorosen Anwendung des Kündigungsrechts nach § 314 BGB mit Wirkung nur für die Zukunft wäre die Wirksamkeit des Vertrages für die Vergangenheit. Jede Partei könnte die bisherigen Leistungen und Früchte behalten. Würde man hingegen ein Rücktrittsrecht nach allgemeinen Regeln zulassen, wenn Pflichten betroffen sind, die dem Rücktrittsrecht zugänglich sind, so wäre der gesamte Vertrag von Beginn an rückabzuwickeln. Das hätte u.U. eine schwierige und langwierige Berechnung zur Folge, weil der Erwerber nach § 346 Abs. 1 BGB die gesamten gezogenen Nutzungen herauszugeben hat.

b) Bisheriger Meinungsstand

Vielleicht gerade wegen der einfacheren ex nunc-Abwicklung im Falle der Kündigung gehen die meisten Stimmen in der Literatur und Rechtsprechung von der Einschlägigkeit und Zulässigkeit der Kündigung bei in Vollzug gesetzten „echten" Dauerschuldverhältnissen in jeder Konstellation aus, ohne die Möglichkeit des Rücktritts wesentlich zu thematisieren oder gar zu problematisieren[425]. Für die Anwendbarkeit der Kündigung nach § 314 BGB wollen *Manz/Ventroni/ Schneider* die Begründung im Regierungsentwurf „konkludent" heranziehen[426]. Die Auffassung *Finks*, wonach der Rück-

---

421 Begr. BT-Drucks. 14/6040, S. 177.

422 Strittig ist, ob Vorausleistungen, also solche, die ohne entsprechende Gegenleistung erbracht wurden, nach §§ 812 ff. BGB oder §§ 346 ff. BGB zurückzugewähren sind; *Manz/Ventroni/Schneider* für § 346 BGB, S. 419; *Lorenz/Riehm*, Rdnr. 247, unter Berufung auf BGHZ 111, 287 für die §§ 812 ff. BGB. Der Streit hat praktische Bedeutung, weil im Falle der Anwendung der §§ 812 ff. BGB bei Gutgläubigkeit eine Entreicherung eintreten kann. Die besseren dogmatischen Argumente sprechen für das Bereicherungsrecht, weil Vorausleistungen selbst bei einer ex nunc-Abwicklung ohne Rechtsgrund geleistet wurden.

423 Die Überlegungen können auf jeglichen Vertrag übertragen werden, dessen Hauptpflicht in der einmaligen Einräumung von Rechten liegt. Im Urhebervertragsrecht kommen alle Vertragstypen mit Ausnahme der Miete oder Pacht in Betracht.

424 Beispiel: Der Urheber konnte das ausschließliche Nutzungsrecht nicht frei von Rechten Dritter einräumen.

425 *Schack*, Rdnr. 962; *Fink*, S. 180 ff.; *Manz/Ventroni/Schneider*, S. 419; *Lorenz/Riehm*, Rdnr. 238; BGH NJW 1990, 1989 (für den Verlagsvertrag); BGH BB 1997, 1503 ff. (für den Lizenzvertrag); a.A. *Haedicke*, S. 247 ff.

426 *Manz/Ventroni/Schneider*, S. 419, Fn. 89.

tritt auch bei in Vollzug gesetzten Dauerschuldverhältnissen bei Verzug mit einer Leistungspflicht oder Unmöglichkeit durchführbar ist, bleibt begründungslos[427].

c) Eigene Bewertung

aa) Hauptpflicht mit dauerschuldrechtlichem Charakter

Die uneingeschränkte Anwendung des Kündigungsrechts anstelle des Rücktritts ist in jedem Falle dann zuzulassen, wenn gerade Hauptpflichten, die sich im Wege der Vertragsauslegung ermitteln lassen, den dauerschuldrechtlichen Charakter des Vertragsverhältnisses prägen. Ist etwa die Einräumung eines Nutzungsrechts lediglich für eine zeitlich begrenzte Ausstellung oder im Wege der Vergabe einfacher Lizenzen eingeräumt, ist ein Rücktrittsrecht bei Leistungsstörungen mit der Folge einer ex tunc-Rückabwicklung nicht erforderlich. Das gilt auch für die Pflicht zur Zahlung der anteiligen Umsatzbeteiligung.

bb) Hauptpflicht ohne dauerschuldrechtlichen Charakter

In anderen Fällen ist die Bedeutung des „einmaligen“ Veräußerungsvorgangs und der Rechtsverschaffung zu berücksichtigen und zu bewerten[428]. Es besteht – außer dem Vorliegen eines Dauerschuldverhältnisses, dessen Charakter durch Nebenpflichten bestimmt wird – kein Grund, vom System der Leistungsstörungen und der besonderen Gewährleistungsvorschriften abzurücken und im Einzelfall durch den Bezug auf eine Nebenpflicht (z.B. die Enthaltungspflicht) ein generelles Kündigungsrecht schaffen, nur weil es in der Abwicklung einfacher zu handhaben ist. Im Gegenteil: Durch das Kündigungsrecht werden dem Ausübenden auch Rechte genommen, die ihm das Rücktrittsrecht gewährt. Der Ausübende wird auf die Rechtswirksamkeit des Vertrages für die Zeit vor der Kündigung verwiesen.

(1) Heranziehung des Gedankens bei der gestörten „Teilleistung“

Diese Problematik und Differenzierung wird bisher unter dem Aspekt der gestörten „Teilleistung“ diskutiert und behandelt. Sind nur Teilleistungen betroffen, stellt sich die Frage, ob die Gläubigerrechte nur bezüglich der gestörten Teilleistung, der noch ausstehenden Restleistung oder bezüglich des gesamten Vertrages geltend gemacht werden können[429]. Der BGH geht beim vollzogenen Dauerschuldverhältnis auch in

---

427 Nach der Auffassng *Finks*, S. 97 ff., werde in den Fällen der früheren p.V.V. das Rücktrittsrecht hingegen vom Kündigungsrecht verdrängt. Diese Unterscheidung bei in Vollzug gesetzten Verträgen vermag dogmatisch nicht zu überzeugen.

428 So auch *Staub*, S. 132, für das schweizerische Recht, das aber die Besonderheit eines übertragbaren Urheberrechts aufweist.

429 *Lorenz/Riehm*, Rdnr. 238, 248 ff.

diesem Fall von einem Kündigungsrecht aus[430]. Die Rückabwicklung des gesamten Vertrages einschließlich der bereits mangelfrei erbrachten Teilleistungen kommt unter den Voraussetzungen der §§ 281 Abs. 1 S. 1 und 323 Abs. 5 S. 1 BGB beim Sukzessivlieferungsvertrag[431] aber dann in Betracht, wenn die Teilleistung für den Gläubiger ohne Interesse ist[432]. Beim „unechten" Sukzessivlieferungsvertrag, z.B. beim Dauerbezugsvertrag als eine Form des Rahmenvertrags, schließt § 314 BGB hingegen die Rücktrittsvorschriften nicht aus. Das hat zur Folge, dass etwa beim Verzug eines Teils mit einer Rate ein Vorgehen nach den Rücktrittsvorschriften in Bezug auf diese Einzelleistung möglich ist, während der gesamte (Rahmen-)Vertrag nach § 314 BGB zu kündigen ist.

Es muss untersucht werden, ob diese Ansätze und Differenzierungen hinsichtlich der Art des Dauerschuldverhältnisses für den Urheberrechtsvertrag fruchtbar gemacht werden können und bezüglich des Verhältnisses „Kündigung / Rücktritt" zu dogmatisch klaren und inhaltlich nachvollziehbaren Ergebnissen gelangen.

Der Urheberrechtsvertrag stellt im hier zu behandelnden und problematischen Bereich[433] weder ein „klassisches" Dauerschuldverhältnis mit dauerhaftem (Haupt-) Leistungsaustausch noch eine Form des Sukzessivlieferungsvertrags im Sinne eines Raten- oder Rahmenvertrags dar. Der Charakter des Vertrages wird regelmäßig durch eine einmalige Rechtsverschaffung als Hauptpflicht und eine dauerhafte untergeordnete Nebenpflicht geprägt. Die Lösungsansätze zu den unterschiedlichen Arten des Dauerschuldverhältnisses lassen sich demnach grundsätzlich nicht auf den Urheberrechtsvertrag übertragen.

(2) Ermittlung des Gesamtcharakters des Vertrages und Anwendung der Regeln der „typengemischten Verträge"

Überzeugend ist, der herrschenden Auffassung in der Literatur und Rechtsprechung in Bezug auf die Behandlung typengemischter Verträge zu folgen und bei der Beendigung der Urheberrechtsverträge das Recht anzuwenden, das dem Gesamtcharakter des Vertrages am nächsten kommt[434]. Liegt der vertragliche Schwerpunkt in einem Bereich, der kaufrechtlich zu qualifizieren ist, so hat der Gläubiger nach den entsprechenden kaufrechtlichen Normen vorzugehen. Der wesentliche Grund des urheberrechtlichen Vertragsschlusses liegt in der Absicht des Erwerbers, das Werk durch einmalig eingeräumte Nutzungsrechte zu verwerten. Liegen die Bedeutung des Vertrages

430 BGH NJW 1986, 125, 126; BGHZ 50, 312.

431 Der kein „klassisches" Dauerschuldverhältnis darstellt, sondern meist einzelne Verträge über eine bestimmte Menge von Waren, die sukzessive zu liefern sind. Deshalb ähnelt der Charakter eher einzelnen Kauf- oder Werkverträgen, sodass die Anwendung des Rücktrittsrechts sinnvoll ist.

432 *Lorenz/Riehm*, Rdnr. 251.

433 Pflicht zur Rechtseinräumung als einmalige Hauptpflicht.

434 S. in § 6 unter 3. b).

und seine Hauptpflichten dagegen im dauerschuldrechtlichen und damit auch im Vertrauensbereich – etwa bei der Überlassung des Nutzungsrechts auf Zeit wie beim Pachtvertrag oder der Pflicht des Erwerbers zur Zahlung einer Umsatzrendite –, so ist § 314 BGB und damit das Recht zur Kündigung einschlägig.

Diese Aufspaltung führt zu interessengerechten Ergebnissen: Der Verstoß ist grundsätzlich nach § 314 Abs. 2 S. 1 Alt. 2 BGB abzumahnen[435] und der Vertrag im Wiederholungsfalle zu kündigen. Eine solche Kündigung umfasst stets den gesamten Vertrag, weil die Nebenpflichten – gerade im urheberrechtlichen und persönlichen Bereich – nicht von den eigentlichen Hauptleistungspflichten getrennt werden können. Eine Enthaltung ist ohne zu Grunde liegende Ausübung eines Nutzungsrechts sinnentleert.

Liegt die Bedeutung des Vertrages dagegen im kaufrechtlichen oder sonstigen „einmaligen" Teil des Vertrages, wäre ein Vorgehen nach § 314 BGB mit einer Abmahnung und darauf folgender Kündigung des gesamten Vertrages beinahe systemwidrig, selbst wenn der dauerschuldrechtliche Teil des Vertrages betroffen ist. Wenn eine Leistungsstörung vorliegt, orientiert sich die Behandlung und die Prüfung der Rechtsfolgen nach allen Ansichten an der einschlägigen Gewährleistungsordnung. Die jeweiligen Ordnungen sehen entweder ein Kündigungsrecht – wie etwa bei der Miete oder beim Dienstvertrag – oder ein Rücktrittsrecht – wie etwa im Kaufvertragsrecht – vor. Es ist kein Grund ersichtlich, warum die Anwendbarkeit der Normen, die den Vertrag wesentlich prägen, stets zu Gunsten einer Kündigung wegfallen sollen, nur weil durch die Festlegung von Enthaltungs- oder sonstigen wiederkehrenden Pflichten, die häufig lediglich eine untergeordnete Rolle im Regelungswerk der Parteien spielen, der Vertrag als Dauerschuldverhältnis im weiten Sinne zu qualifizieren ist. Selbst wenn die Störung im dauerschuldrechtlichen Bereich liegt, ist ein Vorgehen über die Fristsetzung und dem darauf folgenden Rücktritt sachgerecht: Man kann den Nutzer auch durch eine Fristsetzung und nicht bloß durch eine Abmahnung zur ordentlichen Erfüllung anhalten.

Dieses Rechtsinstrument dient zudem der Vertragserfüllung. Der Schuldner wird im Zweifel eher auf eine Frist als auf eine Abmahnung reagieren. Hinzu kommt, dass § 314 Abs. 2 S. 1 BGB dem Gläubiger selbst für den Bereich des Dauerschuldverhältnisses neben einer Abmahnung die Möglichkeit zur Fristsetzung einräumt, um Abhilfe

---

435 Zur „Kündigung aus wichtigem Grund – künftig eine böse Überraschung?", *Manz/Ventroni/Schneider*, S. 419 f. Nach § 314 Abs. 2 BGB kann statt der Abmahnung auch eine Frist zur Abhilfe gesetzt werden, die dann eine Abmahnung im „Gewande einer harmlosen Fristsetzung" darstellt. Somit droht, dass „einfache" Beanstandungen künftig zur Kündigung genutzt werden, um sich unliebsamer Verträge zu entledigen oder Druck auf den Vertragspartner ausüben zu können („Ich wäre jetzt zur Kündigung berechtigt, wenn nicht ..."). Die Gefahr ist nicht allzu groß; es bedarf zwar einer Abgrenzung, in welchen Fällen abzumahnen ist und in welchen Bereichen eine Frist zur Abhilfe gesetzt werden muss. Ein Nebeneinander beider Möglichkeiten führt zu Unsicherheiten. Jedoch ist eine Frist eher als eine Abmahnung geeignet, den Vertragspartner auf die Erfüllung seiner Pflichten hinzuweisen.

zu schaffen. Somit ist auch für diesen Bereich die Tauglichkeit von Fristsetzungen anerkannt und gesetzgeberisch gewünscht.

Unterschiede ergeben sich vor allem hinsichtlich der Rückabwicklungsmodalitäten und -berechnungen. Das Reglement der Gewährleistungsordnungen ist ausreichend und für denjenigen, der die Pflicht verletzt, nicht „ungefährlich“: Auch der Rücktritt umfasst den gesamten Vertrag, weil Enthaltungspflichten ohne die Ausübung des Nutzungsrechts nicht denkbar sind.

Ein Hauptargument für die Zulässigkeit der Kündigung bei Dauerschuldverhältnissen ist die schwierige Rückabwicklung der u.U. seit Jahren bestehenden Verträge. Diese Bedenken führen im Urhebervertragsrecht dennoch nicht zu einer ausschließlichen Anwendung der Kündigungsvorschriften: Zum einen darf sich die Dogmatik nicht von tatsächlichen „Berechnungsschwierigkeiten“ bei einer ex tunc-Abwicklung beeinflussen lassen, zum anderen stellen sich diese Schwierigkeiten bei genauer Betrachtung häufig als nicht vorhanden dar[436]. Die Höhe des Entgelts wird in aller Regel wesentlich durch die Überlassung des Nutzungsrechts, somit einmalig, bestimmt. In diesen Fällen bereitet die Durchführung der Rückabwicklung keine größeren Schwierigkeiten als bei sonstigen rechtseinräumenden Verträgen.

§ 9
Vertragsverletzung und Urheberrechtsverletzung

1. § 97 UrhG und Vertragsverletzung: Unterschied und Verhältnis

a) Grundsatz

§§ 97-105 UrhG regeln den zivilrechtlichen Schutz und seine Durchsetzung, den das Gesetz bei rechtswidrigen Eingriffen in Urheberrechte gewährt[437]. § 97 UrhG setzt dabei einen widerrechtlichen Eingriff in das Schutzrecht voraus und gewährt einen verschuldensunabhängigen Anspruch auf Beseitigung der Beeinträchtigung und – bei Wiederholungsgefahr – auf Unterlassung. Nur beim Schadensersatzanspruch muss dem Verletzer auch Verschulden zur Last fallen.

Da als Verletzungshandlungen nur Eingriffe in die ausschließlichen Befugnisse des Urhebers oder des Inhabers eines ausschließlichen Nutzungsrechts in Betracht kommen, fallen schuldrechtliche Leistungsstörungen zwischen den Vertragsparteien nicht hierunter[438]. Relative Rechte, die sich gegen einen konkreten Nutzer richten, werden

436 So im Ergebnis auch *Haedicke*, S. 265. Er führt als weiteres Argument an, dass Mietverträge nach herrschender Auffassung mit ex-tunc-Wirkung anfechtbar sind, S. 253 m.w.N.

437 *Wild*, in: Schricker, Vor §§ 97 ff. Rdnr. 1.

438 *Rehbinder*, Rdnr. 451.

durch die Regelungen des urheber- und zivilrechtlichen Schuldverhältnisses behandelt[439].

Strittig ist, ob der nur für Einräumung gegenständlicher Nutzungsrechte geltende Zustimmungsvorbehalt des § 34 UrhG zu den von § 97 UrhG geschützten Rechten gehört[440]. Während der BGH dies bejaht[441], lehnt es die Lehre ab, weil die ohne Zustimmung erfolgte Verfügung über das Nutzungsrecht nichtig sei und die Vornahme einer nichtigen Verfügung über eine Forderung das absolute Recht des § 97 UrhG nicht verletzen könne[442]. Zuzustimmen ist dem BGH, weil die Weiterübertragung ohne Zustimmung nicht von vorneherein nichtig, sondern nur schwebend unwirksam ist und bei fehlender Genehmigung endgültig unwirksam wird. Damit muss die Weiternutzung eine Urheberrechtsverletzung i.S.d. § 97 UrhG darstellen, weil zunächst dogmatisch gesehen überhaupt kein Nutzungsrecht besteht und nach versagter Genehmigung nie bestanden hat. Bei Kenntnis dieser Umstände durch den Nutzer rechtfertigt sich die Anwendung des § 97 UrhG.

b) Überschreitung des vertraglich eingeräumten Nutzungsrechts

Problematisch wird die Abgrenzung zwischen Vertragsverletzung und Urheberrechtsverletzung bei Überschreitung eines eingeräumten Nutzungsrechts. Der BGH hat im Falle des Überschreitens eines Verlagsrechts entschieden, dass diese Überschreitung neben der Vertragsverletzung regelmäßig auch eine Urheberrechtsverletzung beinhaltet[443], etwa dann, wenn das Recht zeitlich beschränkt eingeräumt wurde und der Erwerber es nach Zeitablauf weiter nutzt.

Diese Entscheidung sieht sich folgenden Bedenken gegenüber: Vertragsverstöße betreffen Rechte der Vertragspartner untereinander, mögen diese auch Dritten gegenüber absolut wirken. Anerkanntermaßen schützt § 97 UrhG – ebenso wie § 823 BGB – nur absolute Rechte[444]. Hinzu kommt, dass auf Grund des nach der hier vertretenen Ansicht auch im Urheberrecht geltenden Abstraktionsprinzips das Nutzungsrecht nach der Beendigung des Vertrages nicht automatisch an den Urheber zurückfällt, sondern es eines gesonderten Übertragungsaktes bedarf[445]. Im streng dogmatischen Sinne ist der „ehemals oder nicht so Berechtigte" vor dieser Rückübertragung also noch Rechtsinhaber.

---

439 *Schack*, Rdnr. 678.

440 BGH NJW 1967, 2354, 2358.

441 BGH GRUR 1987, 37, 39.

442 *Schack*, Rdnr. 679.

443 BGH GRUR 1980, 227, 230.

444 *Schack*, Rdnr. 675.

445 S. § 3 unter 1. d), e).

Aus zwei Gründen ist dem BGH dennoch im Ergebnis zuzustimmen: Es besteht ein Erfordernis zur Anwendung des § 97 UrhG. Nur diese Norm eröffnet dem Urheber die Möglichkeit, einen Unterlassungsanspruch geltend zu machen. Vertragliche Schadensersatzansprüche nutzen ihm nur bedingt, weil der Erwerber an der fortwährenden Nutzung zunächst nicht gehindert ist. Zudem ist einem Überschreiten eingeräumter Nutzungsrechte die Nähe zur Verletzung des absoluten Rechts immanent. Der Erwerber erhält durch die Erfüllung des urheberrechtlichen Vertrages einen ganz bestimmten Leistungsumfang und ein inhaltlich näher definiertes Nutzungsrecht eingeräumt. Dieses Nutzungsrecht wirkt – sofern dies vereinbart ist – auch gegenüber Dritten. Mit der Überschreitung dieses Nutzungsrechts verletzt er demnach einen urheberrechtlichen und absoluten Bereich.

Die „Gefahr", mit jeder Vertragsverletzung in diesem Sinne einen Straftatbestand nach den §§ 106 ff. UrhG zu erfüllen, ist zwar nicht von der Hand zu weisen. Sie ist jedoch zum einen dogmatisch begründbar. Zum anderen setzt § 106 UrhG – im Gegensatz zum Anspruch aus § 97 UrhG – Vorsatz voraus. Überschreitet der Vertragspartner den Umfang der ihm eingeräumten Nutzungsrechte aber mit Wissen und Wollen, dann ist die Anwendung des Strafrechts auch rechtspolitisch gerechtfertigt.

2. Bedeutung der Unterscheidung

Das Urheberrechtsgesetz gewährt durch seine §§ 97 ff. UrhG Schadensersatz-, Beseitigungs-, Unterlassungs-, Auskunfts- und Vernichtungsansprüche für den Fall einer rechtswidrigen[446] Verletzung des Urheberrechts. Diese Ansprüche entstehen unabhängig vom Vorliegen eines Urheberrechtsvertrags. Verjährungsrechtlich unterliegen sie im Unterschied zum Kaufrecht einer dreijährigen Frist.

3. Berechnung des Schadensersatzes und Übertragbarkeit auf das Vertragsrecht

a) Grundsätzliches und die Besonderheit der Herausgabe des Gewinns

Grundsätzlich wird der Schaden bei Urheberrechtsverletzungen nach den §§ 249 ff. BGB berechnet. Da die Verletzung eines Immaterialgüterrechts zumeist nicht ungeschehen gemacht werden kann, ist regelmäßig eine Entschädigung in Geld nach § 251 BGB zu leisten[447].

---

446 Nur der Schadensersatzanspruch erfordert Verschulden.

447 *Wild*, in: Schricker, § 97 Rdnr. 57.

Dem Geschädigten stehen drei alternativ anwendbare Arten des Ausgleichsanspruchs[448] zur Verfügung: Zum einen kann er den Schaden konkret berechnen, zum anderen die übliche Lizenzgebühr beanspruchen und schließlich den Gewinn des Verletzers herausverlangen[449].

Bei genauer Betrachtung schlägt lediglich die Herausgabe des Gewinns des Verletzers nach § 97 Abs. 1 S. 2 UrhG „aus der Reihe", während die konkrete Schadensberechnung und der Anspruch auf Zahlung der üblichen Lizenzgebühr dogmatisch unter den normativen Schadensbegriff fallen. Im Falle der Lizenzgebühr wird letztlich ein Mindestschaden geltend gemacht[450]. Hingegen lässt sich die Herausgabe des Gewinns der Verletzers[451], den dieser bereits bei leichter Fahrlässigkeit schuldet, nicht direkt aus dem allgemeinen Schadensrecht herleiten. Die dogmatische Einordnung dieses Anspruchs ist streitig, kann für die vorliegende Untersuchung aber offen bleiben[452]. Er ist zwischenzeitlich normiert. Für den Fall des vorsätzlichen Eingriffs kann der Verletzergewinn auch über § 97 Abs. 3 UrhG i.V.m. § 687 Abs. 2 BGB liquidiert werden. Die Höhe des Anspruchs richtet sich nicht danach, ob der Urheber selbst in der Lage gewesen wäre, einen Gewinn in der geltend gemachten Höhe zu erzielen[453].

b) Übertragbarkeit auf vertragliche Schadensersatzansprüche

Es fragt sich, ob diese Berechnungsart analog im Fall der urheberrechtlichen Vertragsverletzung angewendet werden kann, wenn der Nutzer Schadensersatz schuldet.

Ausgangspunkt für die Schaffung dieser urheberrechtlichen Besonderheit im Rahmen des § 97 UrhG war das Bedürfnis, den Verletzer finanziell zu „bestrafen". Das ist notwendig, weil die konkrete Berechnung, wie bei allen Immaterialgütern, nur schwer zu beziffern ist und die fiktive Lizenzgebühr nur bedeutet, dass der Nutzer so steht, wie er

---

448 Diese Formulierung wird von *Tilmann* vorgeschlagen, weil die weithin übliche („Drei Schadensberechnungsarten") die Besonderheiten der Herausgabe des Verletzergewinns nicht hinreichend berücksichtigt; s. *Tilmann*, GRUR 2003, 647 ff.

449 *Schack*, Rdnr. 688; BGH GRUR 1990, 353; 1008, 1009.

450 *Schack*, Rdnr. 689.

451 Nicht zu verwechseln mit dem entgangenen Gewinn des Geschädigten.

452 Während eine Ansicht den Herausgabeanspruch dogmatisch aus dem Bereicherungsrecht mit der Pflicht zur Herausgabe des Erlangten herleitet, gehen die wohl h.M. und die neuere Rechtsprechung von einer analogen Anwendung des § 687 Abs. 2 BGB aus; zum Ganzen: *Tilmann*, GRUR 2003, S. 647 ff.; für die Rechtsprechung BGH GRUR 2001, 329 ff. (für das Geschmacksmusterrecht). Diese Entscheidung ist auf das Urheberrecht übertragbar; hierzu *Wandtke/Bullinger*, § 97 Rdnr. 62. *Schack*, Rdnr. 691, hält eine dogmatische Begründung dieser Schadensberechnungsmethode für nicht möglich. § 97 Abs. 1 S. 2 UrhG gebe diesen Anspruch auch nur „an Stelle des Schadensersatzes", weil der Berechtigte keinen eigenen Schaden ersetzt bekomme, sondern eine Gewinnabschöpfung stattfinde.

453 Allg. Meinung: etwa *Schack*, Rdnr. 691; OLG Köln, GRUR 1983, 752, 753; ausführlich *Tilmann*, GRUR 2003, S. 647 ff.

stehen würde, wenn er von Anfang an einen Vertrag mit dem Urheber geschlossen hätte[454].

Das Thema „Schadensberechnung“ wird in der Literatur und Rechtsprechung kontrovers diskutiert. Die Überlegungen zielen darauf, dem Urheber eine schlagkräftige Möglichkeit zu geben, seinen Anspruch zu berechnen und durchzusetzen[455].

Die Problematik bei der Berechnung eines vertraglich verwirkten Schadensersatzanspruchs ist nur auf den ersten Blick ähnlich. Zwar hat der Urheber in beiden Fällen, in denen sein Urheberrecht verletzt oder sein Vertrag gestört wird, einen Anspruch, der der Höhe nach nur schwerlich zu beziffern ist. Der Anwendungsbereich der Urheberrechtsverletzung i.S.d. § 97 UrhG ist dagegen im Vergleich zu den vertraglichen Leistungsstörungen enger und weniger differenziert: Ein Verletzer greift in das Urheberrecht ein. Er darf es nicht nutzen, weil es ihm nicht zusteht. Das ist alles. Bei einer Vertragsverletzung hingegen stehen die Parteien in einer rechtlichen, meist auf Dauer angelegten Beziehung zueinander. Das Bedürfnis nach Bestrafung durch Erhalt des Gewinns des Nutzers ist nicht erforderlich. Es handelt sich meist nicht um einen Eingriff in das absolute Recht des Urhebers, sondern um eine Verletzung eines „normalen“ schuldrechtlichen Vertrages. Auch Berechnungsschwierigkeiten dürfen nicht zur Begründung eines „Systembruchs“ angeführt werden. Es ist originäres Risiko des Anspruchstellers, seinen Schaden zu beziffern und nachzuweisen. Hierbei helfen ihm u.U. ein Auskunftsrecht und § 286 ZPO, der in gewissen Konstellationen die Schadensschätzung durch das Gericht zulässt.

Im Ergebnis ist es für den Bereich der Urhebervertragsverletzung nicht zulässig, den Gewinn des Vertragspartners als Schadensersatz zu fordern[456].

Eine Ausnahme von dieser Regel besteht in der Konstellation „Überschreitung eingeräumter Nutzungsrechte“. In diesem Fall verletzt der Erwerber mit dieser Überschreitung auch absolute Rechte des Urhebers, sodass sich eine Herausgabe des Gewinns rechtfertigt.

---

454 *Wild*, in: Schricker, § 97 Rdnr. 69.

455 Z.B.: Zuschlag nach individuellen Umständen oder doppelte GEMA-Tarifgebühr; *Kraßer*, GRUR Int. 1980, 259, 270; *Preu* GRUR 1979, 753, 761; weitere Nachweise bei *Schricker*, § 97 Rdnr. 70; für die Rspr. BGHZ 77, 16, 26 (Erhöhung der Lizenzgebühr).

456 So auch *Czychowski/Nordemann*, NJW 2004, 1222, 1228; BGH GRUR 2002, 795.

Teil 3:
Leistungsstörungen – Besonderer Teil

§ 10
System und Methode der Darstellung

1. Grundsätzliches Vorgehen bei der Fallbehandlung, Beschränkung auf das Kaufrecht

a) Gründe für die Beschränkung auf das Kaufrecht

Im dritten Teil der Arbeit wird vorausgesetzt, dass es sich beim Urheberrechtsvertrag hinsichtlich der Hauptleistungspflichten im schuldrechtlichen Bereich um einen zwischen den Parteien geschlossenen *Kaufvertrag* handelt[457].

Diese Vereinheitlichung folgt zweierlei Überlegungen: Zum einen ist es wegen des Umfangs unmöglich, sämtliche in Betracht kommende Leistungsstörungen aller Vertragsbeziehungen und -typen umfassend darzustellen. Zum anderen stellt bei praktisch jedem (ausschließlichen) urheberrechtlichen Lizenzvertrag die Einräumung von Nutzungsrechten an einem Werk die Hauptpflicht des Urhebers dar. Derartige Zuordnungsänderungen sind regelmäßig kaufrechtlich zu qualifizieren.

b) Vorgehensweise bei der Ermittlung des Ergebnisses

Leistungsstörungen in Urheberrechtsverträgen sind in aller Regel unter Anwendung des BGB zu behandeln und zu lösen. Das Urheberrechtsgesetz hält nur spezielle Vorschriften zur Rückabwicklung bereit, das Verlagsgesetz ist nicht analog heranzuziehen[458]. Die folgende Darstellung untersucht deshalb die relevanten Sachverhalte und Störungen anhand der Vorschriften des BGB. Dazu wird weiter unterstellt, dass der individuell geschlossene Urheberrechtsvertrag keine Regel über die Behandlung von Leistungsstörungen vorsieht.

Am Ende ist das gefundene Ergebnis in zweierlei Richtungen zu überprüfen, um Schwächen aufzeigen und Verbesserungen vorschlagen und begründen zu können: Zum einen unterliegt jede Anwendung des BGB in „sachfremdem" Terrain der Überprüfung anhand der Wertungen des Urheberrechts, das geprägt ist von persönlicher individueller Schöpfung und Bindung an diesen Schöpfer[459]. Zum anderen wird das Ergebnis mit der vor dem 1. Januar 2002 geltenden Rechtslage verglichen. Sollten sich

---

457 Das bedeutet, dass es sich um einen ausschließlichen Lizenzvertrag handelt. Der einfache Lizenzvertrag unterfällt dem Kaufrecht nicht; siehe hierzu in § 6 unter 4 a).

458 S. in § 5 unter 2. c).

459 Näher dazu in § 3 unter 3.

Unterschiede finden, so ist zu fragen, ob und ggf. warum das neue Recht bei der Behandlung der Leistungsstörungen Vor- oder Nachteile aufweist.

2. Katalogisierung der Mängel

a) Einteilung

Das Ziel der nachfolgenden Untersuchung besteht darin, möglichst viele denkbare Mängeltatbestände pragmatisch aufzuzeigen und diese zu systematisieren und zu katalogisieren, um hieraus allgemeine Regeln herzuleiten.

Letztlich sind vier Kategorien von möglichen Mängeln bei den Urheberrechtsverträgen zu unterscheiden[460]. Grundsätzlich hat der Urheber dem Erwerber das Nutzungsrecht an seinem Werk zu verschaffen.

- Die erste Kategorie befasst sich mit Mängeln, die in Zusammenhang mit diesem Rechtsverschaffungsakt stehen. Gemeint sind jegliche Tatbestände, die die Übertragung des Nutzungsrechts auf den Erwerber nicht in dem vertraglich vereinbarten, also geschuldeten, Umfang zulassen. Diese Kategorie umfasst die eigentlichen urheberrechtlichen Mängel. Sie werden nachfolgend als *„Mängel bei der Rechtsverschaffung“* bezeichnet.
- Daneben existieren Verträge, bei denen der Urheber verpflichtet ist, seinem Vertragspartner neben der Einräumung des Nutzungsrechts auch das dem urheberrechtlichen Werk zu Grunde liegende körperliche Substrat zu übergeben[461], um eine Verwertung erst zu ermöglichen. Vielfach ergibt sich diese „Übereignungspflicht“ durch den Vertragstext oder durch Vertragsauslegung. Ist dieses körperliche Substrat als solches mit Fehlern behaftet, so stellt sich die Frage nach der rechtlichen Behandlung. Es handelt sich um *„Mängel der Werkverkörperung“*.
- Die dritte Kategorie behandelt *„Mängel des geistigen Werkes oder Qualitätsmängel“*. Es leuchtet ein, dass es trotz aller Subjektivität des Urheberrechts auch Mängel im geistigen Werk gibt, etwa wenn der Urheber die Erstellung eines Romans schuldet und eine Kurzgeschichte abliefert oder er im Rahmen einer geschichtlichen Abhandlung wesentliche Teile des Themas auslässt[462].

---

460 Hinzu kommt ein Bereich, der sich nicht an der Klassifizierung des Mangels orientiert, sondern die Rechtsfolge voranstellt. Es handelt sich dabei um die *Verzugstatbestände*, die grds. in jeglichem Störungsbereich auftreten können.

461 Diese Fälle kommen häufig vor, z.B. wenn ein Maler zur Durchführung der Verwertung seiner Rechte auch das Gemälde als solches zu übergeben hat.

462 Z.B., wenn der Urheber eine historische Abhandlung über Deutschland im 20. Jahrhundert schuldet und den 2. Weltkrieg nicht erwähnt.

- Schließlich gibt es im Rahmen aller Urheberrechtsverträge mögliche *„Verletzungen nicht leistungsbezogener Nebenpflichten“*, etwa wenn der Urheber gegen Enthaltungs- oder der Erwerber gegen Auskunftspflichten verstößt.

b) Hintergrund und altes Recht

Mit dieser Klassifizierung steht nicht fest, dass sich durch Leistungsstörungen in diesen Bereichen zwangsläufig unterschiedliche Rechtsfolgen ergeben. Das ist nicht Ziel dieser Einteilung. Sie will eine Systematisierung der Mängel ermöglichen, um mit den dahinter stehenden Wertungen die Stärken und Schwächen der Rechtsanwendung aufzuzeigen. Im Anwendungsbereich des alten Schuldrechts war die Klassifizierung dringend geboten, weil an Sach- und Rechtsmängel unterschiedliche Rechtsfolgen anknüpften. So verwies die Rechtsmängelhaftung in § 440 BGB a.F. auf das allgemeine Leistungsstörungsrecht, während der Sachmangel im besonderen Gewährleistungsrecht behandelt wurde. Demnach war der Verkäufer zwar nicht zu sachmängelfreier, aber zu rechtsmängelfreier „Lieferung“ verpflichtet mit der Folge, dass zunächst grundsätzlich mangelfreie Erfüllung gefordert werden konnte[463]. Zudem kamen unterschiedlichste Verjährungsfristen zur Anwendung.

Deshalb befasst sich ein wesentlicher Teil früherer Abhandlungen über Leistungsstörungen[464] mit der Abgrenzung von Mängeln bei der Rechtsverschaffung, die als Rechtsmangel qualifiziert wurden, und Qualitätsmängeln, die als Sachmängel qualifiziert wurden. Diese Unterscheidung kann auf Grund der Gleichstellung von Sach- und Rechtsmängelhaftung im neuen Schuldrecht weitestgehend aufgegeben werden[465].

§ 11
Mängel bei der Rechtsverschaffung

1. Objektiv mangelnder Bestand des Rechts von Beginn an

Der Urheber als Veräußerer hat regelmäßig die vertragliche Pflicht, dem Erwerber die Nutzungsrechte am urheberrechtlich geschützten Werk einzuräumen. Wenn das dem Vertrag zu Grunde liegende Urheberrecht objektiv nicht besteht, kann ein Nutzungsrecht hieran von niemanden wirksam übertragen werden.

a) Beispiele und Problemdarstellung

Dieser mangelnde Rechtsbestand kann verschiedene Gründe haben:

463 *Lorenz/Riehm*, Rdnr. 569.

464 V.a. *Asprogerakas-Grivas*, Die Mängel und die Mängelhaftung bei den Urheberrechtsverträgen.

465 Näher in § 7 unter 2 d).

aa) Fehlende urheberrechtliche Schutzfähigkeit

Um Werkqualität und damit urheberrechtliche Schutzfähigkeit zu erlangen, müssen gewisse, in § 2 Abs. 2 UrhG normierte Schutzvoraussetzungen erfüllt sein[466]. Erreicht das schon bei Vertragsschluss bestehende Werk diese Qualität nicht, kann der „Urheber" die Schutzrechte des Urheberrechtsgesetzes nicht für sich beanspruchen. Dies kann in all den Fällen praktisch relevant werden, in denen das dem Lizenzvertrag zu Grunde liegende Werk die Voraussetzungen des § 2 Abs. 2 UrhG nicht erreicht, weil es z.B. nicht ausreichend individuell, sondern etwa maschinell oder durch Tiere hergestellt wurde, weil es nur eine noch ungestaltete Idee[467] oder nur eine Methode oder Technik des Schaffens – etwa eine Versform oder einen Kunststil – darstellt[468]. Das „Werk" ist nicht schutzfähig und daher der Allgemeinheit ohne Einschränkung zugänglich. „Veräußert" der Urheber hieran dennoch ein Nutzungsrecht, so geht diese Lizenzierung „ins Leere". Ein gutgläubiger Erwerb ist ausgeschlossen[469].

bb) Nutzungsrecht an unbekannter Nutzungsart

Nach § 31 Abs. 4 UrhG sind Verpflichtungen zur Einräumung von Nutzungsrechten für noch nicht bekannte Nutzungsarten[470] unwirksam[471]. Ein entsprechender schuldrechtlicher Vertrag ist von Anfang an nichtig[472]. Jede weitere „Rechtseinräumung" geht „ins Leere". Es handelt sich um einen Fall der rechtlichen Unmöglichkeit.

b) Rechtsfolge: Anfängliche objektive Unmöglichkeit

Verträge mit den unter a) genannten Tatbeständen haben einen anfänglich objektiv unmöglichen Inhalt. Ein nicht bestehendes Werk kann von niemanden in den Rechtsverkehr gebracht werden. Dabei handelt es sich dogmatisch um einen Fall der rechtlichen Unmöglichkeit. Es existiert kein geschütztes Recht, das übertragen werden kann. Überlegungen, wonach der Urheber im Falle fehlender Werkqualität eine Nacherfüllung nach §§ 280, 281 BGB vornehmen und die Einräumung dadurch ermöglichen könnte, sind rechtlich nicht haltbar. Der Erwerber hat ein Nutzungsrecht an einem bestimmten Werk erworben. Jegliche Veränderungen hieran wirken sich auf die Substanz und den Inhalt des Vertrages aus.

---

466 S. in § 2 unter 1.

467 OLG München ZUM 1989, 588.

468 Siehe zum Ganzen *Rehbinder*, Rdnr. 115 ff.

469 S. in § 3 unter 2.

470 Schwierigkeiten bereitet die Frage, wann eine Nutzungsart noch nicht bekannt ist.

471 Das gilt nicht für Leistungsschutzrechte des ausübenden Künstlers nach § 75 Abs. 4 UrhG und für die Rechte des Tonträger- und Filmherstellers: *Manz/Ventroni/Schneider*, S. 412, Fn. 40.

472 *Schricker*, §§ 31/32 Rdnr. 25.

Bereits nach altem Recht wurde, wenn etwa das Eigentum an einer Sache überhaupt nicht verschafft werden konnte, §§ 433 i.V.m. 440 BGB a.F. und damit allgemeines Leistungsstörungsrecht angewendet[473]. Besteht die Unmöglichkeit besteht bereits bei Vertragsschluss und damit vor dem Gefahrübergang, scheidet eine Anwendung des kaufrechtlichen Gewährleistungsrechts schon aus diesem Grunde aus[474].

Nach neuem Recht ist ein auf eine anfänglich objektiv unmögliche Leistung gerichteter Vertrag nach § 311 a Abs. 1 BGB wirksam. Der Anspruch des Käufers auf die Leistung erlischt nach § 275 Abs. 1 BGB, der des Urhebers als Verkäufer auf die Gegenleistung entfällt ganz oder bei Teilunmöglichkeit anteilig nach § 326 Abs. 1 BGB[475].

Der Erwerber kann – nach der hier vertretenen Ansicht – bei Kenntnis oder zu vertretenen Unkenntnis des Urhebers vom Leistungshindernis einen Schadensersatzanspruch statt der Leistung oder Aufwendungsersatz nach § 311 a Abs. 2 BGB verlangen und daneben nach §§ 326 Abs. 5 i.V.m. 323 BGB vom Vertrage zurücktreten[476]. Das Verschulden wird nach § 311 a Abs. 2 BGB vermutet; der Urheber hat die Möglichkeit, sich bei fehlendem Verschulden zu exkulpieren. Diese Rechtsfolge soll den Schadensersatzanspruch flexibel und interessengerecht handhabbar machen.

c) Vergleich mit der alten Rechtslage

Nach alter Rechtslage war umstritten, ob die anfängliche objektive Unmöglichkeit der Rechtsverschaffung nach § 306 BGB a.F. zur Nichtigkeit des Vertrages führte mit der Folge, dass dem Erwerber unter den Voraussetzungen des § 307 BGB a.F. der Vertrauensschaden, also das sog. negative Interesse, zu ersetzen[477] oder ob der Vertrag entgegen § 306 BGB a.F. als wirksam anzusehen war und den Verkäufer ggf. eine verschuldensunabhängige Garantiehaftung traf. Als Argument für einen wirksamen Vertrag wurde dabei v.a. die Risikoverteilung und die erhöhte Schutzbedürftigkeit des Erwerbes angeführt, der den Bestand des Rechts regelmäßig nicht überprüfen konnte.

---

473 So auch *Manz/Ventroni/Schneider*, S. 414 m.w.N. Diese Differenzierung ist erheblich, weil die Unmöglichkeit nach allgemeinem Leistungsstörungsrecht behandelt wird, während ansonsten die speziellen Gewährleistungsordnungen eingreifen würden. Das führt im Bereich der Verjährung zu Unterschieden.

474 *Haedicke* gelangt zum gleichen Ergebnis, nimmt aber an, dass sich der Anspruch über einen Verweis gemäß §§ 453 Abs. 1, 433 Abs. 1 S. 1, 311 a Abs. 2 BGB herleite, S. 150 f. § 433 Abs. 1 S. 1 BGB statuiere eine Verpflichtung zur Verschaffung der Forderung. Könne diese Pflicht nicht erfüllt werden, gelange man über die Paragraphenkette zu den allgemeinen Vorschriften, S. 150 f.

475 Eine zu diesem Zeitpunkt bewirkte Gegenleistung kann über die Rücktrittsregeln nach § 326 Abs. 4 BGB zurückgefordert werden.

476 Da der Vertrag nicht in Vollzug gesetzt werden kann, ist kein Raum für eine Kündigung. Zum strittigen Verschuldenserfordernis siehe in § 7 unter 2 d).

477 So etwa *Asprogerakas-Grivas*, S. 33; weitere Nachweise bei *Maunz/Schricker*, §§ 39/40 Rdnr. 2.

aa) Lehre von der Leerübertragung

§ 306 BGB a.F. ordnete die Nichtigkeit von Verträgen an, die auf eine objektiv unmögliche Leistung gerichtet waren. Die sich daraus ergebende Rechtsfolge des § 307 BGB a.F. – Ersatz des Vertrauensschadens – wurde im Falle von Lizenzeinräumungen von der Rechtsprechung[478] und von Teilen des Schrifttums[479] – vor allem für das Patentrecht – als nicht angemessen erachtet und eine Wirksamkeit des Vertrages angenommen.

Diejenigen, die den Lizenzvertrag kaufrechtlich qualifizierten, stützen ihre Ansicht auf den Vorrang des kaufrechtlichen Gewährleistungssystems und demnach auf § 437 BGB a.F., der als Ausnahmevorschrift zu § 306 BGB a.F. eine verschuldensunabhängige Haftung für den Bestand des Rechts normierte und auf den Ersatz des positiven Interesses gerichtet war[480]. Die mehrheitliche Meinung, die den Lizenzvertrag dagegen nicht dem Anwendungsbereich des Kaufrechts unterwarf, behalf sich mit „Hilfskonstruktionen“, die dogmatisch nur schwer zu fassen waren. Man begründete das Ergebnis mit dem Rechtsgedanken des § 437 BGB a.F.[481] und mit einer konkludenten Abbedingung des § 306 BGB a.F.[482] im Wege einer ergänzenden Vertragsauslegung. Wirtschaftlich basierte diese Ansicht auf der Annahme, dass der Erwerber durch die „Leerübertragung“ häufig eine finanzielle oder faktische Vorzugsstellung erlangte[483], weil z.B. der Rechtsverkehr das Werk und die Nutzung hieran für geschützt hielt und deshalb bis zur Geltendmachung einer Einwendung durch Dritte von einer störungsfreien Vertragserfüllung ausgegangen werden konnte.

bb) Gegenansicht

Die Lehre von der Leerübertragung beruhte wegen der Einschlägigkeit des § 306 BGB a.F. auf einer Rechtsfortbildung contra legem, die letztlich mit Fiktionen vertraglicher Vereinbarungen auf Grund des Wunsches, sachgerechte Ergebnisse zu erhalten, begründet wurde[484] und stieß deshalb auf Kritik.

---

478 Etwa BGH GRUR 1961, 466, 468; BGHZ 83, 283, 288.

479 *Preu* GRUR 1974, 623; *Ullmann*, in: Benkard, § 15 Rdnr. 92 f.; a.A. *Asprogerakas-Grivas*, S. 33; *Nirk*, GRUR 1970, 329, 338.

480 Siehe zusammenfassend *Haedicke*, S. 266 f.

481 RGZ 86, 45, 53.

482 RGZ 86, 45, 53.

483 BGH NJW 1992, 232, 234 (Keltisches Horoskop); vgl. *Manz/Ventroni/Schneider*, S. 412; *Schack*, Rdnr. 1019; zusammenfassend: *Schricker*, §§ 31/32 Rdnr. 13. Der BGH (a.a.O.) begründet seine Auffassung v.a. damit, dass der Lizenzgeber die wirtschaftliche Vorzugsstellung durch ein Enthalten von der eigenen Nutzung ermögliche. Damit ist dieses Urteil zunächst nur auf Verträge, die die Übertragung ausschließlicher Nutzungsrechte beinhalten, anwendbar. Auch der vom BGH (a.a.O.) entschiedene Fall verpflichtete den Urheber zur Vergabe einer ausschließlichen Lizenz.

484 So auch *Möhring*, Mitt. 1969, 296, 297; *Haedicke*, S. 268 f.

Für den allgemeinen Forderungskauf wurde die Anwendung der §§ 306, 307 BGB a.F. für Verträge angenommen, bei denen die Übertragung des Rechts seiner Art nach ausgeschlossen war, also etwa bei einem Abtretungsverbot oder höchstpersönlichen Rechten. In diesen Fällen stünden beiden Parteien Informationsmöglichkeiten bezüglich der mangelbegründenden Umstände offen, so dass die strenge Verkäuferhaftung nicht gerechtfertigt sei[485]. § 437 a.F. BGB sollte zudem nur angewendet werden, wenn die Rechtsverschaffung zum Zeitpunkt des Vertragsschlusses objektiv möglich war[486].

Soweit ersichtlich fand § 306 BGB a.F. nach allen Auffassungen dann Anwendung, wenn der Vertrag keine wirtschaftliche Besserstellung brachte[487]. Aus der Begründung des Grundsatzurteils des BGH[488] lässt sich zudem entnehmen, dass die Lehre von der Leerübertragung von vorneherein nur bei der ausschließlichen Lizenzvergabe in Betracht kam. Die Vertragsvorteile in Gestalt der günstigen geschäftlichen Stellung entstünden v.a. durch die Enthaltung des Lizenzgebers von eigener Nutzung. Diesen Vorteil hätte der Lizenznehmer ohne einen Vertrag nicht[489].

Schack lehnte sich an Grundsätze im Patentrecht an und fingierte umgekehrt eine Abbedingung der strengen Rechtsmängelhaftung der §§ 325 Abs. 1 S. 1, 440 Abs. 1, 437, 445 BGB a.F., wenn dem Vertrag gemeinsame Fehlvorstellungen über die Schutzfähigkeit des Werkes zu Grunde lagen[490]. Das Risiko sei bei Verträgen über die Nutzung von Urheberrechten hoch, weil Urheberrechte nicht „sichtbar" und nirgends registriert seien und zudem eine schwierige Abgrenzung im Einzelfall vorgenommen werden müsse, ob es sich schon um ein schutzfähiges Werk oder noch um keines handele. Dieses Risiko der beidseitigen Fehlvorstellung dürfe nicht ausschließlich dem Urheber aufgebürdet werden[491]. Eine weitere Auffassung erachtet die verschuldensunabhängige Haftung im Urheber- und Verlagsvertragsrecht grds. als nicht passend und nicht angemessen[492].

cc) Eigene Stellungnahme zu der Lehre von der Leerübertragung

Die ergebnisorientierte Lehre von der Leerübertragung überzeugte nicht, weil sie gegen den klaren Gesetzeswortlaut verstieß und auf Grund diverser Ausnahmen und Voraussetzungen nicht zur Rechtssicherheit beitrug.

---

485 So *Westermann*, in: MüKo, § 437 Rdnr. 1; siehe auch BGH GRUR 1957, 596, der darauf abstellt, ob die Schutzfähigkeit völlig ausgeschlossen ist; zusammenfassend *Haedicke*, S. 155.

486 *Putzo*, in: Palandt (61. Aufl. Hauptband), § 437 Rdnr. 1; RGZ 90, 240, 244.

487 BGH NJW 1992, 232, 234 (Keltisches Horoskop); *Manz/Ventroni/Schneider*, S. 412.

488 BGH NJW 1992, 232, 234 (Keltisches Horoskop).

489 BGH NJW 1992, 232, 234 (Keltisches Horoskop).

490 *Schack*, Rdnr. 1020.

491 *Schack*, Rdnr. 1020; unter Hinweis auf die Rechtsprechung des BGH zum Patentrecht, etwa BGH GRUR 1977, 107, 109.

492 *Manz/Ventroni/Schneider*, S. 412.

Konnte der Erwerber keine wirtschaftlichen Vorteile aus dem nicht geschützten Werk ziehen, so haftete er nach §§ 306, 307 BGB a.F.; gleiches galt, wenn die Schutzfähigkeit des Werkes von vorneherein ersichtlich ausgeschlossen war. Dies führte zu einer Reihe weitere Wertungsfragen, nämlich wann diese Schutzfähigkeit „völlig ausgeschlossen“ oder was mit „wirtschaftlicher oder faktischer Besserstellung“ gemeint war. Darüber hinaus ist das urheberrechtliche Grundsatzurteil des BGH zu dieser Lehre dahingehend zu verstehen, dass die Annahme eines wirksamen Vertrages nur bei der ausschließlichen Lizenzvergabe möglich sein sollte[493].

Für die weitere Untersuchung und insbesondere für die Bewertung der Rechtsfolgen des neuen Rechts ist aber davon auszugehen, dass diese Lehre auch im Urheberrecht grds. dann anzuwenden war, wenn alleine der Urheber die vorhandenen Mängel ersehen, der Erwerber das Werk eine Zeit lang erfolgreich und unter Aussschluß des Lizenzgebers nutzen konnte und eine Übertragung der geschuldeten Rechtsposition zumindest möglich war.

dd) Situation nach neuem Recht

Nach neuem Recht sind Verträge, bei denen die Verschaffung des Nutzungsrechts am Urheberrecht von Anfang an objektiv unmöglich ist, ohne „Wahlmöglichkeit“ wirksam. Der Erwerber erhält nicht nur seinen Vertrauensschaden ersetzt, sondern hat gemäß § 311 a Abs. 2 BGB Anspruch auf Ersatz des Erfüllungsinteresses. Der Urheber hat die Möglichkeit der Exkulpation, muss dafür aber nach der hier vertreteten Auffassung nachweisen, dass er bei Vertragsschluss keine Kenntnis vom Leistungshindernis hatte und die Unkenntnis auch nicht zu vertreten hat[494].

Dies bedeutet folgendes: Veräußert der Urheber schuldhaft ein vermeintlich bestehendes Nutzungsrecht, das in Wirklichkeit z.B. mangels Werksqualität des zu Grunde liegenden Werkes nicht geschützt wird, so ist der Erwerber grundsätzlich so zu stellen, wie er stünde, wenn der Urheber ordnungsgemäß erfüllt hätte. Das umfasst nach allgemeinem Schadensrecht auch den entgangenen Gewinn des Erwerbers, sodass bei jedem Vertrag – vor allem für den Urheber – ein hohes finanzielles Risiko besteht[495].

---

493 Siehe in § 11 unter 1 c) bb).

494 Nach altem Recht ließ die Kenntnis des Erwerbers vom Hindernis die Ersatzpflicht nach § 307 Abs. 1 S. 1 BGB oder § 439 BGB a.F. entfallen. Diese Möglichkeit besteht im neuen Recht nicht mehr. Kenntnis wird über das Mitverschulden nach § 254 BGB berücksichtigt; so auch *Haedicke*, S. 157.

495 Problematisch kann ein Haftungsausschluss u.U. im Rahmen allgemeiner Geschäftsbedingungen werden, weil sich der Urheber nicht seiner Kardinalpflichten entledigen darf. Hier ist allenfalls eine Beweislastumkehr oder die Abmilderung der Schuldform denkbar.

d) Eigene Bewertung

Der Schadensersatzanspruch des § 311 a Abs. 2 BGB ist gegenüber der alten Regelung der §§ 306, 307 BGB a.F. strenger, gegenüber der verschuldensunabhängigen Haftung nach der Lehre von der Leerübertragung, die auch das Erfüllungsinteresse gewährte, dagegen milder. Über die Möglichkeit der Exkulpation sollte ein flexibles Instrument zum interessengerechten Ausgleich geschaffen werden.

aa) Vorteil: Rechtssicherheit

Die neue Rechtslage beendet die Diskussionen um die Wirksamkeit oder Unwirksamkeit des Vertrages über die Lehre von der Leerübertragung oder sonstigen Konstruktionen, weil der Vertrag trotz objektiver Unmöglichkeit – soweit ersichtlich – nach allen Ansichten gemäß § 311 a Abs. 1 BGB gültig ist. Das führt zu höherer Rechtssicherheit.

bb) Im Regelfall hohes Haftungsrisiko des Lizenzgebers

(1) Voraussetzungen der Garantiehaftung nach altem Recht

Im Anwendungsbereich der Lehre von der Leerübertragung, die einen wirksamen Vertrag fingierte[496] und der eine auf Ersatz des Erfüllungsinteresses gerichtete Garantiehaftung folgte, ist das Haftungsrisiko des Lizenzgebers nach neuem Recht gesunken. Nach der hier vertretenen Auffassung haftet er nur noch verschuldensabhängig und hat die Möglichkeit, sich schuldbefreiend zu exkulpieren.

Überträgt man die soeben aufgestellten Voraussetzungen der Lehre, die v.a. für das Patentrecht entwickelt wurde, auf das Urheberrecht, so ist für die Wirksamkeit des Vertrages entgegen § 306 BGB a.F. kumulativ zu fordern, dass die Entstehung eines schutzfähigen Urheberrechts grds. möglich war, es sich um einen ausschließlichen Lizenzvertrag handelte, der dem Lizenzgeber eine Eigennutzung untersagte, die Unmöglichkeit der alleinigen Sphäre des Urhebers zuzurechnen war und der Lizenznehmer eine wirtschaftliche oder faktische Vorzugsstellung erlangte.

Das kumulative Vorliegen dieser Voraussetzungen mit der Folge einer verschuldensunabhängigen Schadensersatzpflicht stellte im Urhebervertragsrecht die Ausnahme dar oder gab dem Veräußerer zumindest eine Vielzahl von Einreden. Selbst der BGH hat eine abschließende Bewertung der Wirksamkeit des Vertrages auf Grundlage der Voraussetzungen der Leerübertragung im Rahmen seiner Grundsatzentscheidung nicht vorgenommen[497], sondern die Frage nach der wirtschaftlichen Vorzugs- oder Mono-

---

496 Stellte sich später heraus, dass der Vertrag eine objektiv unmöglichen Inhalt hatte, so musste er mit ex-nunc-Wirkung gekündigt werden; siehe BGH NJW 1992, 232, 234.

497 Das Gericht hat sich bis heute nicht abschließend mit dieser Frage befasst.

polstellung ausdrücklich offen gelassen[498]. So gelangte man durch die Ablehnung einzelner Voraussetzungen zu der Anwendung der §§ 306, 307 BGB a.F. und damit zu einer verschuldensabhängigen Haftung, deren Höhe auf Ersatz des negativen Interesses begrenzt war.

(2) Haftung auf das Erfüllungsinteresses

Auf Grund des Meinungsstreits im alten Recht über die Anwendung der Garantiehaftung und der unterschiedlichen Voraussetzungen, die erfüllt sein mussten, um eine solche Haftung auszulösen, hatte der urheberrechtliche Lizenzgeber zumindest diverse Möglichkeiten, eine verschuldensunabhängige Haftung zu vermeiden und – soweit er sich nicht nach § 307 BGB a.F. exkulpieren konnte – lediglich den Vertrauensschaden ersetzen zu müssen.

Nach neuem Recht haftet der Lizenzgeber grundsätzlich – nach der hier vertretenen Ansicht verschuldensabhängig – auf das Erfüllungsinteresse. Damit steht er in vielen Fällen schlechter als nach altem Recht[499]. Dabei ist zu fragen, welches Haftungsregime – auch nach Wertungsgesichtspunkten – insgesamt interessengerechter ist.

e) Überprüfung anhand urheberrechtlicher Besonderheiten

aa) Besonderheit: In der Regel fehlende Exkulpation

Unter Berücksichtigung der in der Praxis eher schwachen „Hilfe“ der Exkulpation[500] im Urhebervertragsrecht ist die Haftung auf Ersatz des Erfüllungsinteresses bedenklich.

Im alten Recht hatte der Urheber häufig die Möglichkeit, die Garantiehaftung abzuwenden und verschuldensabhängig auf das negative Interesse zu haften[501]. Die Garan-

---

498 BGH NJW 1992, 232, 234 (Keltisches Horoskop).

499 Nach der hier vertretenen Ansicht musste die Mehrzahl der urhebervertragsrechtlichen Fallkonstellationen im alten Recht wegen der hohen Anforderungen des Schrifttums und der Rechtsprechung über eine Anwendung der §§ 306, 307 BGB a.F. gelöst werden. Der Lizenzgeber haftete danach allenfalls auf Ersatz des negativen Interessen. Dagegen tritt nach neuem Recht eine Besserstellung des Veräußeres ein, wenn er sich vormals einer Garantiehaftung über die Lehre von der Leerübertragung gegenübersah.

500 Die Frage nach den Anforderungen an die Exkulpation wird in Zukunft auf Grund der Haftung auf das positive Interesse gesteigerte Bedeutung erlangen. Die Literatur macht diese von den Umständen des Einzelfalls abhängig und erlaubt damit keine eindeutige Vorhersage; siehe etwa *Heinrichs*, in: Palandt, § 311 a Rdnr. 9. Der Urheber hat vor Vertragsschluss eine rechtliche Prüfung vorzunehmen, ob sein Werk urheberrechtlichen Schutz genießt. Aus Gründen des Verkehrsschutzes sollten an diese Prüfung hohe Anforderungen gestellt und die Regeln über den strafrechtlichen Verbotsirrtum und dessen Vermeidbarkeit beachtet werden. Dem Urheber ist deshalb in Zweifelsfällen zu raten, die Prüfung einem Rechtskundigen zu überlassen. Das hat den weiteren positiven Effekt, dass er sich bei Fehlern des Beraters entweder exkulpieren kann oder seinerseits einen Schadensersatzanspruch gegen den Berater hat.

tiehaftung trat nach der Lehre von der Leerübertragung nur bei Vorliegen von mehreren Voraussetzungen ein. Wenn diese – siehe die Auflistung in § 1 unter 1 c) bb) – gegeben waren, so war die Haftung v.a. auch deshalb interessengerecht, weil beide Parteien den (ausschließlichen) Lizenzvertrag mit wirtschaftlichen Ergebnissen praktiziert haben, eine Herstellung des Werkes und damit des Nutzungsrechtes tatsächlich möglich war und nur durch ein in der ausschließlichen Sphäre des Urhebers liegenden Versäumnis nicht zu Stande kam. Letzlich wird in in beinahe allen Fällen darüber hinaus Verschulden vorgelegen haben.

All diese Voraussetzungen für eine Haftung auf das Erfüllungsinteresse müssen nach neuem Recht nicht mehr vorliegen. Zudem ist nur der Urheber in der Lage, ein schutzfähiges Werk zu erstellen. Deshalb dürfte ihm eine Exkulpation kaum gelingen, wenn er bei Abschluss des Vertrages selbst von der Werkqualität ausgeht. Das führt mangels erfolgreicher Exkulpationsmöglichkeit regelmäßig zu einer Haftung des Urhebers auf Ersatz des positiven Interesses, ohne dass ein Vertrag „gelebt" worden sein muss.

Dabei haben beide Vertragsparteien zunächst Vertrauen in die Werkqualität der Schöpfung des Urhebers. Gerade im Anwendungsbereich des Kaufrechts existiert das Werk in der Regel bei Vertragsschluss bereits, so dass beide Vertragsparteien häufig gleichermaßen rechtlich prüfen können, ob das Werk urheberrechtlich schutzfähig ist. Bei Vertragsschluss hegt in der Regel weder der Urheber als Veräußerer noch der Erwerber als Nutzer hieran Zweifel. Anderenfalls würden sie diese Unsicherheit bereits in den Vertrag aufnehmen und ihn nur unter einer entsprechenden Bedingung schließen[502].

Diese beiden Gesichtspunkte – Haftung auf das Erfüllungsinteresse und regelmäßig keine erfolgreiche Exkulpation – führen nach der hier vertretenen Ansicht dazu, dass der Urheber als Verkäufer in der Mehrzahl der Fälle trotz gleich gebliebener Interessenlage schlechter steht als nach altem Recht, als er mit guten Erfolgsaussichten gegen die Garantiehaftung angehen konnte und dann nur den Vertrauensschaden zu ersetzen hatte. Dieses Ergebnis belastet ihn über Gebühr und ist anhand der urheberrechtlichen Besonderheiten zu überprüfen.

bb) Lösungsvorschlag: Haftungsbegrenzung

Eine Haftung auf das negative Interesse nach dem Vorbild des alten Rechts scheint ausreichend. Der Erwerber wählte einen Vertragspartner, der eine von Anfang an objektiv unmögliche Leistung (nicht) erbringen konnte. Er erhält vollen Ersatz seiner Aufwendungen und Kosten wie etwa Werbung oder sonstige Vorbereitungskosten.

---

501 S. in § 1 unter 1 c) bb).

502 Ist der Erwerber unredlich, muss er sich ein Mitverschulden nach § 254 Abs. 1 BGB entgegenhalten lassen, das bis zum Haftungsausschluss führen kann.

§ 311 a Abs. 2 BGB behandelt sämtliche Schuldverhältnisse. Auf die Besonderheiten des Urheberrechts ist die Vorschrift nicht zugeschnitten und führt deshalb in seiner konsequenten Anwendung zu Ergebnissen, die den Urheber über das erträgliche Maß hinaus belasten können.

Dieser erforderlichen Ergebniskorrektur anhand der „Besonderheiten des Urheberrechts" kann dogmatisch aber kaum begründet werden.

Wendet man den Teil der schuldrechtlichen Norm, die auf den Urheberrechtsvertrag nicht „passt", nicht an, müsste eine solche Anwendung umgekehrt treuwidrig sein. Ein Beispiel: § 311 a Abs. 2 BGB gewährt dem Gläubiger statt des Schadensersatzanspruchs in seiner zweiten Alternative auch einen Anspruch auf Ersatz seiner Aufwendungen nach Maßgabe des § 284 BGB. Dieser Anspruch wäre in vorliegender Fallkonstellation sach- und interessengerecht, weil er einem Anspruch auf Ersatz des negativen Interesses ähnelt. Um demnach zu einem Ergebnis zu gelangen, das urheberrechtliche Besonderheiten berücksichtigt, müsste man dem Erwerber den Anspruch aus § 311 a Abs. 2 S. 1 Alt. 1 BGB auf Ersatz des Erfüllungsinteresses mit dem Hinweis versagen, dass ein solcher Anspruch abstrakt[503] einer urheberrechtlichen Betrachtungsweise widerspreche und deshalb nach § 242 BGB treuwidrig sei. Das ist dogmatisch kaum vertretbar[504].

cc) Problem: Fehlende dogmatische Legitimation

Auf Grund fehlender Regelungen im Urheberrechtsgesetz ist bei Leistungsstörungen das Instrumentarium des BGB anzuwenden. Das ist vom Gesetzgeber beabsichtigt; dennoch fehlt eine Normierung mit entsprechenden Beschränkungen für das Urheberrecht. Die auf den Gedanken des § 242 BGB zurückgehende Möglichkeit, urheberrechtliche Besonderheiten bei der Anwendung des BGB zu berücksichtigen und damit Wertungen vorzunehmen, die diesem Vertragstyp entsprechen, kann nicht so weit gehen, einzelne Normalternativen nicht anwenden „zu dürfen".

In diesem Bereich ist vielmehr der (urheberrechtliche) Gesetzgeber gefragt. Eine einzige Regelung zur Höhe der Haftung oder der Art des Schadensersatzes reicht aus, der in dieser Kategorie beschriebenen Problematik zu begegnen. Solange eine solche Regelung fehlt, haftet der Urheber nach § 311 a Abs. 2 S. 1 Alt. 1 BGB grundsätzlich verschuldensabhängig auf Ersatz des Erfüllungsinteresses.

---

503 Im Einzelfall – etwa bei einem Urheber, der die fehlende Werkqualität von Anfang an kennt – kann der Ersatzanspruch nach § 311 a Abs. 2 S. 1 Alt. 1 BGB durchaus angemessen sein.

504 Andere Lösungsvorschläge, wie etwa die Annahme einer konkludenten Haftungsbeschränkung, haben eine noch geringere dogmatische Legitimation.

2. Nachträglich fehlender objektiver Bestand des Rechts

a) Beispiele

aa) Ablauf der Schutzdauer

Der Urheberrechtsschutz erlischt nach § 64 UrhG 70 Jahre nach dem Tode des Urhebers. Haben die Parteien einen Vertrag geschlossen, der über diese zeitliche Schutzdauer hinausgeht und den Fall des Ablaufs nicht bedacht, oder verkürzt sich die Frist (z.B. durch eine Gesetzesänderung, die verfassungswidrig wäre), dann hat der Vertrag nach Ablauf der Schutzdauer u.U. einen objektiv unmöglichen Inhalt.

Grundsätzlich ist, sofern der konkrete Vertrag nichts anderes regelt, davon auszugehen, dass dem Erwerber das Nutzungsrecht am Urheberrecht während der gesamten gesetzlichen Schutzdauer zusteht. Das wirft die Frage nach dem Fehlerbegriff auf. Verkürzt der Gesetzgeber etwa die Schutzdauer, so ist der Vertrag der Parteien auszulegen. Sie werden in der Regel ein Nutzungsrecht nur während der gesetzlich vorgesehenen Dauer gewollt haben. Anderenfalls hätte der Vertrag deshalb einen unmöglichen Inhalt, weil das Werk nach Ablauf der Schutzdauer gemeinfrei wird.

Das bedeutet, dass die Verkürzung der gesetzlichen Schutzdauer grundsätzlich keinen Mangel im Vertrag darstellt.

bb) Höchstpersönliche Leistungen

Ist die Erbringung einer höchstpersönlichen Leistung geschuldet, so führt individuelles Unvermögen zugleich zur objektiven Unmöglichkeit, sodass eine subjektive in diesen Fällen immer auch eine objektive Unmöglichkeit darstellt. Gemeint ist der Fall des Künstlers, der sich zu einem Konzertauftritt verpflichtet und auf Grund der Erkrankung seines Kindes den Auftritt absagt. Die Leistungspflicht ist an die Person des Schuldners geknüpft und kann deshalb von keinem Dritten erbracht werden[505]. Bei der Beurteilung der Frage, ob diese Unmöglichkeit nachträglich oder anfänglich eingetreten ist, ist auf den Zeitpunkt des Entstehens des Schuldverhältnisses, also auf den Moment des Vertragsschlusses, abzustellen[506], sodass in den dargestellten „Künstlerfällen“ von einer nachträglichen objektiven (und zugleich subjektiven) Unmöglichkeit auszugehen ist.

---

505 Begr. BT-Drucks. 14/6040, S. 130. Davon zu unterscheiden ist der Fall, dass ein Dienstverpflichteter arbeitsunfähig erkrankt. Hier soll nach wohl h.M. bereits Unmöglichkeit i.S.d. § 275 Abs. 1 BGB vorliegen; BAG AP Nr. 30 zu § 1 KSchG; *Canaris*, JZ 2001, 501 (Fn. 33); a.A. *Löwisch*, NZA 2001, 465.

506 Nach herrschender und überzeugender Meinung ist auf den Zeitpunkt des Entstehens des Schuldverhältnisses, somit in aller Regel auf den Zeitpunkt des Vertragsschlusses, abzustellen; für viele: *Lorenz/Riehm*, Rdnr. 328.

b) Rechtsfolge: Nachträgliche objektive Unmöglichkeit

Auch nach neuem Recht muss vor dem Hintergrund einer differenzierten Rechtsfolgenregelung[507] geprüft werden, wer die Unmöglichkeit zu vertreten hat. Die vorliegende Arbeit konzentriert sich im Wesentlichen auf die Pflicht des Urhebers zur Rechtsverschaffung. Deshalb soll die folgende Darstellung auf diesen Bereich und auf denjenigen der „von keiner Seite zu vertretenden Unmöglichkeit" beschränkt werden. Dies sind auch die in der Praxis relevanten Fälle.

aa) Von keiner Seite zu vertretende Unmöglichkeit

Liegt von keiner Seite zu vertretende Unmöglichkeit vor, ist die Leistungspflicht unabhängig von der Art des Schuldverhältnisses ausgeschlossen. Ein Anspruch auf die Gegenleistung besteht grundsätzlich ebenso wenig wie Schadensersatzansprüche, die Verschulden voraussetzen. In der Regel bestehen in dieser Konstellation keinerlei gegenseitige Ansprüche; das Schuldverhältnis erlischt.

bb) Vom Urheber zu vertretende Unmöglichkeit

Nach §§ 280 Abs. 1, 283 BGB kann der Erwerber auf Ebene der Sekundäransprüche unmittelbar und ohne Fristsetzung Schadensersatz statt der Leistung, gerichtet auf das positive Interesse, oder nach § 284 BGB Aufwendungsersatz verlangen. Daneben kann er vom Vertrag zurücktreten oder ihn kündigen[508]. Hinsichtlich der Leistungs- und Gegenleistungspflicht gilt das unter aa) Beschriebene.

c) Vergleich mit der alten Rechtslage

Die Neuregelung der nachträglichen Unmöglichkeit hat keine wesentlichen Änderungen gebracht. Die §§ 280 f., 323 ff. BGB a.F. erforderten seit jeher eine Unterscheidung danach, wer das Leistungshindernis zu vertreten hatte. Bei gegenseitigen Verträgen konnte der Erwerber, wenn der Urheber die Unmöglichkeit zu vertreten hatte, zwischen mehreren Rechtsbehelfen wählen. Er konnte Schadensersatz wegen Nichterfüllung verlangen oder vom Vertrage zurücktreten (§ 325 Abs. 1 S. 1, Alt. 1 BGB a.F.), von ihm Abstand nehmen und seine erbrachten Leistungen zurückverlangen (§ 325 Abs. 1 S. 3 BGB i.V.m. § 323 BGB a.F.) oder nach § 281 BGB a.F. das stellvertretene commodum fordern.

---

507 S. *Lorenz/Riehm*, Rdnr. 339 ff.

508 Zur Unterscheidung s. § 8 unter 2., 3.

d) Eigene Bewertung

Bedeutsam ist vor allem die zusätzliche Möglichkeit des Erwerbers, im Falle der vom Urheber zu vertretenden Unmöglichkeit neben der Geltendmachung von Schadensersatz vom Vertrag zurücktreten oder ihn kündigen zu können. Gerade im von persönlichen Leistungen geprägten Urheberrecht liegt der wirtschaftliche Wert des Vertrages häufig in seiner Erfüllung. Wählte der Vertragspartner nach altem Recht jedoch den Rücktritt, so begab er sich des Schadensersatzes wegen dieses Erfüllungsinteresses[509]. Ihm blieb nur die Möglichkeit, Fehler außerhalb des vertraglichen Leistungsaustausches über die c.i.c. oder die p.V.V. geltend zu machen. Das bedeutete aber in der Regel eine Schlechterstellung im Vergleich zum Schadensersatzverlangen wegen Nichterfüllung[510].

Die Fristsetzung ist nur in Fällen der Unmöglichkeit entbehrlich. Deshalb ist dem Erwerber in Zweifelsfällen zu raten, dem Urheber eine Frist zur Erfüllung der Leistung zu setzen. So entgeht er dem späteren Einwand, die Leistung sei möglich gewesen.

Häufig streitentscheidende Bedeutung erlangt die Frage, ob – gerade in den Fällen der persönlichen Unmöglichkeit – ein Verschulden[511] einer Seite vorliegt. Der Urheber handelt nur dann schuldhaft, wenn er den Eintritt des Leistungshindernisses zumindest vorhersehen und vermeiden konnte. Dabei ist auf den Einzelfall abzustellen. Unterschreibt der Künstler etwa einen Vertrag, der ihn zu einem Auftritt verpflichtet, in Kenntnis der schweren Erkrankung seines Kindes, so ist ein Verschulden anzunehmen, wenn er wegen dieser Krankheit den Auftritt absagt. Auch die Abgrenzung „Unmöglichkeit"/"Leistungsfähigkeit" ist – wenn der Erwerber keine Frist zur Nacherfüllung setzt – bedeutsam. Wählt er Rechtsfolgen, ohne seinem Vertragspartner die Möglichkeit zur Nacherfüllung eingeräumt zu haben und erweist sich die Leistung für diesen als durchführbar, so verliert er grundsätzlich die Ansprüche aus §§ 281, 282 BGB und – je nach Anwendbarkeit – die Ansprüche aus den besonderen Gewährleistungsordnungen.

Die Differenzierung der Verantwortlichkeiten im Bereich der nachträglichen Unmöglichkeit macht und machte Sinn, weil sie in angemessener Form die jeweiligen Risikosphären berücksichtigt und zu sachgerechten Ergebnissen führt. Deshalb ist sie auch im neuen Recht im Wesentlichen unverändert geblieben. In allen Fallkonstellationen existieren zum Zeitpunkt des Gefahrübergangs verwertbare Nutzungsrechte. Damit ist es interessengerecht, bei der Abwicklung des Vertrages nach der Verantwortlichkeit für die Unmöglichkeit zu fragen und ein Verschulden dieses Verantwortlichen über den Schadensersatzanspruch wirtschaftlich zu bewerten.

---

509 Daher bestand für den Rechtsanwalt, der seinem Mandanten den Rücktritt und nicht die Geltendmachung von Schadensersatz empfahl, die Gefahr, sich auf Grund einer Falschberatung schadensersatzpflichtig zu machen; BGH NJW 1995, 451.

510 So auch *Heinrichs*, in: Palandt, § 325 Rdnr. 2.

511 Das Vertretenmüssen richtet sich wie bislang nach § 276 BGB.

e) Überprüfung anhand urheberrechtlicher Besonderheiten

Im Unterschied zur in § 13 unter 1. dargestellten Konstellation der anfänglichen objektiven Unmöglichkeit stößt die Pflicht zum Ersatz des positiven Interesses auf keine Bedenken. Die Parteien haben einen wirksamen Vertrag, dessen Durchführung erst nachträglich durch ein u.U. schuldhaftes Verhalten einer Seite unmöglich wird. Damit betrifft die Störung ein Verhalten nach Vertragsschluss, das eine Zuordnung der Verantwortlichkeit erlaubt. Eine Korrektur des Ergebnisses ist vor dem Hintergrund urheberrechtlicher Besonderheiten nicht erforderlich.

3. Fehlende Inhaberschaft des Veräußerers

Wenn der Urheber nicht Inhaber des Urheberrechts ist, dann kann er seiner vertraglichen Pflicht zur Einräumung von Nutzungsrechten selbst dann nicht nachkommen, wenn der Erwerber gutgläubig ist, weil ein gutgläubiger Erwerb von Nutzungsrechten an einem den guten Glauben schützenden Umstand scheitert[512]. Ein obligatorischer Vertragsschluss ist aber dennoch denkbar. Objektiv ist einem Dritten die Übertragung des Nutzungsrecht möglich.

a) Beispiele und Problemdarstellung

Das Fehlen der Rechtsinhaberschaft kann verschiedene Gründe haben.

aa) „Urheber" ist nicht der Berechtigte oder nicht der allein Berechtigte

Der veräußernde „Urheber" hat das Werk nicht geschaffen. Maßt er sich die Urheberschaft eines Dritten bewusst an, spricht man von einem Plagiat[513]. Geschieht dies unbewusst, d.h. veräußert er z.B. ein Nutzungsrecht an einem fremden Werk, handelt es sich um eine sog. „unbewußte Entlehnung"[514]. Das Plagiat ist demnach die bewusste Aneignung fremden Geistesguts. Die Aneignung liegt in der Behauptung, das geistige Werk, das tatsächlich von einem anderen stammt, sei von einem selbst geschaffen worden[515]. Urheberrechtlich relevant sind diejenigen Plagiate, die keine freie Benutzung, sondern abhängige Nachschöpfungen oder unveränderte Übernahmen bilden[516].

Möglich ist auch, dass der Urheber in Bezug auf das Werk, das er mit weiteren Miturhebern geschaffen hat, nicht alleine verfügungsberechtigt ist. Nach § 8 Abs. 2 S. 1

---

512 BGHZ 5, 116, 119; s. § 3 unter 2.

513 BGH GRUR 1960, 500, 503; *Kastner*, NJW 1983, 1151, 1152. Zur „Doppelrolle" des Plagiats und verwandter Eingriffe in fremde Urheberrechte als Konflikte mit Rechten Dritter s. in § 11 unter 4. a) aa).

514 BGH GRUR 1960, 251, 252; *Loewenheim*, in: Schricker, § 23 Rdnr. 25.

515 *Bullinger*, S. 12.

516 BGH GRUR 1960, 251, 253.

UrhG ist für die Verwertung eines solchen Werkes, wenn zwischen den Urhebern nichts anderes vereinbart ist, die Einwilligung im Rechtssinne, also die vorherige Zustimmung nach § 183 S. 1 BGB, aller Miturheber erforderlich[517], und zwar gerade auch im Außenverhältnis[518]. Die Möglichkeit nachträglicher Genehmigung wollte der Gesetzgeber bewusst ausschließen[519], sodass der Urheber bei fehlender Zustimmung grundsätzlich nicht wirksam über den Vertragsgegenstand verfügen kann. Im nachträglichen „Einverständnis“ eines Miturhebers wird aber – in Einklang mit der Gesetzesbegründung – der Verzicht auf die Verfolgung der Rechtsverletzung gesehen[520].

bb) Anderweitige Verfügung des Veräußerers

Es kann vorkommen, dass der Urheber, bevor[521] er sich schuldrechtlich zur Übertragung des Nutzungsrechts auf den Erwerber verpflichtet hat, sein Nutzungsrecht ausschließlich an einen Dritten übertragen hat. Jede weitere Übertragung geht dann ins Leere. Der Urheber kann seinen Pflichten nicht mehr nachkommen.

cc) Fehlende Zustimmung nach § 34 UrhG oder nach § 23 UrhG

Nach § 34 UrhG hat der Urheber grundsätzlich[522] bei jeglicher Übertragung eines ausschließlichen oder einfachen Nutzungsrechts an seinem Werk seine Zustimmung hierzu zu erklären. Entscheidend ist, dass jede Weiterübertragung durch einen Erwerber an einen Dritten ebenfalls der Zustimmung des Urhebers bedarf[523]. Liegt eine solche Zustimmung nicht vor, ist die Übertragung bis zur Genehmigung oder Versagung schwebend unwirksam[524]. Wird die Zustimmung nicht erteilt, ist der Vertrag rückwirkend, also von Beginn an, unwirksam. Auf Grund dieser schwebenden Unwirksamkeit und der Rückwirkung stellt die Konstellation keinen Fall der Gewährleistung und der Nacherfüllung dar, sondern eine Frage, ob ein Vertrag zustande kommt oder nicht. Diese Ansicht wird auch dadurch gestützt, dass die Rechtsprechung während eines be-

---

517 Der Miturheber darf die Zustimmung nicht wider Treu und Glauben verweigern. Auch im Übrigen werden Versuche unternommen, den nachträglichen Verzicht zuzulassen, zusammenfassend *Loewenheim*, in: Schricker § 8 Rdnr. 13 ff.

518 *Sontag*, S. 38 ff., 41 ff.; *Steffen*, S. 46 ff.

519 Begr. BT-Drucks. IV/270, S. 41.

520 Begr. BT-Drucks. IV/270, S. 41; *Haberstumpf*, Handbuch, Rdnr. 113.

521 Hat er nach schuldrechtlichem Vertragsschluss, aber vor Übertragung des Nutzungsrechts, weiter verfügt, so liegt grds. ein Fall der nachträglichen subjektiven Unmöglichkeit vor.

522 Ausnahme nach § 34 Abs. 1 S. 2 UrhG: Die Weigerung darf nicht gegen Treu und Glauben verstoßen. Das Zustimmungserfordernis ist abdingbar.

523 Ganz h.M., etwa *Beck*, S. 13 f.; *Schricker*, § 34 Rdnr. 7 m.w.N. Nicht zu verwechseln mit § 17 Abs. 2 UrhG, der die Weiterverbreitung eines Werkstückes durch Veräußerung ohne gesonderte Zustimmung des Urhebers grds. für zulässig erklärt, wenn das Werkstück mit Zustimmung des Berechtigten in Verkehr gebracht wurde. § 34 UrhG ist auf die Veräußerung von Werkstücken nicht anwendbar, OLG Frankfurt/M., NJW-RR 1997, 494.

524 Ganz h.M., etwa *Spautz*, in: Möhring/Nicolini, § 34 Anm. 2 b.

stehenden Schwebezustandes bereits erbrachte Leistungen über das Bereicherungsrecht abwickelt und damit von einem fehlenden Rechtsgrund ausgeht[525]. Dafür spricht auch, dass der Vertragsgegner, also der Erwerber, den tatsächlich Berechtigten auffordern kann, die Genehmigung zu erteilen, um den Schwebezustand zu beseitigen. Diese Aufforderung an den Dritten stellt lediglich eine rechtsgeschäftsähnliche Handlung dar[526]. Sie ist dogmatisch nicht vergleichbar mit einer formalen Fristsetzung an den Veräußerer als eigentlichen Vertragspartner. Nach altem Schuldrecht wurde ein derartiger Fall über die §§ 437, 439, 440, 445 BGB a.F. gelöst, weil der Veräußerer für den Bestand des Rechts nach § 437 BGB a.F. einzustehen hatte[527].

Jede andere Auffassung greift zu kurz und übersieht die dahinterstehende dogmatische Situation. Ist ein Vertrag schwebend unwirksam, so ist nicht zu untersuchen, ob Gewährleistungs- oder Unmöglichkeitsrecht zur Anwendung kommt. Vorab ist zu prüfen, ob der Vertrag überhaupt – von Anfang an – Wirksamkeit erlangt, wenn das fehlende Erfordernis nachgeholt wird oder ob er endgültig unwirksam wird, wenn die Zustimmungshandlung nicht nachgeholt wird oder werden kann. Die Konstellation setzt dogmatisch bereits beim wirksamen Zustandekommen eines Vertrages an. Liegen die erforderlichen Erklärungen vor, so ist der Vertrag wirksam. Das hat mit leistungsstörungsrechtlichen Fragen nichts zu tun.

Ähnlich ist der Fall gelagert, in dem ein Bearbeiter eines Werkes Nutzungsrechte an seiner „neuen“ Schöpfung einräumt. Nach § 23 UrhG muss der Urheber des bearbeiteten oder umgestalteten Werkes einer Verwertung der Bearbeitung zustimmen. Von der Bearbeitung i.S.d. § 23 UrhG, die ihrerseits nach § 3 S. 1 UrhG selbstständigen Urheberrechtsschutz genießt, wenn sie selbst die erforderliche Schöpferhöhe erreicht, ist die freie Benutzung i.S.d. § 24 UrhG zu unterscheiden. Ein in freier Benutzung geschaffenes Werk darf der „neue“ Urheber verwerten, ohne dass die Zustimmung des Urhebers des benutzten Werkes einzuholen ist[528]. Die Abgrenzung[529] ist im Einzelfall schwierig und liegt vor allem im Grad der Abhängigkeit von dem bestehenden Werk. Ist es gemeinfrei, so kann auch jede Form der Bearbeitung ohne Zustimmung Dritter verwertet werden. Ist es urheberrechtlich geschützt, so ist nach dem BGH danach zu fragen, ob „angesichts der Eigenart des neuen Werkes die entlehnten eigenpersönlichen Züge des geschützten Werkes verblassen“[530]. Ist das der Fall, liegt eine freie Benutzung vor. Anders formuliert: Während bei der unfreien Bearbeitung das Original dominiert, tritt

525 BGHZ 65, 123 ff.

526 *Heinrichs*, in: Palandt, § 108 Rdnr. 5.

527 *Schricker*, § 34 Rdnr. 17.

528 Zur freien Benutzung und Entlehnung: *Brauns*, S. 12 ff.

529 Die Parodie als „Sonderfall“ ist nach deutschem Verständnis ebenfalls danach abzugrenzen, ob ein Fall der Bearbeitung oder der freien Benutzung vorliegt; s. *Schack*, Rdnr. 247 ff.

530 BGHZ 122, 53, 60 m.w.N.; auch OGH GRUR Int. 1993, 176, 177.

es bei der freien Benutzung völlig in den Hintergrund[531]. Mit dieser „Formel" als Argumentationshilfe sollte die Vornahme der Abgrenzung gelingen. Stimmt der Urheber einer zustimmungspflichtigen Bearbeitung nicht zu, so ist es dem Veräußerer – wegen der Rückwirkung von Anfang an – nicht möglich, Nutzungsrechte am Werk einzuräumen[532].

dd) Wegfall des dem Nutzungsvertrag zu Grunde liegenden Vertrages

Der Veräußerer hat seine Berechtigung zur Weiterübertragung des Nutzungsrechts vom Urheber erhalten. Dieser Vertrag fällt nun nachträglich, etwa durch Anfechtung oder sonstige Nichtigkeit, weg, sodass das Nutzungsrecht rückwirkend wieder beim eigentlichen Urheber landet. Jegliche vorherige Übertragung verliert ihre Grundlage und Wirksamkeit.

b) Rechtsfolge

Trotz Fehlens der Rechtsinhaberschaft existiert der urheberrechtlich geschützte Vertragsgegenstand; er kann nur vom Urheber oder Veräußerer nicht übertragen werden. Einem Dritten ist diese Übertragung möglich. Der (Kauf-)Vertrag ist zudem schuldrechtlich wirksam geschlossen.

Es stellt sich die Frage, ob der Erwerber nach neuem Recht direkt über die Regeln der anfänglichen subjektiven Unmöglichkeit vorgehen kann oder den „Umweg" über das jeweilige besondere Leistungsstörungsrecht mit dem grundsätzlichen Erfordernis der Nachfristsetzung beschreiten muss. In ihrem Anwendungsbereich stellen die §§ 434 bis 442 BGB eine Sonderregelung gegenüber dem Leistungsstörungsrecht des allgemeinen Schuldrechts dar[533].

aa) Problemdarstellung und Meinungsstand

Nach § 275 BGB ist der Anspruch auf eine Leistung durch Unmöglichkeit ausgeschlossen, „soweit diese für den Schuldner ... unmöglich ist". Die Herbeiführung des Leistungserfolgs darf nur für den Schuldner unmöglich sein, für mindestens einen Dritten dagegen nicht. Die Konsequenz einer direkten Anwendung des Unmöglich-

---

531 *Schack*, Rdnr. 243. Der BGH benutzt zudem die Individualität des Ursprungswerks als Abgrenzungshilfe: Je stärker sie ist, desto seltener wird eine freie Benutzung möglich sein, GRUR 1991, 533, 534.

532 In Betracht kommt ein Vorgehen nach §§ 108 Abs. 2, 177 Abs. 2 BGB analog. Der Veräußerer ist in einer vergleichbaren Lage wie ein Vertreter ohne Vertretungsmacht. Der Erwerber kann den tatsächlich Berechtigten auffordern, den Vertrag binnen einer Frist zu genehmigen. Verweigert dieser die Genehmigung, kommt auch ein Anspruch nach § 179 Abs. 1 BGB in Betracht.

533 *Putzo*, in: Palandt, § 437 Rdnr. 48.

keitsrechts ist ein verschuldensabhängiger Schadensersatzanspruch statt der Leistung nach § 311 a Abs. 2 BGB und daneben ein Rücktrittsrecht nach § 326 Abs. 5 BGB.

Es ist aber auch zu berücksichtigen, dass es dem Schuldner in allen oben dargestellten Fällen grundsätzlich – zumindest theoretisch – möglich ist, sich durch Vereinbarung mit dem tatsächlichen (Mit-)Urheber zum berechtigten Inhaber des Nutzungsrechts am Werk zu machen und so seinen Vertrag mit dem Erwerber zu erfüllen. Da das Werk existiert, widerspricht der Begriff der „Unmöglichkeit" dem Sprachempfinden.

Auch *Lorenz* kann diesen Fall in seinem für die subjektive anfängliche Unmöglichkeit angeführten Beispiel nicht überzeugend lösen[534]: Er nimmt dieses Unvermögen an, wenn der Veräußerer eines gestohlenen Bildes die Genehmigung verweigert und eine Verfügung damit endgültig an § 935 BGB scheitert. In seinem Fall hatte der Veräußerer aber gerade versucht, das Geschäft zu legalisieren und damit einen „Nacherfüllungsversuch" unternommen. Es bleibt unklar, warum Lorenz ohne weitere Diskussion subjektive Unmöglichkeit annimmt, obwohl eine Übergabe des Kaufgegenstandes – und damit der Gefahrübergang – stattgefunden hat.

Hingegen nimmt *Schack* unter Hinweis auf den Vorrang des Gewährleistungsrechts vor § 306 BGB a.F. an, dass den Verkäufer in obiger Konstellation nach altem Recht die verschuldensunabhängige Rechtsmängelhaftung des Kaufrechts nach den §§ 445, 437, 440 Abs. 1, 325 BGB a.F. trifft[535]. Diese Auffassung trifft nicht den Kern des Problems, weil § 306 BGB a.F. im Falle des anfänglichen Unvermögens gar nicht anwendbar war[536].

bb) Abgrenzung im Detail und Bedeutung der Unterscheidung

Es ist dogmatisch vorzugehen und zu prüfen, ob die kaufrechtlichen Gewährleistungsrechte oder die allgemeinen Leistungsstörungsrechte anzuwenden sind.

Die Bedeutung dieser Unterscheidung liegt vor allem im Bereich des Verjährungsrechts. Während Rechte der allgemeinen Leistungsstörungen grundsätzlich gemäß § 195 BGB nach drei Jahren verjähren, beträgt die Frist im Rahmen der Kaufgewährleistung gemäß § 438 Abs. 1 Nr. 3 BGB zwei Jahre[537].

Die Voraussetzung ergibt sich im Kaufrecht aus §§ 433 Abs. 1, 434 Abs. 1 BGB: „Durch den Kaufvertrag" wird der Verkäufer zur – mangelfreien – Leistung verpflich-

---

534 *Lorenz/Riehm*, Rdnr. 338.

535 *Schack*, Rdnr. 944.

536 Allg. Ansicht, *Heinrichs*, in: Palandt (61. Aufl. Hauptband), § 306 Rdnr. 9.

537 Bei dinglichen Rechten eines Dritten, auf Grund dessen die Herausgabe der Kaufsache verlangt werden kann, beträgt die Verjährungsfrist nach § 438 Abs. 1 Nr. 1 a BGB sogar 30 Jahre. Wegen des Wortlauts („Herausgabe der Kaufsache") ist eine Anwendung auf entgegenstehende Urheberrechte Dritter, die als solche absolute Rechte darstellen, nicht möglich. Urheberrechte stellen zudem keine „dinglichen", sondern „sonstige" Rechte dar; *Putzo*, in: Palandt, § 435 Rdnr. 8, 9.

tet. Diese Mangelfreiheit hat nach § 434 BGB für Sachmängel bei „Gefahrübergang" vorzuliegen[538]. Bis zum Gefahrübergang ist bei Mängeln der verkauften Sache oder der Übertragung des verkauften Rechts das allgemeine Leistungsstörungsrecht des Schuldrechts anzuwenden[539].

Demnach ist auf den „Gefahrübergang" im Sinne eines Oberbegriffs als maßgeblichen Abgrenzungszeitpunkt zwischen der direkten Anwendung des Unmöglichkeits- oder des Gewährleistungsrechts abzustellen. Eine Übergabe im Sinne der Verschaffung des unmittelbaren Besitzes ist im Urhebervertragsrecht nicht entscheidend, selbst wenn neben der Rechtseinräumung auch die Übergabe eines Werkexemplars – etwa eines Bildes – geschuldet ist, da es auf die Übertragung von Nutzungsrechten an diesem Werk ankommt. Deshalb ist zunächst der Zeitpunkt beim Rechtskauf festzustellen, zu dem die Mangelfreiheit vorliegen muss.

Kaufrechtliche Regeln sind beim Rechtskauf erst anzuwenden, wenn es zur Übertragung des Rechts gekommen ist[540]. Vor dieser Übertragung ist allgemeines Leistungsstörungsrecht einschlägig. Diese Übertragung ist dem Veräußerer jedoch – nicht einmal durch gutgläubigen Erwerb – in den oben dargestellten Fällen nicht möglich. Der Veräußerer haftet aber nach altem wie nach neuem Recht für die Übertragbarkeit des Rechts[541]. Allgemeines Leistungsstörungsrecht ist deshalb anzuwenden, wenn es zu keiner Rechtsübertragung kommt, und zwar selbst dann, wenn das verkaufte Recht darüber hinaus noch einen Mangel aufweisen würde[542]. Das leuchtet ein: § 434 Abs. 1 BGB stellt auf einen Gefahrübergang ab. Solange ein solcher nicht oder noch nicht eingetreten ist, kann das besondere Gewährleistungsrecht keine Anwendung finden. Diese Lösung entspricht der Auffassung der Rechtsprechung zur Rechtslage vor der Schuldrechtsmodernisierung[543].

cc) Ergebnis

In den obigen Fallkonstellationen ist allgemeines Leistungsstörungsrecht anzuwenden. Es handelt sich um Fälle der subjektiven anfänglichen Unmöglichkeit aus rechtlichen Gründen. Da das Leistungshindernis, die fehlende Rechtsinhaberschaft, stets bei Vertragsschluss, der in aller Regel mit der geschuldeten Übertragung des Rechts

538 BGH NJW 1995, 1737; das hat nichts mit der Frage zu tun, ob im neuen Schuldrecht mit einer mangelhaften Sache erfüllt werden kann.

539 *Putzo*, in: Palandt, § 434 Rdnr. 8; § 437 Rdnr. 49.

540 S. in § 7 unter 2. j) aa); *Putzo*, in: Palandt, § 453 Rdnr. 29.

541 BGH NJW 1970, 556 für § 437 BGB a.F.; *Putzo*, in: Palandt, § 453 Rdnr. 20 für das neue Recht.

542 *Putzo*, in: Palandt, § 437 Rdnr. 49.

543 BGH NJW 1995, 1737, 1738.

zusammenfällt, vorliegt, kann der Veräußerer das Recht nicht übertragen[544]. Der Erwerber hat gemäß § 311 a Abs. 2 BGB nach der hier vertretenen Ansicht einen verschuldensabhängigen Schadensersatzanspruch statt der Leistung und daneben ein Rücktrittsrecht vom Vertrag nach § 326 Abs. 5 BGB. Das Rücktrittsrecht ist erforderlich, weil der Vertrag trotz der Unmöglichkeit wirksam ist.

c) Unterschied zur alten Rechtslage

Im alten Recht war das anfängliche Unvermögen gesetzlich nicht geregelt. Der Erwerber eines Rechts konnte bei anfänglicher subjektiver Unmöglichkeit der Rechtsverschaffung nach h.M., die § 440 BGB a.F. als Rechtsfolgenverweisung ansah, gemäß §§ 433, 440, 325 Abs. 1 BGB a.F.[545] oder auf Grund der von der Rechtsprechung für anfängliches Unvermögen angenommenen Garantiehaftung[546] unabhängig von einem Verschulden des Veräußerers häufig Schadensersatz wegen Nichterfüllung verlangen[547]. Alternativ stand ihm ein Rücktrittsrecht zu. Schließlich konnte er sich nach §§ 325 Abs. 1 S. 3, 323 BGB a.F. auf das Erlöschen der Gegenleistung berufen.

Anders als bisher haftet der Veräußerer nach neuem Recht nicht mehr verschuldensunabhängig für anfängliches Unvermögen[548], sondern nur dann, wenn er nicht beweisen kann, dass er vom Leistungshindernis keine Kenntnis hatte und diese Unkenntnis nicht zu vertreten hat. Die Ansprüche sind nach der Gleichstellung wie bei der anfänglichen objektiven Unmöglichkeit zu ermitteln. Eine gesetzliche Garantiehaftung besteht nach der hier vertretenen Ansicht nicht[549]. Der Veräußerer haftet nur noch dann, wenn er nicht beweisen kann, dass er vom Leistungshindernis keine Kenntnis hatte und diese Unkenntnis nicht zu vertreten hat. Er kann sich also exkulpieren.

d) Eigene Bewertung

Im alten wie im neuen Recht kann der Erwerber einen Schadensersatzanspruch statt der Leistung geltend machen. Der Unterschied nach neuem Recht besteht im Erfordernis des Verschuldens. Es liegt am Veräußerer, sich zu exkulpieren und nachzuweisen, dass er keine Kenntnis vom Leistungshindernis hatte. Diese Unkenntnis und das fehlende Verschulden hat er im Prozess darzulegen und zu beweisen.

---

544 In den Fällen der schwebenden Unwirksamkeit führt die Rückwirkung der verweigerten Genehmigung zum gleichen Ergebnis.

545 Wenn man mit der h.M. in der Literatur § 440 BGB a.F. als Rechtsfolgenverweisung ansah.

546 Bei behebbarer Unmöglichkeit musste der Erwerber allerdings gemäß § 326 BGB a.F. vorgehen.

547 BGH GRUR 1991, 40, 41.

548 Zur Gegenauffassung siehe in § 7 unter 2 d).

549 Näher in § 7 unter 2. d).

Urheberrechtsverträge basieren wegen der Nähe des Urhebers zu seiner Schöpfung („Schöpferprinzip") gerade darauf, dass dem Urheber eine persönliche Leistung abverlangt wird. Er hat ein Nutzungsrecht an seinem Werk zu verschaffen. Mit dem obligatorischen Vertragsschluss behauptet er, dass er entweder berechtigt ist, diese Nutzung zu verschaffen, oder dass er das Werk geschaffen hat. Zudem erweckt er mit der Eingehung des Schuldverhältnisses beim Vertragspartner das Vertrauen in seine vollumfängliche persönliche Leistungsfähigkeit. Im Unterschied zum alten Recht muss der Urheber die Prüfung seiner eigenen Berechtigung nicht mehr vor Vertragsschluss vornehmen. Es reicht aus, wenn er beweisen kann, dass er seine fehlende Urheberschaft bei Vertragsschluss nicht erkennen konnte. In der Praxis kann ihm diese Exkulpation in dieser Fallkonstellation – im Unterschied zu der in § 11 unter 1. vorgenommen Darstellung – regelmäßig auch gelingen: Es genügt, wenn er selbst durch ein unwirksames Rechtsgeschäft der ausschließliche Inhaber des Nutzungsrechts an einem fremden Werk zu sein glaubt.

Diese Möglichkeit verschafft dem Veräußerer gegenüber der alten Rechtslage einen Vorteil, den er nicht verdient. Es mag stimmig sein, im allgemeinen Schuldrecht bei Verträgen, die auf keiner besonderen persönlichen Leistung beruhen, bei anfänglichem Unvermögen ein Verschulden zu verlangen, weil der Veräußerer bei umlauffähigen Gütern in der Tat mit der verschuldensunabhängigen Garantiehaftung auf das positive Interesse unbillig belastet sein kann[550]. Im Urhebervertragsrecht gilt dies aber aus den angeführten Gründen nicht[551].

e) Überprüfung anhand urheberrechtlicher Besonderheiten

aa) Ungerechtfertigte Chance des Urhebers und Lösungsvorschlag

Die Besonderheiten des Urheberrechtsvertrags führen dazu, dass sich der Wunsch des Gesetzgebers, Unbilligkeiten zu vermeiden, bei diesem Vertragstyp ins Gegenteil verkehren kann. Derjenige, der behauptet, Nutzungsrechte an einem urheberrechtlichen und damit persönlich geschaffenen Werk verschaffen zu können, erhält die haftungsausschließende „Chance", sich erfolgreich zu exkulpieren, obwohl das Recht tatsächlich existiert. Diese Unstimmigkeit führt zu Stimmen in der Literatur, die nicht ausschließen, dass die Rechtsprechung bei Urheberrechtsverträgen entweder eine konklu-

---

550 So auch die Begründung des Reformgesetzgebers, Begr. BT-Drucks. 14/6040, S. 165 f.

551 Zu Recht weist *Faust* darauf hin, dass es auch zu Unstimmigkeiten bei „Abtretungsketten" kommen kann. Während der Schaden des Letzterwerbers bei einer Garantiehaftung im Wege des Regresses regelmäßig an den ersten Zedenten „durchgereicht" werden können, drohe bei einer Verschuldenshaftung, dass sich häufig schon der zweite Zedent exkulpieren könne. Die etwaigen Lösungen – etwa die Ausdehnung des Fahrlässigkeitsbegriffs oder der Drittschadensliquidation – wirkten konstruiert; *Faust*, in: Huber/Faust, S. 218.

dente Garantiehaftung annimmt oder die Anforderungen die Exkulpation im Rahmen des § 311 a Abs. 2 BGB hoch angesetzt werden[552].

Gegen eine Garantiehaftung spricht aber der eindeutige Wortlaut des Gesetzes. Die Praxis wird versuchen, sich mit vertraglichen Garantiezusagen zu helfen, die bislang zwar üblich waren, wegen der Rechtslage im alten Recht jedoch nur deklaratorische Bedeutung hatten.

In der in § 11 unter 1. dargestellten Konstellation führen die Besonderheiten des Urhebervertragsrechts im Einzelfall u.U. zu einer Benachteiligung des Urhebers. Im Rahmen der fehlenden Rechtsinhaberschaft kann es zu schuldrechtlichen Ergebnissen kommen, die den Urheber bevorteilen. Erneut erweist sich die Anwendung des Schuldrechts für den Urheberrechtsvertrag als nicht optimal. Der klare Gesetzeswortlaut des § 311 a Abs. 2 BGB lässt nach der hier vertretenen Ansicht keine Abweichung zu, die diesen Wortlaut ignoriert, etwa indem sie von einer stillschweigenden Garantiehaftung ausgeht.

Denkbar wäre aber, die Vereinbarung einer Garantiehaftung in diesen Konstellationen durch Allgemeine Geschäftsbedingungen zuzulassen. *Faust* bringt mit guten Argumenten vor, dass eine solche Garantie, die über Jahrzehnte gültiges Recht war, nicht gegen wesentliche Grundgedanken der gesetzlichen Regelung im Sinne des § 307 Abs. 2 Nr. 1 BGB verstoßen sollte, wenn sie vertraglich vereinbart wird[553].

bb) „Umgehung" der Nacherfüllung

Ein weiterer Punkt verdient Beachtung: Durch die zwingende Qualifikation als Unvermögen wird dem Veräußerer die Möglichkeit genommen, sich durch Vereinbarung mit dem tatsächlichen Urheber, Miturheber oder sonstigem Berechtigten in die Lage zu versetzen, das Recht nachträglich zu verschaffen. Die Nacherfüllung als gesetzliches Leitbild wird „vereitelt". Dabei liegt die Überlegung nahe, dem Veräußerer die Chance zur Vertragserfüllung einzuräumen. So fordert die Rechtsprechung von demjenigen, der sich auf das Unvermögen beruft, eine Darlegung, ob und ggf. mit welchem Aufwand das Leistungshindernis zu beseitigen ist[554]. Das ist aber nicht erforderlich; im Unterschied zum Sachkauf und -mangel hängt die „Nacherfüllung" in den vorerwähnten Fallkonstellationen vom Willen eines Dritten ab. Eine Nacherfüllung erscheint zufällig und ist vom Veräußerer – außer eventuell über den Preis – nicht beeinflussbar. Wenn es dem Veräußerer gelingen sollte, den tatsächlich (Mit-)Berechtigten zur Einräumung der Nutzungsrechte zu bewegen, ist immer noch ein neuer Vertragsschluss mit dem Erwerber möglich. Da dem Erwerber aber ein Warten auf die Einräu-

552 So *Manz/Ventroni/Schneider*, S. 413.

553 *Faust*, in: Huber/Faust, S. 218, 219.

554 BGH NJW 1997, 1528; 1992, 3225, jeweils für das alte Recht.

mung der Nutzungsrechte nicht zumutbar ist, ist der Ausschluss des Nacherfüllungsrechts vor diesem Hintergrund durchaus sinnvoll.

4. Konflikte mit Rechten Dritter[555]

Nach §§ 433 Abs. 1 S. 2 i.V.m. 453 BGB hat der Verkäufer dem Käufer das Nutzungsrecht frei von Rechtsmängeln zu verschaffen. Der Käufer muss das Werk zudem verwerten können, d.h. in die rechtliche und tatsächliche Lage versetzt sein, um den von ihm erhofften Nutzen hieran – wirtschaftlich, persönlich oder ideell – ziehen zu können. Die nachfolgende Darstellung behandelt die Fallgestaltungen, in denen der Veräußerer Inhaber des Urheberrechts am vertragsgegenständlichen Nutzungsrecht ist, der Verwertung durch den Erwerber aber Rechte Dritter entgegenstehen.

Dabei soll untersucht werden, ob es Unterschiede in der Behandlung dieser Störungen gibt, wenn ein absolutes oder (nur) ein relatives Recht entgegensteht. Deshalb sind drei unterschiedliche Kategorien zu unterscheiden: Die urheberrechtlichen Mängel im engen Sinne, die Verletzung fremder – somit von außen kommender – absoluter Rechte Dritter und die entgegenstehenden vertraglichen Rechte Dritter.

a) Urheberrechtliche Mängel im engen Sinne

Wenn der Urheber ein Nutzungsrecht an einem Werk veräußert, das Eingriffe in fremde Urheberrechte enthält, dann kann der redliche Erwerber die von ihm gewünschte Werkverwertung nicht oder nicht wie gewünscht durchführen. Dem Beeinträchtigten stehen grundsätzlich Unterlassungs-, u.U. auch Beseitigungs- und Schadensersatzansprüche aus § 97 UrhG zu. Der Erwerber muss jederzeit mit der Geltendmachung dieser zivilrechtlichen Ansprüche rechnen, selbst wenn dies bei Vertragsschluss und Beginn einer Verwertung noch nicht geschehen ist[556]. Die von *Staub* in diesen Fällen vorgenommene Differenzierung, wonach im Rahmen der Rechtsfolgenprüfung zu beachten sei, dass der Vertragsgegenstand das Nutzungsrecht an einem Werk und nicht das Werk selbst sei und demnach nicht ohne weiteres von einem Mangel gesprochen werden könne[557], ist nicht korrekt. Es kommt nicht entscheidend darauf an, ob der Mangel eventuell nur am Nutzungsrecht des Werkes als solchem besteht, sondern darauf, dass der Erwerber gehindert ist, die geschuldete Verwertung vorzunehmen. Denn der Anspruch des Dritten aus § 97 UrhG besteht nicht nur gegenüber dem Veräußerer,

555 *Asprogerakas-Grivas*, S. 41 ff., bezeichnet diese Gruppe als „die eigentlichen Mängel im Recht".

556 Die Auffassung des Reichsgerichts (RGZ 86, 45 für das Patentrecht), wonach ein nicht angegriffenes Nutzungsrecht so gut sei wie ein nicht angreifbares, ist abzulehnen. Der Erwerber hat Anspruch auf eine Rechtseinräumung frei von Rechten Dritter und nicht auf eine, die von Dritten nur nicht angegriffen wurde.

557 *Staub*, S. 166 f.

sondern gegenüber jedem, der eine Handlung als eigene veranlasst oder einen sonstigen Grund für eine adäquate Urheberrechtsverletzung setzt[558]. So haftet z.B. nicht nur der Plagiator, sondern auch der Verwerter des Plagiats, der es verlegt[559]. Hinzu kommt, dass die einzelnen Verwertungsrechte zum Schutzgegenstand des Urheberrechts gehören und durch die Einräumung von Nutzungsrechten und die darauf folgende Verwertung der Öffentlichkeit zugänglich gemacht werden sollen[560]. Sie vom Werk als solchem loszulösen, wäre schlichte Förmelei.

aa) Die „Doppelrolle" des Plagiats

In § 11 unter 3. a) aa) wurde dargestellt, dass das Plagiat eine Form „geistigen Diebstahls"[561] ist, bei dem der Plagiator unter Anmaßung der Urheberschaft bewusst ein Werk oder Werkteil eines anderen als eigene Schöpfung ausgibt und den Namen des wahren Urhebers verschweigt. Die möglichen Erscheinungsformen sind vielfältig. In Betracht kommt die Kopie als Nachdruck, das zulässige, aber nicht nach §§ 51, 63 UrhG gekennzeichnete Zitat oder die Übernahme von Melodien.

Es stellt sich die Frage, ob dem Plagiat eine „Doppelrolle" zukommt, denn der tatsächliche Urheber hat grundsätzlich Ansprüche gegen den Werknutzer aus § 97 UrhG[562]. Er kann somit zu jedem Zeitpunkt[563] verschuldensunabhängige Unterlassungsansprüche geltend machen. Auf der anderen Seite ist es ihm aber möglich, den Eingriff zu legalisieren, indem er die Rechtswidrigkeit durch Einwilligung oder Genehmigung beseitigt[564]. Das ist vor dem Hintergrund der Nacherfüllung von Bedeutung. In § 11 unter 3. a) aa) wurde das Plagiat der Kategorie „Fehlende Inhaberschaft" und damit des Unvermögens der Leistung zugeordnet, weil der Veräußerer nicht der Inhaber der Urheberrechte ist und damit Nutzungsrechte hieran nicht wirksam übertragen kann[565].

Die Lösung der Frage, ob es sich beim Plagiat um einen Fall der Unmöglichkeit handelt, oder ob es (auch) ein Konflikt mit entgegenstehenden Rechten Dritter ist, der über das Gewährleistungsrecht gelöst werden muss, ergibt sich aus dem allgemeinen Schuldrecht. Fakt ist, dass das Leistungshindernis bereits zum Zeitpunkt des Vertragsschlusses besteht, das entgegenstehende Recht aber u.U. erst einige Zeit später – wenn

---

558 *Wild*, in: Schricker, § 97 Rdnr. 35.

559 RGSt. 12, 34, 36.

560 *Wild*, in: Schricker, § 97 Rdnr. 3.

561 BGH GRUR 1960, 500; deshalb stellt das sog. „Selbstplagiat" grds. keine Urheberrechtsverletzung dar.

562 RGSt. 12, 34, 36.

563 Freilich nur, solange das Werk noch geschützt und nicht gemeinfrei ist.

564 BGH GRUR 1959, 147, 149.

565 Die Abgrenzung ist schwierig. *Asprogerakas-Grivas* schreibt wörtlich: „Angesichts der Tatsache, dass sie [Plagiat] die Verwertung des Werkes wegen des Einspruchsrechts des Dritten unmöglich machen, werden sie als Rechtsmangel betrachtet" (S. 53). Damit vermischt der Autor die Begriffe „Unmöglichkeit" und „Mangel".

überhaupt – geltend gemacht wird. Damit ist der Fall nach Ansicht des Verfassers mit den Einreden des § 275 Abs. 2 und 3 BGB vergleichbar. Dort wird anfängliche Unmöglichkeit auch dann angenommen, wenn die erforderliche Einrede erst später erhoben wird. Der „Mangel" ist vom Veräußerer nie aus eigener Kraft behebbar, sondern hängt immer vom Willen des Dritten ab. Das spricht für die Anwendung des Unmöglichkeitsrechts.

Dies ist auch interessengerecht. Dem Erwerber ist grundsätzlich nicht zumutbar, dem Veräußerer zunächst eine Frist zur Nacherfüllung setzen zu müssen, obwohl die Nacherfüllung nicht in seinem Herrschaftsbereich liegt, sondern vom Willen und der Kooperation eines Dritten abhängt. Der Gedanke des Vorrangs der Vertragserfüllung im Bereich des Kaufrechts kommt in den Fällen nicht zum Tragen, in dem diese Vertragserfüllung nicht im ausschließlichen Machtbereich des eigentlichen Vertragspartners liegt. Wenn es dem Veräußerer im Einzelfall gelingen sollte, die Nutzungsrechte am Werk des Dritten nachträglich zu erlangen, so steht es den Parteien frei, einen neuen Urheberrechtsvertrag abzuschließen[566]. Um den Veräußerer vor unnötigen Investitionen zu sichern[567], ist ein Vertragsschluss unter der aufschiebenden Bedingung der Berechtigung denkbar. Zunächst genießt aber der Schutz des redlichen Erwerbers Vorrang, der sich nicht auf eine Nacherfüllung einlassen muss und einen Schadensersatzanspruch erhält, es sei denn, der Veräußerer kannte das Leistungshindernis bei Vertragsschluss nicht.

Wieder ist die dogmatisch korrekte Einordnung der einzelnen Fallgestaltung unerlässlich, um zu einer korrekten und nachvollziehbaren Lösung zu gelangen. Zunächst liegt es nahe, das Plagiat der Kategorie des Rechtsmangels zuzuordnen, bei genauer Analyse und Betrachtung ist dies aber falsch. Insofern kann nicht von einer „Doppelrolle" gesprochen werden, weil eine eindeutige Zuordnung – Unmöglichkeitsrecht – getroffen werden kann.

bb) Tatsächlich entgegenstehende Urheberrechte Dritter

In diese Kategorie werden diejenigen Mängel eingeordnet, die einem Werk anhaften, weil fremde urheberrechtlich geschützte Werke mitbenutzt werden. Das kann etwa der Fall sein, wenn ein Buch unter unzulässiger Verwendung fremder Fotografien entsteht oder im Rahmen eines Musikstücks fremde Passagen übernommen werden[568]. Dabei

---

566 Diese Konstruktion ist erforderlich, weil zwar trotz *anfänglichem Unvermögen* ein wirksamer Vertrag besteht, dieser aber ohne wirksame Primärleistungspflicht entsteht; *Heinrichs*, in: Palandt, § 311 a Rdnr. 5.

567 Etwa, wenn er das Nutzungsrecht vom Berechtigten zur weiteren Verwendung erlangt, indem er es kauft.

568 Es ist eine exakte Abgrenzung zum „Plagiat" vorzunehmen. Diese gestaltet sich im Einzelfall als schwierig. Entscheidend ist auch ein subjektives Element: Will der Plagiator das fremde oder nachgemachte Werk bewusst als eigene Schöpfung darstellen, so ist von einem Plagiat aus-

ist unerheblich, ob dem Werk des Veräußerers wesentliche oder nur vereinzelte Stellen anhaften, denen Urheberrechte Dritter entgegenstehen. In jedem Fall kann der Dritte nach § 97 UrhG gegen den Veräußerer vorgehen[569]. Die Unterscheidung spielt allenfalls im Rahmen der Rechtsfolgenprüfung eine Rolle, wenn es darauf ankommt, in welchem Umfang der Erwerber Rechte geltend machen kann, sofern nur Teile seines Nutzungsrechts mangelhaft sind.

b) Verletzung sonstiger absoluter Rechte Dritter (Persönlichkeitsrechte)

Häufig verletzt ein Werk absolute Rechte Dritter. In Betracht kommen vor allem das allgemeine Persönlichkeitsrecht (Ehre, das Namensrecht, das Recht am eigenen Bild), aber auch das Recht am eingerichteten und ausgeübten Gewerbebetrieb sowie andere dinglich wirkende Rechte wie das Nießbrauchs- oder das Pfandrecht. Diese sind u.a. von § 823 Abs. 1 BGB geschützt. Der Veräußerer ist in dieser Kategorie zwar Inhaber des Urheberrechts, das dem Urheberrechtsvertrag zu Grunde liegt, die Verwertung des Werkes ist jedoch beeinträchtigt. Ein Dritter kann – ähnlich wie bei § 97 UrhG – Unterlassungsansprüche[570] und/oder Schadensersatzansprüche geltend machen, die de facto zur Unverwertbarkeit des Werkes führen können.

Vor allem die Verletzung fremder Persönlichkeitsrechte spielt im Pressebereich und Verlagsrecht eine bedeutende Rolle. Gedacht ist an Fälle, in denen der Fotograf die Verwertungsrechte an seinen unter Verstoß gegen das Recht am eigenen Bild des Aufgenommenen gemachten Fotos zur Nutzung an Zeitungen veräußert und diese dann vom Dritten auf Unterlassung und/oder Schadensersatz in Anspruch genommenen werden.

c) Entgegenstehende vertragliche Rechte Dritter

Im Unterschied zu den absoluten Rechten Dritter entfalten vertragliche Rechte Dritter nur im Verhältnis des Veräußerers und des Dritten Wirkung. So kann es vorkommen, dass der Veräußerer ein und dasselbe ausschließliche Nutzungsrecht zweimal „vergibt" oder ein Nutzungsrecht dadurch beeinträchtigt wird, dass der Veräußerer ein solches in einfacher Form bereits einem Dritten eingeräumt hat.

---

zugehen; übernimmt er lediglich 1:1 ein fremdes Werk, so plagiatiert er nicht, sondern „verwendet" nur.

569 Insoweit ist der Differenzierung *Asprogerakas-Grivas* (S. 50 f.) nicht zuzustimmen. Er unterscheidet – je nach Bedeutung des Rechts des Dritten für das Werk des Veräußerers – zwischen „abhängiger Nachschöpfung" oder vereinzelten urheberrechtlichen Mängeln. Wie unter § 11 unter 3. a) cc) dargestellt, handelt es sich bei derartigen „Nachschöpfungen" um Bearbeitungen, die zustimmungspflichtig sind. Fehlt eine Zustimmung, ist der Vertrag schwebend unwirksam.

570 Obwohl in § 823 BGB nicht ausdrücklich erwähnt, entspricht die Zulässigkeit eines Unterlassungsanspruchs bei der Verletzung von Persönlichkeitsrechten der allg. Meinung. Voraussetzung ist nur ein objektiv widerrechtlicher Eingriff in das absolute Recht, BGHZ 38, 200, 206. Der Unterlassungsanspruch setzt ein Verschulden nicht voraus.

Zu unterscheiden sind zwei Gestaltungen: In dem Fall, in dem der Veräußerer *vor* Vertragsschluss mit dem Erwerber einem Dritten am selbem Werk bereits ein ausschließliches Nutzungsrecht nach § 31 I S. 2 UrhG eingeräumt hat, hat der Erwerber zwar einen Vertrag geschlossen. Eine Einräumung eines Nutzungsrechts ist aber ausgeschlossen, weil ein gutgläubiger Erwerb nicht möglich ist. Diese zweite „Einräumung" fällt unter das oben bereits behandelte Unmöglichkeitsrecht, weil es dem Veräußerer nicht möglich ist, das dem Vertrag zu Grunde liegende Recht zu verschaffen.

Im Falle der relativen oder einfachen Nutzungsrechtseinräumung an einen Dritten[571] hat der Veräußerer grundsätzlich das Recht, weitere Urheberrechtsverträge zu schließen. Eine Vertragsverletzung ist allenfalls durch einzelvertragliche Abreden möglich, wenn etwa der Veräußerer – ausdrücklich oder konkludent – das Fehlen weiterer Lizenzen zum Vertragsinhalt gemacht hat.

d) Sonderfall: „Public Domain"

Der Urheber kann sein Werk zur allgemeinen Benutzung freigeben. Dies geschieht häufig im Bereich der Computersoftware (sog. „Freeware"[572]), wenn der Urheber jedermann das kostenlose Herunterladen seines Werkes gestattet[573]. Die Rechtsprechung gewährt dieser Freeware von Anfang an keinen urheberrechtlichen Schutz[574]. Das hat bei einem Vertrag über ein zur freien Benutzung gestelltes Werk zur Folge, dass ein von Anfang an objektiv unmöglicher Inhalt vorliegt.

Diese Ansicht verdient keine Zustimmung. Sie ist dogmatisch nicht haltbar. Die Freigabe eines Werkes zur Benutzung für jedermann beseitigt nicht den urheberrechtlichen Schutz als solchen, sondern hat die rechtliche Qualität der Einräumung eines einfachen Nutzungsrechts am Vervielfältigungs- und Verbreitungsrecht des Urhebers nach § 31 Abs. 2 UrhG[575]. Die Werkqualität hängt nicht davon ab, ob der Urheber die Verwendung gestattet, sondern ausschließlich von der Erfüllung der Kriterien des § 2 UrhG. Wenn schon das Urheberrecht unverzichtbar ist, dann erst recht die Qualifizierung als Werk.

Diese Fallgestaltung ist demnach nicht dem Bereich des mangelnden Bestands des Rechts zuzuordnen, sondern – sollte der Urheber die ausschließliche Einräumung seiner „Freeware" (die dann keine mehr ist) schulden – den entgegenstehenden vertraglichen Rechten Dritter.

---

571 Unerheblich ist, ob diese Einräumung vor oder nach Vertragsschluss mit dem Erwerber erfolgt.

572 Zur Terminologie: *Marly*, Rdnr. 281 ff.

573 *Hoeren*, S. 161.

574 OLG Frankfurt/M., GRUR 1989, 678, 679.

575 So auch *Marly*, Rdnr. 281 ff.; *Schwarz/Peschel-Mehner*, S. 27; Einschränkungen der Nutzungsrechtseinräumung sind möglich. So dürfte in der Regel die Bearbeitung nicht zulässig sein.

e) Rechtsfolgen

Der Veräußerer hat nach §§ 453, 435 BGB grundsätzlich das Recht frei von Rechten Dritter zu verschaffen. Das ist dann der Fall, wenn Dritte in Bezug auf das Recht keine oder nur vertraglich übernommene Rechte gegen den Käufer geltend machen können. Deshalb liegt ein Rechtsmangel vor, wenn der Veräußerer das Recht zwar verschaffen kann, dieses aber mit den oben genannten Rechten belastet ist. Unerheblich ist dabei, ob es sich bei den entgegenstehenden Rechten um absolute oder nur vertragliche Rechte handelt. Unerheblich ist darüber hinaus, ob der Dritte sein Verbotsrecht oder seine sonstigen Ansprüche geltend macht oder bereits geltend gemacht hat.

Da der „Gefahrübergang" in obiger Konstellation stattgefunden hat, weil der Veräußerer in der Lage war, ein – wenn auch belastetes Recht – zu verschaffen, sind in dieser Gestaltung die besonderen Gewährleistungsvorschriften anzuwenden. Es handelt sich um den „klassischen" Fall der Kaufgewährleistung.

aa) Rechtslage nach neuem Recht

Das neue kaufrechtliche Regelungssystem stellt nach § 433 Abs. 1 S. 2 BGB den Rechtsmangel einem Sachmangel hinsichtlich der Behandlung und der Rechtsfolgen gleich. Dem Erwerber steht der Katalog des § 437 BGB zur Verfügung, der zunächst grundsätzlich eine Nacherfüllung voraussetzt, wenn der Mangel behebbar ist, bevor weitere Rechte geltend gemacht werden können.

(1) Unmöglichkeit der Nacherfüllung

Eine Unmöglichkeit der Nacherfüllung liegt selbst in den Fällen nicht vor, in denen dem Vertrag ein Persönlichkeitsrecht eines Dritten entgegensteht. Dem Veräußerer ist es theoretisch möglich, sich durch Vereinbarung mit dem Dritten in die Lage zu versetzen, die entgegenstehenden Rechte zu erwerben oder zu beseitigen[576]. Macht er dies nicht oder gelingt es ihm nicht, den Dritten zur Aufgabe seiner Rechte zu bewegen, so muss er die Frist zur Nacherfüllung zwangsläufig fruchtlos verstreichen lassen. Im Anschluss daran stehen dem Erwerber die weiteren Rechte des § 437 BGB zu.

Diese Konstellation unterscheidet sich von der in § 11 unter 3. dargestellten („Fehlende Rechtsinhaberschaft des Veräußerers"), in der grundsätzlich die Unmöglichkeit der Leistung angenommen wird, durch den unterschiedlichen Drittbezug und durch den zeitlichen Aspekt. Das Nutzungsrecht konnte – trotz entgegenstehender Rechte – übertragen werden, der Dritte hat u.U. lediglich die Möglichkeit der späteren Intervention. In den Fällen der fehlenden Rechtsinhaberschaft des Veräußerers hängt das Bestehen

576 Das gilt selbst dann, wenn er den Dritten nicht kennt. In Betracht kommt dann ggf. eine Ablehnung der Nacherfüllung wegen Unverhältnismäßigkeit nach §§ 439 Abs. 3 oder 275 Abs. 2, 3 BGB.

oder Nichtbestehen des gesamten Vertrages und damit auch die grundsätzliche Möglichkeit seiner Durchführung von Beginn an vom Willen eines Dritten ab.

(2) Neu: Das Recht zur Minderung

Neu ist die Möglichkeit für den Erwerber, den Vergütungsanspruch nach §§ 437 Nr. 2, 441 BGB zu mindern.

(3) Schadensersatz

Der Schadensersatz kann nach der Differenztheorie in vielfältiger Weise beansprucht werden. Macht der Dritte einen Unterlassungsanspruch geltend, so ist der Schaden darin zu sehen, dass der Erwerber das Werk insgesamt nicht nutzen kann. Das ist mindestens der entgangene Gewinn. Beansprucht der Dritte darüber hinaus Schadensersatz vom Erwerber, der nach § 823 BGB haftet, so kann der Erwerber diesen Schaden seinerseits als Schadensersatz vom Veräußerer verlangen. Zu beachten ist, dass der Erwerber damit das Insolvenzrisiko des Veräußerers trägt.

(4) Erfüllungsanspruch und Zurückbehaltungsrecht

Zeigt sich der – behebbare – Mangel bereits vor der Übertragung des Rechts, so kann der Erwerber nach § 320 BGB die Zahlung des Kaufpreises vollständig verweigern und die Rechtseinräumung als nicht erfüllungstauglich ablehnen. Er behält seinen ursprünglichen Erfüllungsanspruch. Bedeutung hat diese Unterscheidung im Verjährungsrecht, weil der Erfüllungsanspruch der Regelverjährung des § 195 BGB unterliegt[577].

(5) Haftungsmaßstab

Neu ist schließlich die Gleichstellung des Einflusses von Kenntnis und Kennenmüssen des Erwerbers im Hinblick auf Rechtsmängel. Während nach altem Recht nur positive Kenntnis vom Mangel nach § 439 BGB a.F. zum Haftungsausschluss führte, gilt nunmehr nach § 442 BGB, der positive Kenntnis oder grob fahrlässige Unkenntnis verlangt – es sei denn, der Veräußerer hat einen Mangel arglistig verschwiegen oder eine Beschaffenheitsgarantie abgegeben –, dass der Haftungsausschluss auch bei grob fahrlässiger Unkenntnis eintritt.

(6) Besonderheiten bei der Teilleistung

Der Gesetzgeber hat in §§ 281 Abs. 1 S. 2, 323 Abs. 5 BGB für den Fall der ordnungsgemäß erbrachten Teilleistung vorgesehen, dass der Erwerber Schadensersatz statt der ganzen Leistung nur erhält oder vom gesamten Vertrag nur zurücktreten oder

---

577 *Lorenz/Riehm*, Rdnr. 567.

ihn kündigen kann, wenn die bewirkte Teilleistung für ihn kein Interesse hat. Diese Normen und Beschränkungen sind in der hier geprüften Mangelkategorie urheberrechtlich relevant, etwa wenn Nutzungsrechte an einem Buch veräußert werden, in dem mittels Fotografien gegen Persönlichkeitsrechte Dritter verstoßen wird. Hinsichtlich der Frage, ob der Erwerber vom ganzen Vertrag zurücktreten darf, ist zu prüfen, wie sich der Mangel auf das Nutzungsrecht auswirkt. Kann der Dritte die Nutzung dauerhaft und vollständig verhindern, so wird man von einem Wegfall des Interesses ausgehen müssen, der eine Abkehr vom gesamten Vertrag zulässt. Ist es dagegen möglich, die entgegenstehenden Rechte des Dritten, im Beispielsfalle etwa durch Neuauflage des Buches ohne das einschlägige Foto, zu beseitigen, so wird man grundsätzlich keinen Interessenwegfall bezüglich des Gesamtwerks annehmen können[578]. Der Erwerber ist durch die Möglichkeit, für den mangelhaften Teil Rechte geltend machen zu können, ausreichend geschützt.

(7) Änderung der Beweislast

Im Zuge der Modernisierung des Schuldrechts wurde § 442 BGB a.F. aufgehoben, der dem Käufer die Beweislast für das Bestehen eines Rechtsmangels auferlegte. Nunmehr hat der Veräußerer – in der Regel also der Urheber – nach allgemeinen Regeln zu beweisen, dass das veräußerte Recht zum maßgeblichen Zeitpunkt der Rechtsübertragung frei von (Rechts-)Mängeln war.

Das bedeutet zwar eine Verschlechterung der Lage des Urhebers. In der Praxis dürfte die Bedeutung dieser Neuerung geringe Auswirkungen haben. Die Parteien werden regelmäßig verbindlich feststellen können, wann zum einen die Rechtsübertragung stattgefunden hat, und zum anderen, seit wann das entgegenstehende Recht des Dritten besteht.

bb) Rechtslage nach altem Recht

Der Rechtsmangel wurde nach altem Recht durch den Verweis der §§ 434, 440 BGB a.F. auf die §§ 320 ff. BGB a.F. nach allgemeinem Leistungsstörungsrecht behandelt. Es war zu differenzieren, ob der Mangel behebbar war (dann § 326 BGB a.F.) oder nicht (dann § 325 BGB a.F.). Höchst umstritten und problematisch war, dass es die Möglichkeit einer Minderung grundsätzlich nicht gab. Der Erwerber war gehalten, Schadensersatz zu verlangen oder alternativ vom Vertrag zurückzutreten[579]. Die Rechtsprechung versuchte unter dem Gesichtspunkt der fahrlässigen Nichtaufklärung über Rechtsmängel, eine „Minderung durch c.i.c." zu schaffen, ohne vom Erwerber

578 Das ist im Einzelfall exakt zu prüfen. Wenn etwa Bilder, die gegen Persönlichkeitsrechte Dritter verstoßen, wesentliche Elemente des Werkes und damit des Nutzungsrechts darstellen, ist es denkbar, dass das Werk ohne diese Bilder verwertungsunfähig wird.

579 §§ 325 Abs. 1 S. 3, 323 BGB a.F. wurden nicht angewendet; zusammenfassend: *Manz/Ventroni/Schneider*, S. 414. Das galt nach §§ 30, 31 VerlG auch für Verlagsverträge.

den Nachweis zu fordern, dass sich der Veräußerer auf den niedrigeren Preis eingelassen und den Vertrag geschlossen hätte[580].

Zudem sah das alte Recht keine Beschränkung vor, nur bei erheblichen Mängeln vom ganzen Vertrag zurücktreten oder statt der Leistung Schadensersatz verlangen zu können.

cc) Eigene Bewertung

(1) Minderung

Die Möglichkeit, unter gewissen Voraussetzungen die Vergütung zu mindern, gibt dem Erwerber einen zusätzlichen Rechtsbehelf. Ihm wird ermöglicht, das u.U. preiswert erstandene Nutzungsrecht zu behalten, zu verwerten und dennoch eine Anpassung der Vergütung an die vorgefundenen Beschränkungen zu erreichen. Das ist sachgerecht: Es ist nicht einzusehen, warum der Rechtserwerber in diesem Bereich schlechter gestellt war als der Sachkäufer. Das Bestreben der Rechtsprechung, die Minderung über die Hintertür zuzulassen, zeigt die „Rechtfertigungsschwierigkeiten" der alten Rechtslage.

Generell ist die Gleichstellung zwischen Sach- und Rechtsmangel sinnvoll, weil sie Rechtssicherheit schafft. Der Erwerber weiß, dass er dem Veräußerer grundsätzlich eine zweite Chance zu geben hat, um den Vertrag ordnungsgemäß zu erfüllen. Über die Fristsetzung ist der Erwerber ausreichend geschützt. Verstreicht sie fruchtlos, so kann er sämtliche weitere Rechte des § 437 BGB geltend machen und ist dabei im Vergleich zur alten Rechtslage durch die Möglichkeit der Minderung des Kaufpreises flexibler als bisher.

(2) Schadensersatz

Die Möglichkeit der Geltendmachung von Schadensersatz steht nach § 325 BGB systemkonform neben dem Recht, vom Vertrag zurückzutreten oder ihn zu kündigen[581]. Als Korrelat hat der Gesetzgeber als Neuerung in den §§ 281 Abs. 1 S. 3, 323 Abs. 5 S. 2 BGB bestimmt, dass der Erwerber nur bei wesentlichen Rechtsmängeln Schadensersatz statt der ganzen Leistung verlangen oder vom gesamten Vertrag zurücktreten kann[582]. In solchen Fällen bleibt dem Erwerber nur der Nacherfüllungsanspruch

---

580 BGH NJW 2000, 803; 2001, 2875.

581 Zu beachten ist im Anwendungsbereich des Verlagsgesetzes, dass seine §§ 30-32, die Vorschriften über ein Rücktrittsrecht und über Schadensersatzansprüche für den Fall der nicht ordnungsgemäßen Erfüllung enthalten, an § 326 BGB a.F. angelehnt sind und nach wie vor eine Fristsetzung mit Ablehnungsandrohung voraussetzen. Eine inhaltliche Anpassung des Verlagsgesetzes an die Schuldrechtsreform hat noch nicht stattgefunden, sodass auf Grund des eindeutigen Wortlauts und des Vorrangs (lex speciales) im verlagsrechtlichen Bereich vom Erfordernis der Ablehnungsandrohung auszugehen ist.

582 Die gleiche Einschränkung muss auch für die Kündigung gelten.

oder die Minderung. Es stellen sich ähnliche Abgrenzungsfragen („Was ist unerheblich?") wie bei der erbrachten Teilleistung[583] („Ist der Rest noch von Interesse?"). Deshalb ist von erheblicher urheberrechtlicher Relevanz auszugehen[584].

Zwar wird dem Veräußerer in vielen Fällen die Nacherfüllung nicht möglich sein. Es steht nicht zu erwarten, dass sich jemand absolute Persönlichkeitsrechte, die ihn etwa in unvorteilhaften Posen zeigen, abkaufen lässt. Da das Werk aber vom Veräußerer stammt und ein Gefahrübergang durch Einräumung der Nutzungsrechte stattgefunden hat, ist – der Dogmatik folgend – Kaufgewährleistungsrecht anzuwenden. Der Veräußerer steht besser, als wenn Unmöglichkeitsrecht (direkt) angewendet würde. Er muss die „zweite Chance" nicht nutzen, er kann es aber versuchen.

(3) Wegfall der „Ablehnungsandrohung"

Eine Ablehnungsandrohung ist nach neuem Recht nicht mehr erforderlich. Somit wird der Schuldner auch nach Fristablauf nicht von der Pflicht zur Vertragserfüllung befreit, muss aber mit Rücktritt und Schadensersatz rechnen. Gerade im von persönlichen Schöpfungen bestimmten Urheberrecht, in dem der Urheber regelmäßig ein Unikat schafft, kann ihn eine Vertragsauflösung besonders hart treffen. Das gilt auch für das urheberrechtliche „Alltagsgeschäft", etwa bei einer individuellen Bestellung (z.B. ein Portrait).

Hier ist dem Erwerber eine vertraglich fixierte Klarstellung zu raten. Diese kann unterschiedlich ausgestaltet sein. Durch AGB ist es zulässig, eine Ablehnungsandrohung zu verlangen und somit eine „Rückkehr zum alten Recht" zu installieren[585]. Diese Rechtskonsequenz zeigt eine Schwäche der Schuldrechtsmodernisierung auf.

§ 12
Mängel des körperlichen Substrats / der Werkverkörperung

1. Vorbemerkung, Bedeutung und Fragestellung

Der Veräußerer eines Nutzungsrechts ist verpflichtet, den Erwerber in die rechtliche und tatsächliche Lage zu versetzen, das geistige Werk verwerten zu können[586]. Um

583 S. § 8 unter 3. c) bb) (1).

584 A.A. *Manz/Ventroni/Schneider*, die der Auffassung sind, dass derartige Fragen in urheberrechtlichen Verträgen selten vorkommen, S. 414, Fn. 60.

585 Eine solche Klausel benachteiligt den Vertragspartner nicht unangemessen. Das Erfordernis der Ablehnungsandrohung war schließlich bis zum 1.1.2002 geltendes Recht. Mit dem Wegfall dieser Formalvorschrift hat der Gesetzgeber sicher keinen neuen „wesentlichen Grundgedanken" i.S.d. § 307 Abs. 2 Nr. 1 BGB schaffen wollen.

586 Das ergibt sich im Wege der allgemeinen Vertragsauslegung und der gegenseitigen Vertragspflichten; s. auch *Asprogerakas-Grivas*, S. 82.

dieser Verpflichtung im Einzelfall nachkommen zu können, gibt es Konstellationen, in denen der Urheber dem Erwerber neben der Einräumung des Nutzungsrechts auch das dem Werk zu Grunde liegende körperliche Substrat, also die Werkverkörperung, überlassen muss[587]. Die Verwertung erfolgt dann durch die Wiedergabe des geistigen Werkes auf körperliche oder unkörperliche Art[588]. Die Beispiele sind vielfältig: etwa die Überlassung eines Manuskripts, eines Bildes oder von Filmnegativen, um damit die Wiedergabe und Vervielfältigung zu erreichen.

Ist diese Werkverkörperung mangelhaft, schließen sich mehrere Fragen an: Zu untersuchen ist, welcher Vertragstyp bezüglich der Nutzung der Verkörperung einschlägig ist. In Betracht kommen hierbei vor allem der Kauf-, Werk-, Miet- oder Pachtvertrag. Im Anschluss an diese Ermittlung ist das anwendbare Leistungsstörungs- oder Gewährleistungsrecht zu ermitteln. Schließlich ist zu prüfen, ob nicht durch ein mangelhaftes Substrat[589] das eingeräumte Nutzungsrecht beeinträchtigt wird. Das erfordert eine Prüfung, ob und wie diese Verträge oder Vertragsteile miteinander verknüpft sind.

2. Vertragssituation

Zunächst ist die rechtliche Einordnung des Vertrages zu klären, der neben dem urhebervertragsrechtlichen Teil – im Wesentlichen die Verpflichtung zur Einräumung von Nutzungsrechten – auch einen gegenständlichen Teil, nämlich die Verpflichtung zur Übergabe eines körperlichen Werkes, enthält, um die Verwertung insgesamt zu ermöglichen[590]. Es gibt drei Möglichkeiten: Entweder handelt es sich um zwei selbstständig voneinander zu beurteilende Verträge, um einen Vertrag mit einer andersartigen Nebenpflicht oder um einen Vertrag mit Elementen andersartiger und ggf. unterschiedlicher Hauptpflichten.

a) Zwei selbstständige Verträge oder ein Vertrag

aa) Problemdarstellung

Die Besonderheit dieser Kategorie besteht darin, dass den Veräußerer stets zwei inhaltlich völlig unterschiedliche Leistungspflichten treffen, nämlich die Einräumung von

---

587 Körperliche Substrate werden als körperliche Gegenstände/Sachen i.S.d. § 90 BGB verstanden. In ihnen wird das geistige Werk „vergegenständlicht"; *Asprogerakas-Grivas*, S. 82. Hierzu zählen z.B. eine Filmkopie, ein Gemälde, ein Manuskript oder ähnliches.

588 *Asprogerakas-Grivas*, S. 82 f.

589 Selbstverständlich ist, dass das körperliche Substrat als solches die vertragsgemäße oder vereinbarte Beschaffenheit aufzuweisen hat. Im Bereich des Kaufrechts ergibt sich dies aus § 453 Abs. 3 BGB.

590 Diese Rubrik ist nicht mit den in § 6 unter 3. dargestellten gemischten Verträgen zu verwechseln, bei denen es nur einen (Urheberrechts-)Vertrag gibt, der in sich mehrere Pflichten enthält. Im Rahmen der folgenden Untersuchung handelt es sich um die Vorfrage, ob es möglicherweise zwei getrennte Verträge gibt.

Nutzungsrechten im Sinne einer Rechtsverschaffungspflicht und die tatsächliche Übergabe einer Werkverkörperung. § 44 UrhG verkörpert den allgemeinen Rechtsgedanken, dass das Eigentums- und/oder Besitzrecht am Werkexemplar und das Urheberrecht an dem darin verkörperten Geistesgut auf zwei unterschiedlichen Ebenen liegen[591].

Die Literatur, die sich mit dem Verhältnis Urheberrechtsvertrag/Übergabe der Verkörperung beschäftigt, eruiert im Wesentlichen die Frage, welche Nutzungsrechte einzuräumen sind, wenn ein Werk zu übergeben ist[592]. Man geht also den umgekehrten Weg, nimmt als Prämisse eine Übergabepflicht an (etwa auf Grund eines Werk- oder Pachtvertrags) und untersucht im Anschluss daran anhand der Zweckübertragungstheorie[593], in welchem Umfange zugleich urheberrechtliche Nutzungsrechte einzuräumen sind. Ob es sich dabei um zwei getrennte Verträge handelt, entscheidet die Literatur nicht[594]. Dabei ist die Frage nach dieser Vertragsgestaltung naheliegend, weil es sich um grundsätzlich unterschiedliche Themenkomplexe handelt: Auf der einen Seite gibt einen inhaltlichen Teilbereich „Einräumung von Rechten", auf der anderen Seite steht die körperliche „Herstellung und/oder Übergabe von Sachen". Die Einräumung von Nutzungsrechten lässt nach der Rechtsprechung die Eigentumslage grundsätzlich unberührt[595].

bb) Lösungsansätze

Es gibt keine schematische Lösung. Haben die Parteien keine ausdrückliche Abgrenzung und Beschreibung vorgenommen, ist der konkret geschlossene Vertrag vielmehr im Einzelfall auszulegen[596]. Hierbei kann der Gedanke des § 44 UrhG herangezogen werden: Die Veräußerung (oder Übergabe) eines Werkexemplars bedeutet im Zweifel nicht, dass gleichzeitig Nutzungsrechte hieran eingeräumt werden. Etwas anderes ergibt sich auch nicht aus § 17 Abs. 1, Abs. 2 UrhG. Die Norm besagt nur, dass eine Weiterverbreitung in Form der Veräußerung durch den Erwerber des Werkexemplars ohne Zustimmung des urheberrechtlich Berechtigten zulässig ist, wenn der Ersterwerb des Werkstücks mit seiner Zustimmung erfolgte. Zum einen regelt die Norm nur den dinglichen Bereich des Geschäfts, zum anderen zeigt sie durch ihre Beschränkung auf die Veräußerung im Unterschied zur Vermietung und auf das Werkstück als solches,

591 *Haberstumpf,* Handbuch, S. 213.

592 Z.B. *Schack,* Rdnr. 1102, (für den Filmverleihvertrag) oder Rdnr. 1130 f. (für den Galerievertrag).

593 S. in § 4 unter 3. c) bb) (1).

594 *Schack,* Rdnr. 1102, 1130 f.

595 OLG Hamburg 1980, 909 f.; OLG München GRUR 1984, 516, 517.

596 Es handelt sich bei der vorliegenden Problemstellung auch nicht um die Frage eines Grund- und des darauf folgenden Erfüllungsgeschäfts, für das u.U. ebenfalls eine einheitliche Betrachtung möglich ist, näher dazu *Heinrichs,* in: Palandt, § 139 Rdnr. 7.

dass eine Trennung von Werkexemplar, Werk und Art des Geschäfts zwingend einzuhalten ist.

Kommt es den Vertragspartnern wesentlich darauf an, ein Werk in körperlicher Form zu erhalten, so wird für den urhebervertragsrechtlichen Bereich viel für die Annahme eines Annexes oder einer Nebenpflicht[597], aber dennoch nur eines Vertrages sprechen. Sind beide Pflichten in etwa gleich bedeutsam, so ist zwischen zwei Verträgen und einem Vertrag mit unterschiedlichen Hauptpflichten abzugrenzen. Hier kann nach allgemeinen Auslegungskriterien darauf abzustellen sein, ob die Parteien die Pflichten als eine Einheit ansehen wollen, oder ob sie z.B. hinsichtlich der Bezahlung bewusst eine Trennung herbeigeführt haben. Letztlich ist der Einzelfall maßgebend.

b) Weitere Darstellung: Zwei Verträge und deren Besonderheiten

Im Folgenden wird im Rahmen der Darstellung von zwei unterschiedlichen Verträgen ausgegangen, weil vor allem in diesem Bereich Probleme in der Behandlung von Leistungsstörungen auftreten können. Liegt nur ein einheitlicher Vertrag mit unterschiedlichen Neben- oder Hauptpflichten vor, so ergeben sich die Rechtsfolgen aus der bereits in § 6 unter 3. vorgenommenen Darstellung. Darin wurde aufgezeigt, wie Mängel zu behandeln sind, wenn der Vertrag Elemente verschiedener Vertragstypen, sei es als Haupt- oder Nebenleistung, aufweist. Die Entscheidung fiel auf die Anwendung der Lösung der neueren Lehre, die für Leistungsstörungen dasjenige Recht anwendet, für das die betreffende Leistung im Einzelfall charakteristisch ist[598].

c) Mängel am Werkexemplar

Unabhängig von der Frage, ob es sich um einen oder mehrere Verträge handelt, ist die Behandlung von Mängeln am Werkexemplar eindeutig. Eine umfangreiche (Problem-) Darstellung erfolgt deshalb nicht. Es handelt sich um typische Sach- oder Rechtsmängel, die nach den entsprechenden Gewährleistungsregeln zu bearbeiten sind[599]. Rechtsmängel kommen in Betracht, wenn etwa das überlassene Bild als solches im Eigentum eines Dritten steht oder Persönlichkeits- oder Urheberrechte eines Dritten verletzt. Für den kaufrechtlichen Bereich enthält § 453 Abs. 3 BGB die einschlägige Regelung.

---

597 Weil Nebenpflichten lediglich der Vorbereitung, Durchführung und Sicherung der Hauptleistungspflicht dienen, indem sie sie ergänzen; *Heinrichs*, in: Palandt, § 241 Rdnr. 5.

598 Ausführlich in § 6 unter 3.

599 Interessant ist vor allem die Frage, ob und ggf. wie sich ein Mangel der Werkverkörperung auf den Urheberrechtsvertrag auswirkt. S. dazu in § 12 unter 5.

3. Abgrenzung zu den Qualitätsmängeln

Die Mängel des körperlichen Substrats sind von den Qualitätsmängeln des Werkes abzugrenzen[600]. Qualitätsmängel haften als „innere“ Mängel dem geistigen Werk an, während die Mängel der Werkverkörperung an der – wie der Name schon sagt – körperlich vergegenständlichten Sache, die aus dem geistigen Werk hervorgeht, bestehen.

4. Vertragstyp

Die dem „Überlassungsvertrag“ zu Grunde liegenden Abreden sind gesondert zu untersuchen. Es ist möglich, dass sich die Abreden beider Verträge[601] weitestgehend decken und auf diesem Wege eine einheitliche Vertragsbehandlung indizieren. Wenn etwa eine Werkverkörperung nur zeitweise überlassen werden soll, so liegt die Annahme nahe, dass sowohl der Nutzungsrechtsvertrag als auch der Überlassungsvertrag nach pacht- oder mietrechtlichen Regeln zu untersuchen ist.

a) Überlassungspflicht

Wenn nur die zeitweise Überlassung eines Werkstückes geschuldet wird, sind grundsätzlich die Vorschriften über die Pacht anwendbar[602]. Zu nennen sind hier beispielsweise Verträge, die zur Überlassung von Filmkopien im Rahmen des „Filmverleihs“ oder von Bildern im Rahmen einer Ausstellung verpflichten. § 581 Abs. 2 BGB erklärt im Wesentlichen die mietrechtlichen Vorschriften der §§ 535 ff. BGB für anwendbar.

Das Mietrecht hat sich durch die Schuldrechtsreform nicht geändert[603]. Vor Überlassung der Mietsache haften die Parteien nach den allgemeinen Regeln der §§ 280 ff. BGB; danach ergeben sich die Ansprüche abschließend aus dem Mietrecht, insbesondere aus § 536 a BGB[604]. Eine ausführliche Darstellung bleibt deshalb in vorliegender Arbeit außer Betracht. In Kürze sei erwähnt, dass der Mieter von Gesetzes wegen nach § 536 BGB für die Dauer und den Umfang der Nutzungsbeeinträchtigung von der Entrichtung der Miete unabhängig vom Verschulden des Vermieters befreit ist. Will er Scha-

---

600 Zu den Qualitätsmängeln im Einzelnen in § 13. Weitere Nachweise bei *Maunz/Schricker*, § 31 Rdnr. 1 ff.

601 Zum einen der Vertrag zur Einräumung von Nutzungsrechten, zum anderen derjenige zur Übergabe der Werkverkörperung.

602 *v. Gamm*, GRUR 1956, 258, 259; ausgenommen hiervon sind nach § 31 VerlG die diesem Gesetz unterfallenen Verträge; *Ditzen*, S. 77 bis 100.

603 Das Mietrecht wurde durch das „Gesetz zur Neugliederung, Vereinfachung und Reform des Mietrechts“ vom 19.6.2001 bereits modernisiert.

604 *Heinrichs*, in: Palandt, § 281 Rdnr. 43.

densersatz – etwa für entgangenen Gewinn – geltend machen, setzt § 536 a BGB voraus, dass der Vermieter den Mangel zu vertreten hat[605].

b) Übereignungspflicht

Ist die Überlassung und Übereignung der Werkexemplare, wie häufig im Filmpaketekauf, geschuldet, so beurteilen sich die Sach- und Rechtsmängel der überlassenen Werkverkörperungen nach allgemeinen zivilrechtlichen Vorschriften[606].

c) Herstellungspflicht

Die dritte Möglichkeit, die dem Vertrag zu Grunde liegende Abrede[607] rechtlich einzuordnen, stellt das Werkvertragsrecht dar. Es umfasst all diejenigen Tatbestände, die den Veräußerer des Nutzungsrechts zur Herstellung einer Werkverkörperung verpflichten. Unerheblich ist, ob diese Herstellungspflicht in der Ablieferung eines körperlichen Werkes oder in der in einer ganz bestimmten Weise geschuldeten Aufführung besteht[608]. Ist ein Erfolg und nicht bloß eine Tätigkeit geschuldet, so sind die Vorschriften des Werkvertragsrechts anzuwenden. In Betracht kommen deshalb etwa eine bestimmte Form der Darbietung beim Künstlervertrag genauso wie das Herstellen eines geschuldeten Portraits[609] oder der Architektenvertrag hinsichtlich der Entwurfsplanung[610].

Das Werkvertragsrecht wurde im Zuge der Schuldrechtsmodernisierung nicht wesentlich geändert. Der Unternehmer hat hinsichtlich der Nacherfüllung bei Mängeln das Wahlrecht zwischen Neuherstellung und Nachbesserung, das auch nicht durch anders

---

605 Auch im Falle des Verzuges nach § 536 a Abs. 2 BGB ist Verschulden erforderlich. Ausnahme: Der Mangel ist bereits bei Vertragsschluss vorhanden (§ 536 a Abs. 1 S. 1 Alt. 1 BGB). Kenntnis vom Mangel kann die Berechtigung zur Minderung oder zur Geltendmachung von Schadensersatz wegen § 536 b BGB unter den dort genannten Voraussetzungen ausschließen.

606 Das ist selbstverständlich, s. auch *Manz/Ventroni/Schneider*, S. 416.

607 Im Rahmen dieser Arbeit wird davon ausgegangen, dass der Nutzungsvertrag im Vordergrund steht und die Werkverkörperung im Zuge der Einräumung dieser Nutzungsrechte herzustellen ist. Man kann – wie *Schack* (Rdnr. 1118) – auch anders vorgehen und den Bestellvertrag mit der dazugehörenden Herstellung vom Nutzungsvertrag loslösen. Dann kommt man unter Anwendung der Zweckübertragungstheorie zu dem Ergebnis, dass bei bloßer Herstellung eines Werkes für einen Auftraggeber die Einräumung von Nutzungsrechten grds. nicht geschuldet ist. Davon geht auch § 44 Abs. 1 UrhG im Falle der Veräußerung eines Werkoriginals aus. Allerdings darf der Erwerber das Werk nach § 44 Abs. 2 UrhG öffentlich ausstellen, wenn die Vertragsparteien nichts anderes geregelt haben.

608 BGH GRUR 1966, 390.

609 Es ist zwischen dem Mangel der Verkörperung und dem Mangel des geistigen Werkes streng zu trennen. Am Beispiel „Portrait" ist ein Mangel der Verkörperung dann anzunehmen, wenn die Verkörperung als solche von der vereinbarten Beschaffenheit abweicht, z.B. indem sie kleiner als geschuldet ist, eine andere als die vereinbarte Form aufweist oder beschädigt ist.

610 Ständige Rechtsprechung des BGH seit BGHZ 36, 224, 227; zum Urheberrecht des Architekten: *Beigel*, Urheberrecht des Architekten; *Gerlach*, GRUR 1976, 613 ff.

lautende AGB abbedungen werden kann. Der Rechtsmangel ist dem Sachmangel systemkonform gleichgestellt worden[611]. Die Selbstvornahme setzt keinen Verzug mehr voraus, sondern ist nach fruchtlos abgelaufener Nachfrist zulässig[612].

d) Herstellungs- und Übereignungspflicht

Eine Auftragsproduktion kann unter den Werklieferungsvertrag zu subsumieren sein, wenn neben der Herstellung auch die Übereignung der Werkexemplare geschuldet ist. Auf Grund der Verweisung des § 651 BGB ist bei nicht vertretbaren Sachen[613] nun im Unterschied zur alten Rechtslage Kaufrecht anzuwenden.

5. Mangel im Urheberrechtsvertrag durch Mängel in der Werkverkörperung

a) Problemdarstellung

Die folgende Darstellung befasst sich ausschließlich mit Vertragskonstellationen, die den Urheber separat verpflichten, neben der Einräumung von Nutzungsrechten am Werk auch eine Werkverkörperung im Rahmen einer zeitweiligen oder dauerhaften Überlassung mitzuliefern. Beide „Teile" unterliegen jeder für sich zunächst ihren eigenen Gewährleistungsregeln[614].

Deshalb weist z.B. der Urheberrechtsvertrag zunächst keinen Mangel auf, obwohl das übereignete Bild beschädigt ist, weil dem Erwerber das Nutzungsrecht am Werk vollumfänglich eingeräumt wurde. *Staub* spricht sinngemäß davon, dass das Werk selbst höchstens mittelbar Vertragsbestandteil des Urheberrechtsvertrags werde, ein Mangel in einem Verhältnis aber keine Auswirkungen auf den „zweiten Vertragsbereich" habe[615]. Diese Auffassung greift zu kurz. Die klare Trennung kann in dem Moment nicht aufrecht erhalten werden, in dem sich der Mangel der Verkörperung auf die Verwertungsmöglichkeit des Nutzungsrechts auswirkt.

---

611 Auch nach altem Recht musste bei Rechtsmängeln im Werkvertragsrecht regelmäßig eine Nachfrist zur Erfüllung gesetzt werden, weil die Regeln des Kaufrechts über die Gewährleistung wegen Rechtsmängeln nach §§ 440 ff. BGB a.F. entsprechend angewendet wurden; s. z.B. BGH Report 2003, 845.

612 Zum Ganzen: *Manz/Ventroni/Schneider*, S. 417.

613 Um solche handelt es sich in der Regel nach der Rechtsprechung des BGH bei verkörperten urheberrechtlichen Werkexemplaren, BGH GRUR 1966, 390.

614 Sei es über die Annahme, dass zwei getrennte Verträge vorliegen, sei es durch die Anwendung der Lehre, die im Rahmen der typengemischten Verträge die Mängel je nach betroffener charakteristischer Leistung behandelt.

615 *Staub*, S. 184, 185. *Asprogerakas-Grivas* (S. 88, Fn. 2) vereinheitlicht gar die Verträge, indem er bei Mängeln des einen ein Leistungsverweigerungsrecht für den „ganzen Urheberrechtsvertrag" annimmt.

616 Handelt es sich nämlich nur um *einen* Vertrag, so wirkt sich der Mangel in jeglicher Leistungspflicht durch das vereinheitlichte Leistungsstörungsrecht unmittelbar auf den gesamten Vertrag aus.

b) Dogmatische Herleitung, Alternativen und Lösung

Der Veräußerer schuldet bei jeglichem Urheberrechtsvertrag grundsätzlich die Einräumung von Nutzungsrechten, damit der Erwerber das Werk verwerten kann. Das gilt unabhängig von der Frage, ob zudem eine Werkverkörperung zu überlassen ist. Im Rahmen der folgenden Betrachtung wird davon ausgegangen, dass es sich bei der Überlassung einer Werkverkörperung um einen eigenständigen Vertrag und nicht lediglich um eine Haupt- oder Nebenpflicht eines Urheberrechtsvertrags handelt[616].

Das Werk und damit auch die Werkverkörperung müssen zur Verwertung geeignet sein. Die Verwertung der Werkverkörperung erfolgt in aller Regel durch Wiedergabe, Vervielfältigung oder Zur-Schau-Stellung in irgendeiner Form. Daraus leitet *Asprogerakas-Grivas* eine eigene Begriffsbestimmung für den Mangel der Werkverkörperung her: Es sind solche, die ihre Tauglichkeit zur Wiedergabe des in ihnen enthaltenen geistigen Werkes aufheben oder mindern[617]. Damit meint er, dass ein Werk neben den allgemeinen Mängelkategorien auch dann mangelhaft sein kann, wenn es für den konkreten, vertraglich vorausgesetzten Zweck ungeeignet ist, etwa wenn das körperliche Substrat nicht zur Vervielfältigung taugt, obwohl eine solche bezweckt war. Das entspricht aber bereits der heutigen Gesetzeslage, die grundsätzlich primär die Erreichung der „vereinbarten Beschaffenheit" verlangt. Eine Verknüpfung beider Verträge stellt er nicht her, sondern gelangt zu dem Ergebnis, dass beide Arten getrennt voneinander nach dem jeweilig einschlägigen Sachrecht zu beurteilen seien[618].

Diese Trennung ist nicht durchzuhalten. Würde z.B. nur das Werkexemplar mangelhaft und der Urheberrechtsvertrag mangelfrei sein, wäre der Erwerber – etwa im Anwendungsbereich des Kaufrechts – zunächst grundsätzlich auf die Nacherfüllung zu verweisen, obwohl er den Preis für das Nutzungsrecht gezahlt hat und eine Verwertung am Mangel der Verkörperung scheitert oder gemindert wird. Ihn träfe somit sowohl eine Vorleistungspflicht als auch das Insolvenzrisiko des Veräußerers. Es gibt zwei interessengerechte Lösungswege: Zum einen die Anwendung des Instituts des Wegfalls der Geschäftsgrundlage mit der Möglichkeit der Anpassung der Gegenleistung, zum anderen eine Verknüpfung beider Verträge[619].

aa) Wegfall der Geschäftsgrundlage

Eine Anpassung des Vertrages über die Störung der Geschäftsgrundlage nach § 313 BGB kommt nur in Betracht, wenn nicht der Vertragsinhalt, der ggf. durch Auslegung zu ermitteln ist, bereits eine Regelung bezüglich dieses Problembereichs enthält[620].

---

617 *Asprogerakas-Grivas*, S. 83.

618 *Asprogerakas-Grivas*, S. 87 f.

619 Das hätte zur Folge, dass Fristsetzungen im Bereich des einen auch für den anderen Vertragstyp gelten.

620 BGHZ 81, 135, 143; 90, 69, 74; BGH NJW-RR 1999, 923.

Somit ist zunächst anhand des Vertrages zu untersuchen, ob sich die Parteien bei der geminderten oder aufgehobenen Verwertbarkeit des Werkes auf Grund Mängeln am Exemplar Gedanken darüber gemacht haben, wie der Urheberrechtsvertrag zu behandeln ist[621].

Die Verwertbarkeit des geistigen Werkes durch Mangelfreiheit des Werkexemplars müsste als Geschäftsgrundlage des Urheberrechtvertrags anzusehen sein. Die wirtschaftliche Verwertbarkeit müsste sich also als Geschäftsgrundlage des gesamten Vertragsgebildes darstellen. Für den Fall des Patentes hat der BGH entschieden, dass diese Verwertbarkeit „Geschäftgrundlage" eines Vertrages sein kann[622]. Da beide Vertragspartner wissen, dass es dem Erwerber des Nutzungsrechts in aller Regel entscheidend auf die Möglichkeit der Verwertung ankommt, kann die Entscheidung des BGH auch auf die vorliegende Konstellation mit Urheberrechten übertragen werden.

Die Anpassung oder Auslösung eines Vertrages über die Störung der Geschäftsgrundlage ist demnach grundsätzlich bei Vorliegen der weiteren Voraussetzungen möglich[623]. Diesbezüglich ist stets eine Prüfung im Einzelfall vorzunehmen und auf die in diesem Bereich restriktive Rechtsprechung hinzuweisen.

bb) „Verknüpfung" der Verträge

Eine weitere Möglichkeit, die Behandlung des Mangels des einen auf den anderen Vertrag zu übertragen und wirken zu lassen, ist die Verknüpfung im Bereich der Gewährleistung. Rechtstechnisch bietet sich folgende Gestaltung an: Liegen die Voraussetzungen eines Mangels des zu überlassenden Exemplars vor, so ist der Erwerber berechtigt, die Gewährleistungsrechte für beide Typen gleichzeitig geltend zu machen. Setzt er z.B. eine Frist zur Nacherfüllung und verstreicht diese fruchtlos, so wäre er berechtigt, von beiden Verträgen zurückzutreten und hinsichtlich beider Verträge Schadensersatz bei Vorliegen der weiteren Voraussetzungen zu verlangen[624].

Die Rechtsprechung kennt diese Variante unter dem Stichwort „zusammengesetzte Verträge" und leitet sie dogmatisch aus dem Parteiwillen ab. Der Parteiwille kann demnach mehrere Verträge dergestalt zusammenfassen, dass sie für die rechtliche Beurteilung eine Einheit bilden[625]. Entscheidend ist die Vertragsauslegung nach §§ 133, 157 BGB und der Wille der Parteien, ob die einzelnen Verträge miteinander „stehen

621 Die Abgrenzung wird häufig schwierig sein, weil die Grenzen fließend sind. Meistens wird aber eine Auslegung des Vertrages nach §§ 133, 157 BGB zu den gleichen Ergebnissen wie ein Vorgehen nach § 313 BGB führen; so auch *Heinrichs*, in: Palandt, § 313, Rdn. 6.

622 BGH NJW 1978, 320.

623 Zu den einzelnen weiteren Voraussetzungen s. z.B. *Heinrichs*, in: Palandt, § 313 Rdnr. 10 ff., oder *Köhler*, S. 294 ff.

624 BGH NJW 1976, 1931, 1932.

625 RGZ 79, 220; BGHZ 76, 49.

und fallen“ sollen[626]. Indiz für einen solchen Willen, einen zusammengesetzten Vertrag zu erhalten, kann z.B. der Vertragsschluss in nur einer Urkunde sein[627].

Die Meinungen, die hinsichtlich des Urheberrechts- und sonstigen Vertrages eine Trennung der Verträge nicht vornehmen, kommen ohne weiteres zu dieser einheitlichen Lösung[628]. Sie ist auch interessengerecht und sinnvoll, weil von der Überlassung des Werkexemplars die Verwertung des geistigen Werkes abhängt. Ist z.B. das Bild beschädigt, so kann die Ausstellung – ohne Qualitäts- oder Imageverlust – nicht stattfinden.

Diese Verknüpfung kann zudem mit urheberrechtlichen Besonderheiten und Erfordernissen begründet werden. Alle Rechtsfolgen und Lösungen, die im Urheberrechtsvertrag mit Hilfe des allgemeinen Schuldrechts gefunden werden, sind anhand der spezifisch urheberrechtlichen Situation zu überprüfen. Eine streng schematische und typisierte Lösung verbietet sich.

6. Sonderfall: Untergang des Werkes und des Werkexemplars

a) Fragestellung

Ausgangspunkt der folgenden Betrachtung ist der Umstand, dass nicht das Werkexemplar, sondern das Nutzungsrecht hieran den Gegenstand des Urheberrechtsvertrags darstellt. Deshalb stellt sich zunächst die Frage, ob ein einmal geschaffenes, urheberrechtlich geschütztes, geistiges Werk als solches „untergehen“ kann und dann, ob und wie sich der Untergang der Werkexemplare auswirkt.

b) Untergang des geistigen Werkes

Das Urheberrecht am geistigen Werk entsteht bereits mit der Schaffung, ohne dass es einer Verkörperung bedarf[629]. *Staub* formuliert – auch für das deutsche Recht anwendbar – treffend, dass die Unkörperlichkeit des Werkes dem Einfluss von physischen Gegebenheiten auf die Frage seines Bestandes entgegenstehe. Wenn es schon für die Entstehung des Werkes keine Rolle spiele, ob es von ihm Werkexemplare gäbe, so könne dies noch weniger für seinen Untergang entscheidend sein[630].

Daraus folgt zwingend, dass es keinen Untergang des geistiges Werkes als solches gibt. Ist es geschaffen, besteht es mit oder ohne Verkörperung fort, und zwar unabhängig davon, ob jemals eine Verkörperung geplant war. Wollte man die Existenz des

---

626 BGHZ 50, 13.

627 BGH NJW 1970, 1415.

628 So *Asprogerakas-Grivas*, S. 82 ff.; *Manz/Ventroni/Schneider*, S. 414 f. (insb. Fn. 62).

629 S. § 3 unter 3. a).

630 *Staub*, S. 180.

geistigen Werkes an seine Verkörperung knüpfen und einen Untergang zulassen, hätte das zur Folge, dass der Erwerber nach der Vernichtung der Werkverkörperung die Möglichkeit der Schaffung einer eigenen, an das ursprüngliche Werk angelehnten ähnlichen Fassung hätte. Das wiederum beinhaltet nichts anders als eine unfreie Bearbeitung des ursprünglichen Werkes. Dieses Ergebnis kann nicht gewollt sein und wird vom Schutzgedanken des Urheberrechtsgesetzes nicht getragen[631].

c) Untergang der Werkexemplare

Die ältere Rechtsprechung nahm an, dass § 14 UrhG grundsätzlich nicht den Anspruch des Urhebers deckt, gegen die gänzliche Vernichtung seines „Werkes" vorzugehen, wenn diese keine „Beeinträchtigung" desselben darstellt[632]. Die neuere Rechtsprechung und Literatur mildern diese hohen Voraussetzungen unter Verweis auf die erweiterte Fassung des § 14 UrhG und gestehen dem Urheber ein „Vernichtungsabwehrinteresse" jedenfalls dann zu, wenn es sich um ein hochwertiges Original-"Werk" der (bildenden) Kunst handelt[633]. Beiden Auffassungen ist gemein, dass sie sich ersichtlich auf die Vernichtung der Werkverkörperung beziehen.

Der Untergang der Werkexemplare ist also durchaus möglich. Ob dieser Untergang rechtliche Konsequenten nach sich zieht, beurteilt sich in erster Linie nach dem Inhalt des zwischen den Parteien geschlossenen Vertrages.

§ 33 Abs. 1 VerlG hält für seinen Anwendungsbereich (Verlagsvertrag und zufälliger Untergang des Werkes[634]) eine Regelung bereit, wenn das Exemplar bereits abgeliefert wurde oder der Verleger nach § 33 Abs. 3 VerlG in Annahmeverzug kommt, und gewährt dem Autor einen Anspruch auf Vergütung bei grundsätzlicher Leistungsfreiheit im Übrigen. Nach § 33 Abs. 2 VerlG ist der Autor auf Verlangen des Verlegers gegen Zahlung einer angemessenen Vergütung verpflichtet, ein im Wesentlichen übereinstimmendes Werk(-exemplar) zu liefern, wenn das mit „geringer Mühe" geschehen kann.

Für den Urheberrechtsvertrag und die sonstigen, nicht von § 33 VerlG erfassten Konstellation gilt folgendes: Unabhängig von der Frage, ob man hinsichtlich der Verpflichtung zur Einräumung des Nutzungsrechts am Werk und zur Überlassung des Werkexemplars – ggf. nach Auslegung – zwei verschiedene Verträge oder einen Vertrag mit unterschiedlichen Haupt- und Nebenpflichten annimmt, kommt eine Anwendung des

---

631 So auch *Staub* für das schweizerische Recht, S. 180 f.

632 RGZ 79, 397, 401.

633 BGH NJW 1995, 1556 f.; *Dietz*, in: Schricker, § 14 Rdnr. 38 m.w.N.; *Schöfer*, S. 135 ff.

634 Gemeint ist das Werkexemplar.

Wegfalls der Geschäftsgrundlage für den Urheberrechtsvertrag in Betracht, weil das Werk nach wie vor existiert und seine vorgesehene Verkörperung untergegangen ist[635].

Hinsichtlich des untergegangen Werkexemplars bestehen keine Besonderheiten. Man hat die Auswirkungen der allgemeinen Regeln auf den Untergang der Werkverkörperung nach der jeweils einschlägigen Gewährleistungsordnung (nach der Übergabe) oder nach dem allgemeinen Leistungsstörungsrecht (vor der Übergabe) zu prüfen. Eine generelle „Wiederherstellungspflicht" des Urhebers existiert selbst dann nicht, wenn diese mit wenig Aufwand zu erreichen wäre. Sie ist nicht als vertragliche Nebenpflicht zu qualifizieren, weil sie nicht die Durchführung der Hauptpflicht dienen soll; sie ist gerade selbst Hauptpflicht. Das gilt für den Untergang nach der Übergabe. Davon zu unterscheiden ist die Pflicht zur ordnungsgemäßen Vertragserfüllung. Schuldet der Urheber neben der Einräumung von Nutzungsrechten zugleich die Herstellung eines Werkes, so liegt hinsichtlich dieser Herstellungspflicht häufig ein Werkvertrag vor[636], bei dem der Urheber vor der Abnahme das Erfüllungsrisiko trägt und grundsätzlich zur Neuherstellung verpflichtet ist. Dem Erwerber ist das im Zweifel gleichgültig, weil er den Urheber in seinem Schaffen inhaltlich nur sehr eingeschränkt auf eine bestimmte Ausführungsart und -weise verpflichten kann.

7. Anwendbarkeit des Produkthaftungsgesetzes bei Mängeln in der Werkverkörperung

a) Problemstellung und Praxisbezug

Umstritten ist die Frage, ob das Produkthaftungsgesetz anwendbar ist, wenn eine geistige Leistung in verkörperter Form in Verkehr gebracht wird und auf Grund eines Fehlers zu Personen- oder Sachschäden führt[637]. Diese Frage ist auf Grund der verschuldensunabhängigen Haftung des Herstellers und der ihm gleichstehenden Dritten (§ 4 ProdHaftG) von hoher Praxisrelevanz. Diese Relevanz wird durch die vielfältigen, in Betracht kommenden Fallkonstellationen untermauert[638]. Dem Wortlaut der §§ 1 Abs. 1 und 2 ProdHaftG nach ist das Gesetz zwingend anzuwenden, da es nur den Fehler eines Produkts, das nach § 2 ProdHaftG als „jede bewegliche Sache" definiert wird, und eine darauf beruhende Verletzung von Personen oder Sachen verlangt. Die

---

635 Nimmt man zwei unterschiedliche Verträge an, so kommt auch eine Verknüpfung in der in § 12 unter 5. b) dargestellten Form in Betracht.

636 S. in § 6 unter 4. c).

637 Für eine Produkthaftung für Druckwerke aller Art grds.: *Landscheidt*, Rdnr. 33 a; *Belz*, S. 68; *Höckelmann*, S. 118 ff.; dagegen: *Foerste*, NJW 1991, 1433, 1438 f.; *Lang*, S. 69 ff.; zusammenfassend: *Cahn*, NJW 1996, 2899 ff.

638 Beispiele bei *Cahn*, NJW 1996, 2899 ff.: In einer Orientierungskarte für Fluginstrumente fehlt ein Berg, woraufhin es zu einem Absturz kommt. Auf Grund eines Fehlers in einem medizinischen Werk infundiert der Arzt eine falsche Mischung, es kommt zu Personenschäden. Ein Fehler in der statischen Berechnung, die einem Baukran zu Grunde gelegt wird, führt zum Kippen mit Personen- und Sachschäden.

Werkverkörperung als solche stellt ein solches Produkt dar. Das Problem der Anwendbarkeit liegt darin, dass die Schadensursache, der „Herd des Fehlers", grundsätzlich nicht in der Verkörperung, sondern in der falschen Information und damit im geistigen Werk selbst liegt[639].

b) Lösung

Ausgehend von der Feststellung, dass Werkverkörperungen grundsätzlich dem Anwendungsbereich des Produkthaftungsgesetzes unterstehen, stellt *Cahn* konsequent die entscheidende Frage: Ist die Geltung dieses Gesetzes im Wege der Auslegung oder teleologischer Reduktion dahin einzuschränken, dass trotz der Verkörperung einer intellektuellen Leistung solche Verletzungen nicht erfasst werden, die auf einem Fehler der Information selbst beruhen[640]?

Die hierfür vorgebrachten Argumente lassen sich wie folgt belegen: Nicht der Informationsträger, sondern die Information als solche sei für den Erwerber entscheidend. Deshalb dürfe man sich haftungsrechtlich auch nicht an diesen Träger halten[641]. Zudem solle das Produkthaftungsgesetz nur Schutz vor physischen Gefahren gewähren, wobei fehlerhafte Informationen nicht unmittelbar physisch gefährlich seien, weil sie lediglich auf die Willensbildung desjenigen einwirken, der sie zur Kenntnis nimmt, und erst durch sein Verhalten Außenwirkung entfaltet wird[642].

Diese Argumente vermögen nicht zu überzeugen. Wie nahe der Mangel der Verkörperung an der fehlerhaften Information liegt, zeigt der Gesetzgeber in § 434 Abs. 2 S. 2 BGB. Bei Vorliegen einer mangelhaften Montageanleitung nimmt er grundsätzlich einen Sachmangel an, und zwar unabhängig davon, ob der Fehler der Anleitung in einer falschen Berechnung oder Darstellung liegt. Zudem lässt sich nicht feststellen, dass es dem Erwerber ausschließlich auf die Information ohne die Verkörperung ankommt und diese haftungsrechtlich im Wege der Reduktion deshalb mit der Folge der Nichtanwendbarkeit des Produkthaftungsgesetzes zurückzutreten hat. Schließlich wird die Bedeutung der physischen Einwirkung verkannt: Wenn etwa der Arzt auf die fehlerhafte Anleitung eines Geräts vertraut und deshalb falsch therapiert, so beruht die etwaige Verletzung nicht auf einem mangelhaften Gerät, sondern auf dem mangelhaften Einsatz auf Grund der falsch verkörperten Information. Dass durch den Mangel lediglich die Willensbildung beeinträchtigt wird und somit ein weiteres Moment zwischen Fehler und Schaden – nämlich die Handlung – liegt, kann keine entscheidende Rolle spielen, sodass auch mittelbare Einwirkungen unter den Schutzbereich des Produkthaf-

639 Einen Fehler in der Verkörperung selbst wird man aber u.U. annehmen müssen, wenn das Werk trotz korrekter Vorlage fehlerhaft dargestellt wurde, also etwa einen Schreib- oder sonstigen Übertragungsfehler aufweist.

640 *Cahn*, NJW 1996, 2899, 2901.

641 *Müller-Hengstenberg*, NJW 1994, 3128, 3130 f.

642 *Foerste*, NJW 1991, 1433, 1438; *Honsell*, JuS 1995, 211, 212.

tungsgesetzes fallen müssen. Ansonsten käme man zu dem absurden Ergebnis, dass die Art und Weise der Darstellung entscheidenden Einfluss auf die Haftung hätte. Dazu folgendes Beispiel[643]: Verlässt sich der Pilot auf eine fehlerhafte Karte, so wäre ein deshalb erfolgter Absturz nach dieser Ansicht auf seine Willensbildung zurückzuführen mit der Folge, dass das Produkthaftungsgesetz nicht einschlägig wäre. Weist jedoch sein automatisches Navigationssystem den gleichen Fehler auf, so lässt sich ein Anspruch wegen eines dadurch bedingten Schadens unproblematisch auf das Gesetz stützen.

Das entscheidende Argument für eine Haftung nach dem Produkthaftungsgesetz stellt nach Ansicht von *Cahn*[644] das gesteigerte Vertrauen in eine verkörperte Information dar. Dieses Vertrauen rechtfertige es, dass z.B. für eine schriftlich fixierte, medizinische Anleitung verschuldensunabhängig zu haften ist, während dieselbe Anleitung – mündlich erläutert – nur unter allgemeines Deliktsrecht fällt, für das mindestens Fahrlässigkeit erforderlich ist. Es sei typisch, dass man sich Daten, die von Bedeutung sind, eben „schwarz auf weiß“ geben lasse, weil sich der Empfänger gerade auf diese Verkörperung verlassen wolle. Der Hersteller weiß um diesen Umstand und hat eben besondere Sorgfalt bei der Abfassung von Werken walten zu lassen.

Diese Auffassung überzeugt, weil sie zum einen dogmatisch konsequent ist (Verkörperungen sind bewegliche Sachen im Sinne des Produkthaftungsgesetzes) und zum anderen die Bedeutung der Verkörperung und des in ihr liegenden Vertrauens eine Einschränkung des Gesetzes im Wege der Auslegung oder Reduktion nicht rechtfertigt. Dem Urheber kann aber eine bloß unrichtige Wiedergabe dann nicht angelastet werden, wenn seine geistigen Ausführungen an den Verleger oder sonstigen Hersteller wissenschaftlich korrekt waren. Zwar hat er einen „Grundstoff“ i.S.v. § 4 ProdHaftG hergestellt, dieser war jedoch nicht fehlerhaft. Diese Entlastung ist auch im Wege der teleologischen Reduktion zulässig, weil auch das Produkthaftungsgesetz einen Fehler voraussetzt[645].

Die praktische Bedeutung wird zudem auf tatsächlicher Ebene im Rahmen der Werkkategorie eingeschränkt. So ist schwerlich vorstellbar, wie etwa künstlerische oder geisteswissenschaftliche Werke durch „Fehler“ kausal Personen- oder Sachschäden hervorrufen können. Relevant sind allenfalls medizinische, technische, mathematische oder sonstige naturwissenschaftliche Beschreibungen[646].

---

643 Nach *Cahn*, NJW 1996, 2899, 2902.

644 *Cahn*, NJW 1996, 2899, 2903.

645 Anderenfalls würde er zumindest über den Innenausgleich nach § 5 ProdHaftG freizustellen sein. Freilich trägt er dann noch das Insolvenzrisiko des Herstellers.

646 S. hierzu auch *Cahn*, NJW 1996, 2899, 2904.

§ 13
Mängel des geistigen Werkes / Qualitätsmängel

1. Vorbemerkung und Problemdarstellung

Nachfolgend werden die Mängel des geistigen Werkes als solches (auch: Qualitätsmängel) analysiert[647]. Die urhebervertragsrechtliche Relevanz liegt darin, dass die Basis der Einräumung aller Nutzungsrechte an urheberrechtlich geschützten Werken ein dem Vertrag zu Grunde liegendes geistiges Werk ist. Weist es als solches bereits Fehler auf, so ist zwangsläufig auch der Urheberrechtsvertrag mangelhaft.

Problematisch ist der Mangelbegriff und damit die Definition des Mangels am geistigen Werk. Nicht jedes Werkteil oder jeder Werkinhalt lässt sich einer gewährleistungsrechtlichen Prüfung unterziehen. Das ergibt sich bereits aus dem Schöpferprinzip des Urheberrechts. Grundsätzlich entscheidet der Urheber, was er wie und mit welchem Inhalte erschafft. Der Erwerber hat deshalb gewisse originäre Risiken zu tragen, namentlich vor allem das Verwertungsrisiko, weil er die Güte und Qualität eines Werkes grundsätzlich nicht rügen kann[648]. Der Urheber darf damit aber keinen „inhaltlichen Freibrief“ erhalten: Vollendet er sein Werk abredewidrig nicht, erfüllt das Werk seinen vertraglich vorausgesetzten Zweck nicht (z.B. ein Schulbuch, das den Anforderungen des Kultusministeriums nicht genügt) oder ist eine Übersetzung so frei gehalten, dass sie nicht mehr zu gebrauchen ist, so müssen dem Erwerber Gewährleistungsrechte zustehen, auch wenn das Werk für sich genommen erstklassig wäre.

Die nachfolgende Untersuchung katalogisiert und systematisiert die in Betracht kommenden Mängel, um sie objektivierbar darzustellen. Dies gibt die Möglichkeit, allgemeinverbindliche Regeln aufzustellen zu können, die für jegliche geistigen Werke gelten. Eine Orientierungshilfe bietet dabei § 31 VerlG, der dem Verleger im Verlagswesen Rechte gibt, wenn das Werk nicht die vertragsgemäße Beschaffenheit aufweist[649].

2. Ein- und Abgrenzung

a) Kauf- und Werkvertragsrecht

Wenn der Vertrag über ein Werk geschlossen wird, das erst noch zu schaffen ist, unterfällt der Vertrag häufig werkvertraglichen Regeln. Zwar wurde die Arbeit im Bereich der Prüfung der Leistungsstörungen grundsätzlich auf die Behandlung des Kaufrechts beschränkt. Die folgende Betrachtung bezieht jedoch aus Gründen der Praxis-

---

647 Diese Kategorie ist bedeutsam: *Asprogerakas-Grivas* widmet ihr annähernd die Hälfte seiner Darstellung (S. 89 bis 170).

648 BGH GRUR 1960, 642, 644; *Kohler* bemerkte schon vor fast 100 Jahren zutreffend: „Der Verleger darf sich nicht zum Beurteiler des Werkes aufspielen“ (S. 308).

649 S. bereits in § 5 unter 2. c) cc).

nähe hinsichtlich der Untersuchung des Mangelbegriffs Werksvertragsrecht ein. Das ist auch ohne weiteres möglich, weil die Definition des Mangels, gleichgültig ob Rechts- oder Sachmangel, nach § 633 Abs. 2 und 3 BGB und §§ 434, 435 BGB übereinstimmen.

Praxisrelevanz erhält die Unterscheidung, weil im Rahmen des Werkvertragrechts nach § 634 a Abs. 1 Nr. 3 BGB für geistige Leistungen die regelmäßige dreijährige Verjährungsfrist gilt, während im Kaufrecht nach § 438 Abs. 1 Nr. 3 BGB eine zweijährige Frist läuft.

b) Besonderheit im Werkvertrag: Erfüllungsanspruch bei Mängeln vor Abnahme

Zu unterscheiden sind ferner die Voraussetzungen der Anwendbarkeit des allgemeinen und des besonderen Leistungsstörungsrechts. Während im kaufrechtlichen Bereich davon auszugehen ist, dass die Mängel grundsätzlich erst nach Schaffung und vor allem nach Übergabe des Werkes erkannt und gerügt werden und deshalb Kaufgewährleistungsrecht erst danach anzuwenden ist, hat ein Rechtserwerber im Werkvertragsrecht vor der grundsätzlich erforderlichen Abnahme des (geistigen) Werkes bei wesentlichen Mängeln das Recht, primär Erfüllung zu verlangen, bevor das Gewährleistungsrecht anwendbar ist. Abnahme bedeutet hierbei zum einen die körperliche Hinnahme im Wege der Besitzübertragung, zum anderen die Anerkennung des Werkes als in der Hauptsache vertragsgemäße Leistung[650]. In vielen urhebervertragsrechtlich relevanten Fällen ist die körperliche Hinnahme – mit Ausnahme von Werkverkörperungen – nicht möglich[651]. Dann genügt für die Abnahme die oben genannte Anerkennung[652]. Neben dem Erfüllungsanspruch steht dem Erwerber ein Zurückbehaltungsrecht nach § 273 BGB zu. Zudem trägt der Hersteller bis zur Abnahme nach § 644 BGB die Preisgefahr. Ihm ist damit stets zu raten, bereits vor einer Ingebrauchnahme, die u.U. als konkludente Abnahme angesehen werden kann, das Werk sorgfältig zu untersuchen, um nicht des ursprünglichen Erfüllungsanspruchs verlustig zu gehen.

650 Allg. Meinung, so auch BGH NJW 1993, 1972.

651 BGHZ 37, 341, 345 für Architektenleistungen; BGH NJW-RR 1992, 1078 für den Gutachter. Es fragt sich dann, ob der Erwerber mit der Hinnahme der Werkverkörperung auch den urhebervertragsrechtlichen Bereich oder Vertrag abgenommen hat. Das ist zu bejahen; der Erwerber wird regelmäßig – zumindest konkludent – einen „Gesamtabnahmewillen" haben.

652 Ist auch das nicht möglich, so genügt die Vollendung des Werkes nach §§ 640 Abs. 1 i.V.m. 646 BGB, sodass man sich direkt im Anschluss an die Vollendung im Gewährleistungsrecht befindet, so z.B. für eine live inszenierte Theateraufführung.

653 S. hierzu *Maunz/Schricker*, § 31 m.w.N.

3. Fehlerbegriff

a) Grundsätzliches und Heranziehung des § 31 VerlG

Entscheidend für die Qualitätsmängel des Werkes ist, dass sie weder „von außen kommende" Rechte oder Vorstellungen Dritter noch Mängel am Werkexemplar darstellen, sondern in der geistigen Leistung selbst gründen, die die Anforderungen an die Schutzfähigkeit erfüllt. Somit lassen sie sich auch negativ von den bisher behandelten Tatbeständen und Mängelkategorien abgrenzen.

§ 31 VerlG ist nur insoweit als Bezugsgröße tauglich, als er bestimmt, ein (Verlags-) Werk müsse die „vereinbarte Beschaffenheit" aufweisen. In § 5 unter 2. c) wurde dargestellt, dass eine analoge Anwendung des § 31 VerlG auf das übrige Urhebervertragsrecht auf Grund des speziellen verlagsrechtlichen Zuschnitts regelmäßig unzulässig ist. Zudem bedarf es einer direkten oder indirekten Anwendung schon deshalb nicht, weil der Mangelbegriff des § 31 VerlG im Mangelbegriff des neuen Kauf- und Werkvertragsrecht aufgeht. Literatur und Rechtsprechung haben im Rahmen der Prüfung des § 31 VerlG einige Anwendungsbereiche erarbeitet, deren dahinter stehende Ideen aber grundsätzlich für die Definition des Qualitätsmangels nutzbar gemacht werden können[653].

b) Ausgangspunkt und Fehlerbegriff

Ausgangspunkt des Versuchs, Qualitätsmängel am Werk und damit zwangsläufig einhergehend Fehler am Nutzungsrecht zu objektivieren, ist der allgemeine Fehlerbegriff der §§ 633, 434 BGB. Hierbei ist das Problem zu lösen, dass Qualitätsmängel im Urheberrecht schwer objektiv messbar sind (Was ist eine gute, was eine schlechte und mangelhafte Qualität, gerade im künstlerisch-individuellen Bereich?). Zudem ist der wirtschaftliche Erfolg einer Nutzung, der von den Parteien oder zumindest dem Erwerber angestrebt wird, nahezu nicht vorherzusehen, weil er von vielen Faktoren abhängt, die von den Vertragsparteien häufig nicht zu beeinflussen sind.

Der zwischen den Parteien vereinbarte Vertragsinhalt – bezogen auf das urheberrechtlich geschützte Werk und nicht auf den Umfang des Nutzungsrechts – bildet dabei die Basis der Frage, ob ein Fehler vorliegt. Deshalb ähnelt der Mangel einem „Sachmangel". Nach § 633 Abs. 2 BGB[654] liegt kein (Sach-)Mangel vor, wenn das Werk die vereinbarte Beschaffenheit hat. Die Vorschrift ist lediglich analog anzuwenden, da das geistige Werk als solches keine „Sache" im Sinne dieser Normen ist, die von körperlichen Gegenständen nach § 90 BGB ausgehen.

654 Das gilt nach § 434 BGB auch für das Kaufrecht.

c) Primär: Vereinbarte Beschaffenheit

Ein Fehler liegt also dann vor, wenn das dem Nutzungsrecht zu Grunde liegende geistige Werk nicht die vereinbarte Beschaffenheit aufweist und die Ist-Beschaffenheit damit negativ von der Soll-Beschaffenheit abweicht[655]. Auszugehen ist damit wie bisher zunächst vom subjektiven Fehlerbegriff und dem Vorrang der Parteivereinbarung.

aa) Abgrenzung von unverbindlichen Empfehlungen und Bedeutung von Werbeaussagen

Zunächst ist die Parteivereinbarung von unverbindlichen Empfehlungen, Beschreibungen oder Bewertungen abzugrenzen. Das ist eine Frage des Rechtsbindungswillens und durch Auslegung zu ermitteln.

Neu ist – zumindest im Kaufrecht –, dass zur Beschaffenheit nach § 434 Abs. 1 S. 3 BGB auch Eigenschaften gehören, die der Käufer im Rahmen öffentlicher Äußerungen oder Werbung erwarten kann. Damit können Anpreisungen gewährleistungsrechtlich relevant werden, wobei die Bedeutung im Urhebervertragsrecht auf Grund des häufig fehlenden Massengeschäfts und der individuellen Prägung nur sehr gering sein dürfte[656].

bb) Inhalt der Beschaffenheitsvereinbarung

Zu untersuchen ist, ob auch im Urhebervertragsrecht jegliche Art der Beschaffenheit bis zur Grenze der Sittenwidrigkeit individualvertraglich[657] vereinbart werden kann oder ob es urheberrechtlich spezifische Grenzen gibt, die im Schöpferprinzip und der Individualität begründet sind.

(1) Objektive Merkmale

Ausgangspunkt dieser Prüfung ist die Annahme, dass die im alten Recht verankerte zusicherungsfähige Eigenschaft im neuen Recht die „Beschaffenheit" darstellt. Trotz des begrifflichen Unterschieds ist diesbezüglich keine wesentliche inhaltliche Änderung eingetreten[658]. Die Beschaffenheit ist mit dem tatsächlichen Zustand der Sache

---

655 *Lorenz/Riehm*, Rdnr. 482.

656 Unter Umständen fällt darunter eine Beschreibung in einem Auktionskatalog.

657 Die Frage, ob und ggf. welche Grenzen es in Allgemeinen Geschäftsbedingungen gibt, wird im Rahmen dieser Arbeit nicht untersucht. Interessant könnte die Frage sein, wie sich Zusicherungen und Gewährleistungsausschlüsse in Prospekten – etwa in Auktionskatalogen – auf den kommissarische Auktionator auswirken, der das Werk in eigenem Namen versteigert, s. auch *Braun*, WM 1992, 893 ff.

658 So im Ergebnis *Lorenz/Riehm*, Rdnr. 484; *Putzo*, in: Palandt, § 434 Rdnr. 2, 12. Unterschied: Es sind geringere Anforderungen an die Vereinbarung als an die Zusicherung zu stellen. Das spielt jedoch in folgender Darstellung keine Rolle, weil es nicht um die Art der Rechtsbindung, sondern um die Qualifikation der Eigenschaft bzw. Beschaffenheit geht.

gleichzusetzen und umfasst die der Sache anhaftenden Eigenschaften. Hierbei wird die Eigenschaft als jedes der Sache auf gewisse Dauer anhaftende Merkmal definiert, das für deren Wert, ihren vertraglich vorausgesetzten Gebrauch oder aus sonstigen, etwa persönlichen Gründen für den Erwerber erheblich ist[659]. Geht man die beispielhaften Aufzählungen in der Literatur durch, so zeigt sich, dass diese Eigenschaften *objektiv* bestimmt werden. *Putzo* etwa nennt „neu oder gebraucht", „Größe", „Gewicht", „Alter", „Energieverbrauch" oder ähnliches[660]. Auch die Rechtsprechung hat Eigenschaften/Beschaffenheiten im Bereich des Urheberrechts objektiv bemessen. So stelle die objektiv nachprüfbare Echtheit eines Kunstwerks eine solche dar[661]; ebenso die Frage, ob es sich um ein Original handele oder nicht[662]. Auch die Zuordnung eines Werkes zu einem bestimmten Künstler durch einen Sachverständigen ist eine solche Beschaffenheitsangabe[663]. Diese Beschränkung auf objektive Kriterien scheint aber aus der Definition der Eigenschaft heraus nicht zwingend, weil sich Beschaffenheiten durch persönliche und somit subjektive Elemente begründen lassen.

Außer Frage steht aber die Möglichkeit eines Urhebers, das Vorhandensein eindeutig *objektiver Beschaffenheitsmerkmale* seines Werkes vertraglich zu vereinbaren. Zu denken ist dabei etwa an:

- Echtheit eines Werkes
- Umfang[664]
- Werkgattung (Popsong und nicht Oper; Roman und nicht Lehrbuch)
- Zweck (Schulbuch, das den Vorgaben des Kultusministeriums gerecht werden muss)
- Neuheit
- Neuester Stand der Wissenschaft
- Bei Filmwerken: Darsteller, Regie, Ort, Thema
- Wirtschaftlichkeit, Einbringlichkeit und Werthaltigkeit[665].

659 Allg. Meinung, z.B. BGHZ 87, 302.

660 *Palandt/Putzo*, § 434 Rdnr. 10.

661 BGH NJW 1993, 2103, 2104 m.w.N.; OLG Hamm, NJW 1987, 1028.

662 OLG Hamm, NJW 1987, 1028.

663 BGH NJW 1972, 1658; *Flume*, JZ 1991, 633.

664 Naturgemäß wird es dem Urheber nicht möglich sein, die Seitenzahl des erst zu schaffenden Werkes im Voraus exakt anzugeben. Ihm ist deshalb ein gewisser Spielraum zuzubilligen, innerhalb dessen das Werk als mangelfrei anzusehen ist. So nimmt das OLG Karlsruhe einen Mangel erst bei erheblicher Über-/Unterschreitung an, OLG Karlsruhe, UFITA 92 (1982), S. 229, 237; eine Richtschnur könnte die 10%-Marke sein.

665 Hierzu *Westermann*, JZ 2001, 530, 532.

(2) Subjektive Merkmale

Es ist zu untersuchen, ob der Urheber auch vereinbaren kann, dass sein Werk gewisse *subjektive „Beschaffenheiten“*, wie etwa „politische Tendenz“ eines Buches oder „Anmut der Erzählung“, aufweist. Die Schwierigkeit liegt zum einen darin, dass es im Rahmen der Bewertung dieser subjektiven Merkmale de facto um die Bewertung von Kunst als solche geht und zum anderen, dass der Künstler, sollte er subjektive Merkmale zusichern dürfen und damit vertraglich schulden, einen Teil seiner künstlerischen Freiheit – bis hin zur fehlenden Individualität – aufgibt. Das könnte im Extremfall gar Auswirkungen auf die Schutzfähigkeit des Werkes haben.

Zunächst muss eine Beschaffenheitsvereinbarung ausreichend bestimmt sein. Das scheint fraglich, wenn der Urheber eine gewisse Tendenz, Tiefe oder Handlungskraft vereinbart. Auch deshalb ist *Asprogerakas-Grivas* der Auffassung, dass subjektive Merkmale, die nicht nach objektiven Kriterien ermittelt werden können, nicht Gegenstand einer Zusicherung und damit einer Vereinbarung werden können[666]. Der BGH hat angenommen, dass die Tendenz eines Buches oder die Person des Vertragspartners grundsätzlich keine Beschaffenheit sei[667].

Diese Auffassung stößt auf Bedenken. Zuzugeben ist, dass die „subjektive“ Qualität eines Werkes in der Regel nicht durch Dritte untersucht werden kann. Niemand sollte sich anmaßen dürfen, Geistesschöpfungen auf ihre Subjektivität zu bewerten *und* sie durch diese Bewertung rechtsrelevant als mangelhaft oder mangelfrei zu kennzeichnen. Auf der anderen Seite ist der Urheber vertragsrechtlich und dogmatisch gesehen völlig frei, sich auch auf gewisse subjektive Merkmale zu verpflichten.

(3) Lösung

Die Lösung des Konflikts liegt im Begriff der Beschaffenheit, weil der Urheber nur eine Vereinbarung über eben eine solche schließen kann. Es ist also zu fragen, ob subjektive Eigenschaften „Beschaffenheiten“ i.S.d. §§ 434 Abs. 1 S.1, 633 Abs. 2 S. 1 BGB darstellen. Der Gesetzgeber hat auf eine Legaldefinition verzichtet. Nimmt man die zahllosen Beispiele der Kommentierung zu jeglicher Art von Beschaffenheit (etwa bei Kfz, Kunstwerken, Grundstücken), so fällt auf, dass nur objektiv überprüfbare Merkmale als Eigenschaft oder Beschaffenheit angesehen werden, etwa die Marke eines Pkw, das Alter eines Schiffs, die Echtheit eines Kunstwerks oder die Baubeschränkung, die auf einem Grundstück lastet[668].

Der Duden definiert „subjektiv“ u.a. als „von persönlichen Gefühlen und Interessen bestimmt“, während „objektiv“ „sachlich, nicht von Gefühlen bestimmt und unvorein-

---

666 *Asprogerakas-Grivas*, S. 98.

667 BGHZ 114, 263 (Person); BGH NJW 1958, 138 f. (Tendenz).

668 Z.B. *Putzo*, in: Palandt, § 434 Rdnr. 70 ff. m.w.N.

genommen“ bedeutet[669]. Es ist nicht möglich und auch nicht sinnvoll, eine von „persönlichen Gefühlen“ bestimmte Beschaffenheit zu schulden, weil eine Überprüfung nicht stattfinden kann, ohne sich dem Einwand der Parteilichkeit oder gar Willkür auszusetzen. Damit würde jegliche Rechtssicherheit und Vorhersehbarkeit fehlen. Der Begriff der Beschaffenheit ist demnach objektiv determiniert. Das hat neben dem Schutz des Urhebers auch zur Konsequenz, dass er subjektive Merkmale nur anpreisen oder ankündigen kann. Rechtlich kann er für ein wie auch immer geartetes Fehlen nicht haftbar gemacht werden.

Diese Beschränkung des Begriffs „Beschaffenheit“ auf Merkmale, die objektiv nachprüfbar sind, ist vor allem im Urheberrecht sinnvoll. Rechtstreitigkeiten wären Tür und Tor geöffnet, wollte man ausschließlich persönliche Elemente und Prägungen eines Werkes einer gewährleistungsrechtlichen Prüfung unterziehen. Eine solche Prüfung wäre ihrerseits wiederum subjektiv, was eine Nachprüfbarkeit zusätzlich erschweren würde oder gar unmöglich macht. Zwar kennt unser Rechtssystem Beurteilungsspielräume, die zwingend subjektiv geprägt sind, jedoch fällt bei genauerer Betrachtung auf, dass sich der Gegenstand dieser Spielräume objektiv eingrenzen und beschreiben lässt[670]. Zudem ist eine genaue Abgrenzung aus Gründen der Rechtssicherheit sinnvoll. Die Grenze ist danach zu ziehen, ob objektiv nachprüfbare Merkmale vereinbart wurden oder nicht. Gerade im Urheberrecht, das von persönlicher und individueller Schöpfung geprägt ist, muss es einen subjektiven Spielraum geben, der einer Mangelprüfung nicht zugänglich ist. Das „Risiko“ des Erwerbers, mit einem Urheber einen Vertrag mit werkvertraglichen Elementen zu schließen und nicht exakt zu wissen, welche Eigenart das zu schaffende Werk hat, kann ihm nicht abgenommen werden.

Zur Verdeutlichung sollen zwei Beispiele dienen, die auch gleichzeitig die Abgrenzungsschwierigkeiten zeigen: Die politische Tendenz eines Buches etwa kann objektiv durchaus nachprüfbar sein, weil sich anhand objektiv vorliegender Parteiprogramme die Richtung des Autors ermitteln und sich das Werk danach unter die gefundenen Parameter subsumieren lässt. Hingegen ist die Tiefe eines Werkes oder die Kraft der Handlung jeglicher objektiver Kriterien entzogen.

Diese Einschränkung oder Auslegung des Begriffs der Beschaffenheit wirkt sich zwingend auch auf die weiteren Fehlerdefinitionen der §§ 434 Abs. 1 S. 2 Nr. 1 und 2 BGB, 634 Abs. 2 S. 2 Nr. 1 und 2 BGB aus und entzieht rein subjektive Merkmale insgesamt einer Fehler- und Mängelprüfung.

---

669 Duden, Das Fremdwörterbuch.

670 Vor allem in vielen Bereichen im öffentlichen Recht, etwa hinsichtlich des behördlichen Ermessens.

d) Sekundär: Eignung für die nach dem Vertrag vorausgesetzte Verwendung

Wurde die Beschaffenheit nicht ausdrücklich vereinbart, so gilt nach §§ 434 Abs. 1 S. 2 Nr. 1, 633 Abs. 2 S. 2 Nr. 1 BGB, dass sich das Werk nach dem für den nach dem Vertrag vorausgesetzten Gebrauch eignen muss.

Hierbei wird in der Praxis häufig der „Zweck" des Einsatzes des Nutzungsrechts am Werk, den beide Parteien bei Vertragsschluss voraussetzen, eine Rolle spielen. Wenn beide wissen, welche Art des Einsatzes vorgesehen ist, so hat der Urheber das Werk zweckkonform zu erstellen. Anderenfalls liegt ein Mangel vor. Zu denken ist etwa an eine Anleitung, die den Anforderungen bestimmter Richtlinien und Bestimmungen genügen muss (Sporttechnik für einen Sportbund, Schulbuch, das den Vorgaben des Kultusministeriums zu entsprechen hat) oder an den Fall, in dem der Urheber einen Weltatlas zu erstellen hat und ein Land „vergisst".

e) Tertiär: Objektiver Fehlerbegriff und gewöhnliche Verwendung

Wenn sich weder eine Vereinbarung der Parteien noch ein vertraglich vorausgesetzter Gebrauch des Werkes ermitteln lässt, kommen nach §§ 434 Abs. 1 S. 2 Nr. 2, 634 Abs. 2 S. 2 Nr. 2 BGB objektive Merkmale zur Anwendung[671]. Zu beachten ist, dass der Wert des Rechts und damit u.U. die Marktchancen nicht unter diesen objektiven Fehlerbegriff fällt und somit als Mangel – wie im alten Recht – nur in Betracht kommt, wenn hierüber eine gesonderte Vereinbarung geschlossen wurde[672].

Um einen Fehler in dieser Kategorie zu bejahen, ist maßgeblich auf die Verkehrserwartung abzustellen, sodass in diesem Bereich subjektive Besonderheiten oder Prägungen von vornherein keine Rolle spielen werden. Zur Verdeutlichung wird nochmals der „kritische Fall" dargestellt: Wenn zwischen den Parteien ohne gesonderte Vereinbarung eine „Tendenz des Buches" besprochen wird, dann haftet der Urheber grundsätzlich nicht nach § 634 Abs. 2 S. 2 Nr. 2 BGB, selbst dann nicht, wenn etwa der Leser eine Tendenz erwartet, weil der Autor sie bislang stets aufgezeigt hatte. Der Fehler soll gerade ausschließlich objektiv danach begründet werden, dass sie bei „Sachen gleicher Güte" üblich seien. Von einem Autor zu fordern, er müsse – wie immer oder üblich – ein „Happy-End" schaffen, ginge haftungsrechtlich zu weit. Allein die Forderung aber, der Autor habe in seinen Werken bislang stets ein „Happy-End" geschaffen, zeigt, dass die Bestimmung des objektiven Fehlerbegriffs subjektive Erwägungen anstellt. Im Bereich des von subjektiven Elementen geprägten geistigen Werkes ist es regelmäßig mit Schwierigkeiten verbunden, den Maßstab der Objektivität und der Geeignetheit für die gewöhnliche Verwendung zu finden. So wird es selbst im Rahmen der objektiven Mängel stets subjektive Betrachtungsweisen und Abwägungen geben, die in die Wertung, ob ein Mangel vorliegt, einzufließen haben. Dies resultiert

---

671 Nicht zu verwechseln mit der Frage der „subjektiven" und „objektiven" Beschaffenheit.

672 *Westermann*, JZ 2001, 530, 532; *Lorenz/Riehm*, Rdnr. 485.

aus der Besonderheit des Urhebervertragsrechts und der Feststellung, dass die Regelungen des BGB auf eben diesen Vertragstyp nur unter Beachtung seiner Spezifika anwendbar sind.

f) Sonderfall: Garantie

Garantien konnten im Kauf- und Werkvertragsrecht abgegeben werden[673], obwohl sie gesetzlich bislang nicht geregelt waren. Mit § 443 BGB hat der Gesetzgeber erstmals eine Garantie im Bereich des Kaufrechts für Beschaffenheiten und Haltbarkeiten normiert. Im Vergleich zur alten Rechtslage ist keine wesentliche Änderung eingetreten. Nach wie vor sind Inhalt und Umfang grundsätzlich durch Auslegung zu ermitteln[674]. Im Werkvertragsrecht ist § 443 BGB nicht anwendbar. Das ergibt sich dadurch, dass der Gesetzgeber die Garantie bewusst nur für den kaufrechtlichen Bereich festgeschrieben und auf eine Normierung der Garantie im Werkvertrag verzichtet hat. Somit ist im Werkvertragsrecht eine gesonderte Garantievereinbarung erforderlich.

Gegenstand der Garantie i.S.d. § 443 BGB ist vor allem die Beschaffenheitsgarantie. Das hat zwingend zur Folge, dass nur objektive Merkmale garantiert werden können[675]. Bedeutung erlangt die Garantie vor allem dann, wenn sich aus ihr selbst Rechte oder Umfänge ergeben, die nicht bereits vom gesetzlichen Gewährleistungssystem umfasst sind[676]. Zudem beginnt die Verjährung nicht vor Auftreten des Garantiefalls zu laufen und unterliegt der regelmäßigen Frist des § 195 BGB[677].

g) Problem: Risikoverteilung bei Beschaffenheitsvereinbarung oder Garantien

Der Käufer oder Verwerter trägt bei Abschluss des Urheberrechtsvertrags grundsätzlich zwei wesentliche Risiken, die er zunächst nur sehr bedingt oder gar nicht beeinflussen kann: Die subjektiven Merkmale des erst herzustellenden Werkes, die in der Person des Urhebers gründen, kann er gewährleistungsrechtlich nicht angreifen[678]. Zudem obliegt ihm das Verwertungsrisiko. Der Erwerber hat demnach stets ein Interesse, sein Verwertungsrisiko auf den Urheber abzuwälzen. Es fragt sich, ob oder inwieweit dies zulässig ist.

---

673 Die Abgrenzung zwischen Zusicherung, unselbstständiger und selbstständiger Garantie bleibt im Rahmen dieser Arbeit außer Betracht.

674 *Sprau*, in: Palandt, § 634 Rdnr. 23.

675 S. in § 13 unter 3. c) bb) (3).

676 *Putzo*, in: Palandt, § 443 Rdnr. 21 f.

677 *Putzo*, in: Palandt, § 443 Rdnr. 23.

678 S. in § 13 unter 3. c) bb) (3).

aa) Risikoübertragung durch Allgemeine Geschäftsbedingungen

Als zulässig anerkannt ist die Möglichkeit des Erwerbers, die Vergütung des Urhebers als Erfolgsbeteiligung auszugestalten[679]. Auch die Kopplung der Vergütung an den Erfolg, etwa indem er den Urheber erst ab Erreichung eines gewissen Umsatzes bezahlt, ist wirksam. Gerade der neu geschaffene § 32 a UrhG sieht eine angemessene Vergütung vor, die erfolgsorientiert ist.

Vereinbart er aber eine Vertragsstrafe für den Fall, dass ein gewisser Umsatz/Gewinn nicht erzielt wird, so ist die Klausel auf Grund unangemessener Benachteiligung des Urhebers unwirksam. Unangemessen sind nämlich Klauseln, die missbräuchlich einseitige Interessen des Verwenders durchzusetzen versuchen, ohne für einen angemessenen Ausgleich zu sorgen[680]. Das dem Erwerber originär zufallende Verwertungsrisiko würde andernfalls ins Gegenteil verkehrt. Das widerspricht dem gesetzlichen Leitbild des Urheberrechtsgesetzes, das dem Urheber stets eine angemessene Vergütung gewährt.

bb) Individualvertragliche Risikoübertragung

Individualvertraglich ist die Abwälzung des Verwertungsrisikos des Erwerbers auf den Urheber bis zur Grenze der Sittenwidrigkeit zulässig. Nach der Rechtsprechung ist das erst dann der Fall, wenn das Geschäft gegen das Rechtsgefühl aller billig und gerecht Denkenden verstößt[681]. Diese „schwammige" Formulierung erfährt Konturen wesentlich durch die gerichtliche Entscheidungspraxis. Diese wiederum ist geprägt vom Gedanken, den wirtschaftlich und intellektuell Schwächeren vor der Übermacht des Stärkeren zu schützen[682]. Zur Feststellung, ob eine Vereinbarung, die dem Urheber auch das Verwertungsrisiko auferlegt, sittenwidrig ist, muss auf den konkreten Einzelfall abgestellt werden. Es ist zu untersuchen, in welchem Umfange, mit welcher Absicht (in untechnischem Sinne) und mit welcher Gegenleistung (etwa eine sehr hohe Gewinnbeteiligung) ein Ausgleich geschaffen wird.

h) Problem: Nacherfüllung und Selbstvornahme

Das Werkvertragsrecht sieht in §§ 634 Nr. 2, 637 BGB das Recht des Bestellers zur Selbstvornahme vor, wenn der Urheber als Hersteller einen Mangel nicht innerhalb einer gesetzten Frist beseitigt. Es fragt sich, ob diese Selbstvornahme im Rahmen des Urheberrechtsvertrags zulässig ist. Das Problem liegt darin, dass für eine Bearbeitung, Entstellung oder Änderung eines geistigen Werkes nach §§ 14, 23, 39 UrhG grundsätzlich die Einwilligung des Urhebers erforderlich ist, wenn die Weigerung nicht ge-

---

679 Z.B. KG Berlin, GRUR 1984, 509 ff.

680 BGHZ 120, 108, 118; BGH NJW 2000, 1110.

681 Ständige Rechtsprechung, z.B. BGHZ 69, 295, 297.

682 BGH NJW 1981, 1206 f.; zum Ganzen *Zwecker*, S. 29 ff.

gen Treu und Glauben verstoßen würde. Diese Möglichkeit, Änderungen und Bearbeitungen durch eine Einwilligung zuzulassen, zeigt, dass derartige Eingriffe durch Dritte in Werke des Urhebers grundsätzlich zulässig sind. Anerkannt ist ferner, dass die Einwilligung auch durch konkludentes Verhalten zum Ausdruck gebracht werden kann. Änderungen fallen demnach nicht unter den höchstpersönlichen unverzichtbaren Bereich wie etwa das Urheberrecht selbst.

Auf Grund des Umstandes, dass der Urheber die Frist zur Nacherfüllung fruchtlos verstreichen lässt, kann nicht automatisch auf eine konkludente Einwilligung zur Mängelbeseitigung durch Dritte geschlossen werden. Ist z.B. das Werk mangelhaft, weil es den vereinbarten Umfang bei weitem nicht erreicht, so kann in einer Fristsäumnis nicht die Einwilligung zur „Vervollständigung" des Werkes gesehen werden. Zudem unterscheidet sich der Fall der Selbstvornahme in einem weiteren Punkt entscheidend von dem der Änderung, Bearbeitung oder Entstellung: Ist die Selbstvornahme notwendig, liegt ein objektiv feststellbarer Mangel am geistigen Werk vor. Bei einer Bearbeitung hingegen liegt grundsätzlich gerade kein Fehler des Werkes vor. Die Bearbeitung will das Werk einem veränderten Zweck anpassen[683], die Änderung auf die Verwertungsmöglichkeit eines Nutzungsrechts Einfluss nehmen, indem sie das geistige Werk den notwendigen Bedürfnissen der Verwertung anpasst[684]. Bedeutung haben die diesen Bearbeitungen zu Grunde liegenden Vereinbarungen typischerweise im Rahmen von sog. Nutzungsverhältnissen mit Bearbeitungscharakter[685].

Nach einer Ansicht in der Literatur finden Änderungen des Werkes bei selbstständiger Fehlerbeseitigung dort ihre Grenzen, wo wesentliche Teile des Werkes mangelhaft sind und das „bearbeitete" Werk durch die Änderungen seine ursprüngliche Individualität verlieren würde. Geändert werden darf nach dieser Ansicht nur bei ganz besonderen, absolut notwendigen Fällen[686]. Diese Auffassung führt auf Grund der weichen Konturen zu Rechtsunsicherheit. Die Rechtsprechung ist ähnlich unscharf. Sie wägt hinsichtlich des Rechts des Erwerbers, das Werk zu ändern, weil sich der Urheber nach Treu und Glauben ihr nicht widersetzen darf, nach Intensität des Eingriffs und Erforderlichkeit im Hinblick auf die vertragsgemäße Ausübung des Nutzungsrechts im Einzelfall ab[687]. Demnach müssen einfache redaktionelle Anpassungen im Regelfall auch im Wege der Selbstvornahme zulässig sein, während sich diese Zulässigkeitshürden nach oben verschieben, je intensiver sich der Eingriff in das Werk darstellt.

683 OLG Düsseldorf, GRUR 1990, 263, 266.

684 *Schricker*, § 39 Rdnr. 7.

685 Etwa bei Werken, die vereinbarungsgemäß – sei es ausdrücklich oder konkludent – in andere Sprachen zu übersetzen sind.

686 *Asprogerakas-Grivas*, S. 135.

687 BGH GRUR 1974, 675, 676; 1971, 35. Zu denken ist etwa an eine Größenänderung, s. *Schricker*, § 39 Rdnr. 15.

Der Auffassung ist zuzugeben, dass sie auf Grund der Erforderlichkeit einer Einzelfallabwägung ein flexibles Mittel bietet, um Weigerungen des Urhebers trotz objektiver Mängel in der Qualität seines Werkes zu begegnen. Sie hat aber zwei wesentliche Nachteile: Neben der bereits erwähnten Rechtsunsicherheit führt die Bearbeitung oder Änderung eines Werkes durch einen Dritten auch bei einem fehlerhaften Werk dazu, dass es tatsächlich nicht nur vom Urheber stammt. Gerade die Ausschließlichkeit und Originalität einer Arbeit kann bei namhaften Künstlern aber ein entscheidendes Verkaufsargument sein. Lässt man eine Selbstvornahme aber per se nicht zu, so könnte der Erwerber die geplante Verwertung nicht wie geplant vornehmen. Er wäre auf Schadensersatzansprüche gegen den Urheber angewiesen und würde das Insolvenzrisiko eines nicht solventen Urhebers auch dann tragen, wenn die Mängelbehebung ohne Schwierigkeiten durch einen Dritten durchführbar ist. Deshalb ist trotz der skizzierten Nachteile der Meinung Recht zu geben, die eine Änderung oder Bearbeitung durch Dritte im Wege der Selbstvornahme zulässt, wenn der Urheber sie nach Treu und Glauben nicht verweigern darf. Dafür spricht auch der Wortlaut des § 39 Abs. 2 UrhG, der eine Änderung ermöglicht, wenn der Urheber seine Einwilligung hierzu nicht treuwidrig verweigern darf.

Die Darstellung zeigt, dass das Instrument der Selbstvornahme in seiner eigentlichen werkvertraglichen Behandlung im Urhebervertragsrecht auf Grund der persönlichen Prägung des Urheberrechts zu erheblichen Schwierigkeiten führt.

Im Ergebnis ist zweistufig vorzugehen, wenn der Urheber einer Aufforderung zur Mängelbeseitigung nicht fristgerecht nachkommt: Zunächst ist zu fragen, ob er nicht durch sein Verhalten ausdrücklich, stillschweigend oder konkludent einer Mängelbeseitigung im Wege der Selbstvornahme zugestimmt hat. Wird dies verneint, so ist im Rahmen einer Einzelfallprüfung durch Abwägung zu entscheiden, ob der Urheber seine Einwilligung zu einer Änderung nach Treu und Glauben nicht versagen darf. Daneben bleiben dem Erwerber Schadensersatzansprüche nach § 280 Abs. 1 BGB für solche Schäden, die nicht von den Mängelbeseitigungskosten umfasst sind. Zu denken ist etwa an entgangenen Gewinn oder Verzugsschäden, weil ein Werk erst später auf den Markt gebracht werden konnte.

4. Fallkonstellationen und Fehlergruppen

a) Vorbemerkung und Hauptfälle

Wie in § 13 unter 3. ausführlich dargestellt, besteht die Möglichkeit, dass ein Werk Qualitätsmängel aufweist, vor allem dann, wenn es die vereinbarte objektive Beschaffenheit nicht erreicht. Die möglichen weiteren Erscheinungsformen werden nachfolgend untersucht. Dabei bleibt der „direkte“, der eindeutige Mangel außer Betracht[688]; er bildet die in § 13 unter 3. beschriebene erste Fallgruppe.

b) „Soziale“ Fehler

aa) Definition

Asprogerakas-Grivas zählt die sog. „sozialen“ Fehler mit Recht zu den Qualitätsmängeln des geistigen Werkes. Das sind solche, die auf Grund ihres Inhalts gegen die soziale Ordnung verstoßen und dadurch die Verwertung erschweren oder unmöglich machen[689]. Hierzu gehören z.B. Verstöße des Werkes gegen die guten Sitten, „political correctness“, Gesetze oder religiöses Empfinden. Nicht zu verwechseln sind diese Tatbestände mit „subjektiven Beschaffenheiten“. Die sozialen Mängel stellen Verstöße gegen Normen und Wertungsmaßstäbe dar, die voller gerichtlicher Kontrolle unterliegen und nach objektiven Kriterien katalogisiert und bewertet werden können, mag auch der Inhalt im Einzelfall subjektiv ausgestaltet oder dargestellt sein[690]. Deshalb stellen sie einen Unterfall der Beschaffenheitsvereinbarung oder der Tauglichkeit zur üblichen Verwendung dar. Abzugrenzen ist die Konstellation in eine andere Richtung: Ist bereits der schuldrechtliche Vertrag als solcher sitten- oder gesetzeswidrig, etwa indem die Parteien vereinbaren, der Autor solle eine gesetzeswidriges Werk verfassen, so liegt kein wirksamer Vertragsschluss vor[691].

bb) Fallgestaltungen

Zwei Fälle sind zu unterscheiden: Tatbestände, die die Verwertung nur erschweren und solche, die sie unmöglich machen.

(1) „Leichte“ Verstöße

Zu ersteren gehören Verstöße, die unterhalb der Schwelle und damit des Anwendungsbereichs des § 138 BGB oder (straf-)gesetzlicher Normen i.S.d. § 134 BGB anzusiedeln sind. Das sind etwa solche, die provokante religiöse oder politische Ansichten enthalten, ohne bereits strafrechtlich relevant zu sein. Aus rechtlicher Sicht bleibt eine Verwertung möglich. Diese Kategorie ist rechtlich schwer zu handhaben. Es stellt sich stets die Frage, ab welchem Grad ein relevanter sozialer Mangel vorliegt. Diese Entscheidung ist einzelfallkonform zu treffen und orientiert sich zum einen an den

---

688 Gemeint sind die eindeutigen Fälle der nicht erreichten, aber geschuldeten Beschaffenheit, z.B. wenn der Umfang 50% geringer ist als vereinbart.

689 *Asprogerakas-Grivas*, S. 112 f. Der Begriff des „sozialen Mangels“ hat sich zu Unrecht nicht durchsetzen können.

690 Beispiel: Leugnet der Autor trotz subjektiver Darstellung („Ich halte es für erfunden“) den Holocaust, so liegt darin dennoch u.U. ein Verstoß gegen § 130 Abs. 3 StGB.

691 Die Rückabwicklung des Vertrages richtet sich nach §§ 812 ff. BGB.

Vorgaben der einschlägigen zivil- und strafrechtlichen Normen und zum anderen an dem Vertragszweck der Parteien. Ist etwa vorgesehen, dass ein Werk im arabischen Raum verwertet werden soll, so ist die negative Darstellung der islamischen Religion u.U. ein sozialer Fehler, obwohl sie in Deutschland korrekt wäre.

(2) Gesetzes- oder Sittenwidrigkeit

Gesetzeswidrig sind solche Werke, die strafrechtsrelevante Vorgänge enthalten oder gegen die guten Sitten verstoßen, sodass sie von dritter Seite – auch öffentlich-rechtlich[692] – untersagt werden können[693]. Diese Konstellation unterscheidet sich im Unterschied zu der in § 11 vorgenommen Darstellung (entgegenstehende absolute Rechte Dritter) dadurch, dass die Wertungen, die zu den sozialen Fehlern führen, nicht dispositiv sind und eine wirksame Vereinbarung mit dritter Seite grundsätzlich nicht zulässig ist.

Ältere Auffassungen haben einem urheberrechtlichen Vertrag die Wirksamkeit insgesamt und schon in Bezug auf das Entstehen des Urheberrechts an einem Werk versagt, wenn es einen sitten- oder gesetzeswidrigen Inhalt hatte (etwa im Falle der Kinderpornografie)[694].

Nach überzeugender Auffassung ist es für die Schutzfähigkeit eines Werkes jedoch unerheblich, ob es einen von der Rechtsordnung nicht tolerierten Inhalt hat[695]. Es kommt lediglich auf das Erreichen der in § 2 UrhG geforderten Schöpfungshöhe an. Dem ist zuzustimmen, weil das Urheberrecht als solches anderenfalls von der Sitten- und Moralvorstellung der „billig und gerecht Denkenden" abhinge und für Dritte die Möglichkeit bestünde, einen teilweise sittenwidrigen Inhalt zum Anlasse zu nehmen, gegen ein Gesamtwerk vorzugehen. Das ist von der Feststellung zu unterscheiden, dass der schuldrechtliche Vertrag, der über ein sitten- oder gesetzeswidriges Werk geschlossen wird, nach allgemeinen Regeln unwirksam ist[696].

Das bedeutet gleichzeitig, dass die Sitten- oder Gesetzeswidrigkeit eines Werkes keinen Fall des fehlenden Bestandes des Rechts darstellt. Es handelt sich um einen bloßen Mangel im Recht oder um einen Qualitätsmangel[697]. Zu beachten ist, dass das Urheberrecht am Werk mangelfrei und nur das Werk selbst, also die Verkörperung, auf Grund der fehlenden Verwertbarkeit mangelhaft ist. *Asprogerakas-Grivas* spricht des-

---

692 Zur Frage, inwieweit die Meinungsfreiheit des Art. 5 Abs. 1 GG oder die Kunstfreiheit des Art. 5 Abs. 3 GG diesbezüglich eine Rechtfertigung darstellt: *Asprogerakas-Grivas*, S. 114 f.

693 Z.B. nach § 94 StPO (Beschlagnahme, strittig, a.A.: LG Bonn, NJW 1977, 1822, 1823).

694 Etwa *Kohler*, S. 160.

695 BGH GRUR 1995, 673, 675; *Loewenheim*, in: Schricker, § 2 Rdnr. 47.

696 *Rehbinder* vertritt die Ansicht, dass bei derartigen Werken kein volles, sondern nur ein auf die Verbotsbefugnisse beschränktes Urheberrecht entstehe, Rdnr. 46.

697 *Asprogerakas-Grivas*, S. 36.

halb zu Recht von einem „mangelfreien Recht an einem mangelhaften Werk“[698]. Die soeben dargestellten und überzeugenden dogmatischen Argumente sprechen dafür, bei den Fällen der Sitten- und Gesetzeswidrigkeit von einem Qualitätsmangel auszugehen.

Diese Gestaltung ist insgesamt von einem sittenwidrigen Vertrag über ein sittlich nicht zu beanstandendes Werk – etwa bei Ausbeutung des Urhebers –, der nach allgemeinen Regeln nichtig ist, zu unterscheiden.

5. Rechtsfolgen

a) Anwendbares Rechtsinstrument und Abgrenzungen

Bei den Qualitätsmängeln handelt es sich um solche, die dem geistigen Werk anhaften und ihre Ursache in diesem, nicht im urheberrechtlichen Nutzungsvertrag haben. Sie werden durch die Bestimmung der vertraglichen Beschaffenheitsvereinbarung oder – wenn eine solche fehlt – durch die Geeignetheit für die gewöhnliche Verwendung[699] ermittelt. Diese Ermittlung geschieht regelmäßig nach Gefahrübergang[700]. Aus dieser Mängelermittlung erschließt sich das anwendbare Rechtsinstrument für die Fehlerbehandlung.

Es handelt sich um Mängel i.S.d. §§ 434 Abs. 1, 633 Abs. 1, 2 BGB analog[701].

Ein Fall der Unmöglichkeit und der Anwendung von allgemeinem Leistungsstörungsrecht liegt nicht vor. Dem Urheber ist es zunächst immer möglich, Werke und Nutzungsrechte hieran, die die vereinbarte oder erwartete Beschaffenheit aufweisen, zu erbringen. Eine andere Frage ist, ob unter gewissen Umständen die Nacherfüllung unmöglich ist. Zu denken ist etwa an den Fall, in dem der Urheber ein Werk mit einer gewissen, zum sozialen Fehler führenden Eigenschaft ausgestattet hat und die Beseitigung dieses Fehlers zu einem inhaltlich völlig veränderten Werk führen würde, das die vertraglich vereinbarten Beschaffenheiten nicht mehr aufweist, oder die Nachbesserungsarbeiten einen unverhältnismäßig großen Aufwand darstellen würden. Besteht der Fehler aber in einem klar abgrenzbaren Bereich des Werkes oder lässt er sich mit nur geringer Anstrengung dauerhaft und ohne wesentliche Inhaltsänderung beseitigen (z.B. durch schlichte Entfernung einer Beleidigung), so ist eine Nacherfüllung möglich, sodass der Erwerber grundsätzlich nicht ohne Einhaltung der formalen Voraussetzungen die weiteren Rechte der §§ 437, 634 BGB geltend machen kann. Lag der Mangel bei Vertragsschluss vor und ist er nicht behebbar, so ist auf Grund der Verwei-

698 *Asprogerakas-Grivas*, S. 36.

699 Zu den diesbezüglichen Schwierigkeiten in § 13 unter 3. e).

700 Beim Vertrag, der werkvertraglichen Regeln unterfällt, stellt die Abnahme den Zeitpunkt des Gefahrübergangs dar, *Sprau*, in: Palandt, Vorb. v. § 633 Rdnr. 7.

701 Näher in § 13 unter 3.

sung in den §§ 437 Nr. 3 BGB und 634 Nr. 4 BGB auch nach Gefahrübergang ein Schadensersatzanspruch statt der Leistung nach § 311 a Abs. 2 BGB gegeben[702].

b) Sonderfall: „Zum Verbot führender sozialer Mangel"

Zuu untersuchen ist, ob es sich bei schwerwiegenden sozialen Fehlern, die zur Geltendmachung von Verboten führen, um Fälle der Sach- oder Rechtsmängelhaftung oder um Unmöglichkeit handelt. Ausgangspunkt für die Frage der Notwendigkeit dieser Abgrenzung ist die Überlegung, dass es keinen Unterschied machen kann, ob das Werk von Anfang an nicht genutzt werden kann oder ob im Anschluss an die Veröffentlichung durch Rechte Dritter Unterlassungsverfügungen, Einziehungen, strafrechtliche Verfolgung und Schadensersatzansprüche geltend gemacht werden. Die Unterscheidung ist streng dogmatisch nach den bereits dargestellten Gefahrübergangsregeln vorzunehmen. Unmöglichkeit liegt danach weder im rechtsdogmatischen Sinne vor, noch ergibt sie sich aus allgemeinen Überlegungen. Wenn ein wirksamer urheberrechtlicher Nutzungsvertrag geschlossen und mit der Verwertung begonnen wurde, bevor Dritte Verbotsrechte geltend machen, so ist darin nur die Reaktion auf einen eben bestehenden Mangel in der Qualität des Werkes zu sehen. Der Schaden, der durch die Beeinträchtigung entsteht, ist nach allgemeinem Schadensrecht ersatzfähig. Einschlägig ist dabei § 280 Abs. 1 BGB, weil ein Fehler und der daraus resultierende Schaden, der aus dem Verbot herrührt, nicht durch Nacherfüllung beseitigt werden kann. Ist das Werk tausendfach gedruckt und kann die Verwertung wegen einer Unterlassungsverfügung nicht erfolgen, so ist der Schaden, der durch den Druck entstanden ist, nach § 280 Abs. 1 BGB unter den dort genannten Voraussetzungen (Pflichtverletzung und Verschulden) zu ersetzen.

Die Abgrenzung zwischen Sach- und Rechtsmangel war vor der Reform des Schuldrechts wegen der unterschiedlichen Voraussetzungen und Rechtsfolgen von Bedeutung. Nun ist sie auf Grund der Gleichstellung nach der hier vertretenen Ansicht v.a. akademischer Natur. Mit den obigen Argumenten liegt ein Mangel vor, der über die Analogie nach Sachmängelrecht zu behandeln ist. Der Eingriff von dritter Seite mit entgegenstehenden Rechten führt nicht dazu, dass der Mangel in der Qualität des Werkes einen Rechtsmangel darstellt, sondern nur zu einem Schadensersatzanspruch, wenn wegen dieser Qualität Rechte Dritter zu Schäden führen[703].

---

702 *Heinrichs*, in: Palandt, § 311 a Rdnr. 3.

703 So im Ergebnis auch *Asprogerakas-Grivas*, S. 124 f., der eine gewisse Ähnlichkeit mit Rechtsmängeln nicht leugnet, sie aber als „eher den Sachmängeln" verwandt ansieht.

6. Vergleich mit alter Rechtslage und Bewertung

Erneut zeigt sich, dass durch die Gleichstellung von Sach- und Rechtsmängeln Abgrenzungsschwierigkeiten weggefallen sind. Musste nach altem Recht wegen des unterschiedlichen Haftungsregimes eine Entscheidung zwingend herbeigeführt werden, so kann sie heute offen bleiben. Das führt zu Vereinfachungen in der Behandlung und Rechtssicherheit in der Beratung. Die Schwierigkeiten, die in der Vorstufe zur Feststellung eines Mangels im Bereich der Qualitätsmängel führen, bleiben im neuen Recht erhalten. Durch den Wegfall der „zugesicherten Eigenschaft", die heute weitgehend in der „vereinbarten Beschaffenheit" aufgeht, fällt eine weitere Hürde zur Erlangung von Schadensersatz weg[704]. Die Rechtsprechung hatte sich bislang gerade auch im Bereich des Urhebervertragsrechts mit der Annahme einer solchen Zusicherung zurückhaltend gezeigt[705].

Schwierigkeiten bereitet die Klassifizierung als Mangel im Anwendungsbereich der §§ 434 Abs. 1 S. 2, 633 Abs. 2 S. 2 BGB. Die Feststellung, wann sich ein Werk haftungsrelevant nicht mehr für die gewöhnliche Verwendung eignet, ist im Bereich des geistigen und persönlich-individuellen Schaffens schwer zu objektivieren und zu treffen[706]. Das führt zu Interessengegensätzen: Dem Erwerber wird zu raten sein, die Beschaffenheitsvorgaben möglichst umfassend zu vereinbaren, um sich später auf diese konkreten Vorgaben berufen zu können. Der Urheber hat ein (haftungsrechtliches) Interesse daran, möglichst wenige fassbare Zusagen abzugeben, um in eine objektive Mangelprüfung zu gelangen. Diese geht im Zweifel zu seinen Gunsten aus, weil der Erwerber zum einen das Vorliegen eines Mangels beweisen muss und das Gericht bei der Prüfung einer Eignung für die „gewöhnliche Verwendung" zum anderen Gefahr läuft, in die unzulässige subjektive Bewertung der individuellen Qualität eines Werkes zu kommen und ein Urteil damit zumindest einer revisionsrechtlichen Überprüfung auszusetzen.

---

704 Nach altem Recht gab es im Bereich des Kaufrechts Schadensersatz grds. nur bei Fehlen von „zugesicherten Eigenschaften" oder arglistigem Verschweigen eines Mangels durch den Verkäufer (§ 463 BGB a.F.).

705 Z.B. BGH NJW 1995, 986 ff., für die „Echtheitszusicherung" im Kunsthandel.

706 Der vorrangig zu prüfende subjektive Mangelbegriff galt bereits im alten Recht nach herrschender Auffassung, z.B. BGHZ 16, 54, 55; 90, 198.

Schlussbetrachtung

Das Urheberrecht erfreut sich in Wissenschaft und Praxis immer größerer „Beliebtheit". Das ist allein an der Vielzahl aktueller Beiträge und der Beachtung durch die Medien festzustellen. Die Rechtsanwender haben die Bedeutung dieses Rechtsgebiets, das in allen Bereichen kreativen Schaffens zur Anwendung kommen kann, erkannt. Das hat auch eine Zunahme urheberrechtlich relevanter Verträge zur Folge.

Der Gesetzgeber hat bei der Einführung des „Gesetzes zur Stärkung der vertraglichen Stellung von Urhebern und ausübenden Künstlern" mit Ausnahme einer besseren finanziellen Beteiligung keine Leistungsstörungstatbestände für Urheberrechtsverträge normiert. Dabei weisen diese Verträge eine Reihe von Besonderheiten auf, die mit den Instrumenten des neuen Schuldrechts zum Teil nur unzureichend gelöst werden können:

- Die Arbeit hat gezeigt, dass auch nach der Schuldrechtsmodernisierung eine Vielzahl von – zum Teil komplizierten – Abgrenzungen erforderlich ist, um eine Leistungsstörung im Urheberrechtsvertrag behandeln zu können. Eine wirkliche Vereinfachung ist nicht eingetreten. Die Aufgabe ist auch für den Rechtsanwender nicht immer „dankbar": Er befindet sich auf „sachfremdem Gebiet" und muss regelmäßig das allgemeine Recht des BGB in seinen vielfältigen Konstellationen (s. §§ 11 bis 13) auf einen speziellen Teilbereich, das Urheberrecht, übertragen.
- Auch nach der Angleichung der besonderen Gewährleistungsordnungen an das allgemeine Leistungsstörungsrecht bedarf es zwingend einer exakten Einordnung des konkreten Vertrages im Hinblick auf seine „Intensität", d.h., ob er als ausschließlicher oder einfacher Lizenzvertrag geschlossen wurde (s. § 7 unter 2.). Beim einfachen oder nur schuldrechtlich wirkenden Nutzungsvertrag kommt in aller Regel Pachtrecht, beim ausschließlichen Lizenzvertrag häufig das Kaufrecht des BGB bei der Beurteilung der Leistungsstörungen zur Anwendung.
- Urheberrechtsverträge haben in der Regel den Charakter eines Dauerschuldverhältnisses. Dies hat bei in Vollzug gesetzten Verträgen zur Folge, dass die h.M. von einem Kündigungsrecht ausgeht und den gesetzlichen Rücktritt ablehnt. Diese Arbeit hat gezeigt, dass die Konsequenz in den Konstellationen, in denen die Einmaligkeit der Rechtsveräußerung den Vertragszweck dominiert, nicht zwingend gezogen werden muss. Die besseren Argumente sprechen für ein Rücktrittsrecht (s. § 8 unter 2., 3.).
- Trotz beachtlicher Gegenargumente ist davon auszugehen, dass eine Haftung des Urhebers als Veräußerer einer ausschließlichen Lizenz nach § 311 a Abs. 2 BGB verschuldensabhängig gestaltet ist (s. § 6 unter 4.).

- Die Haftung auf Schadensersatz wegen Nichterfüllung bei der anfänglichen objektiven Unmöglichkeit kann den Urheber dennoch unangemessen benachteiligen (s. § 11 unter 1. d) e)). Eine Exkulpation wird ihm regelmäßig nicht gelingen; eine Haftungsbegrenzung ist nicht vorgesehen. Auf Grund des eindeutigen Gesetzestextes und seiner Auslegung ist das Ergebnis dennoch zwingend; eine gesetzliche Haftungsbeschränkung de lege ferenda wird empfohlen.
- Die Behandlung urheberrechtlicher Verträge mit den Instrumenten des neuen Rechts liefert bei nachträglicher Unmöglichkeit interessengerechte Ergebnisse (s. § 13 unter 2. d) e)).
- Konstellationen, in denen der „Urheber“ nicht Inhaber der Urheberrechte am Werk ist und ihm die Einräumung von Nutzungsrechten deshalb anfänglich subjektiv unmöglich ist, können ihn über Gebühr bevorteilen, weil ihm eine Exkulpation – im Unterschied zur objektiven Unmöglichkeit – gelingen kann (s. § 11 unter 3. d) e)). Wieder ist der Gesetzgeber gefragt.
- Stehen dem Vertrag Rechte Dritter entgegen, so ist der Erwerber u.U. zur Minderung der Vergütung berechtigt. Diese Neuerung ist sinnvoll (s. § 11 unter 4. e)). Vorsicht ist bei Fristsetzungen zur Mängelbeseitigung geboten: Eine Ablehnungsandrohung ist nicht mehr erforderlich, sodass nach fruchtlosem Fristablauf direkt Schadensersatz wegen Nichterfüllung geschuldet sein kann.
- Liegen die Mängel im körperlichen Substrat des Werkes, so stellt sich die Frage, ob und ggf. wie sich dieser Mangel auf den urhebervertragsrechtlichen Bereich auswirkt. Zunächst muss untersucht werden, ob es sich um einen oder zwei getrennte Verträge handelt. In letzterem Fall müssen die Verträge rechtlich miteinander „verknüpft“ werden, um die erforderliche einheitliche Behandlung der Verträge zu ermöglichen. Diese Vereinheitlichung ist möglich (s. § 12 unter 5.).
- Eine Haftung des Urhebers nach dem Produkthaftungsgesetz kommt grundsätzlich in Betracht, wenn sich Mängel des Werkes in der körperlichen Wiedergabe finden (s. § 12 unter 7.).
- Die Schwierigkeit bei der Begründung von Mängeln im geistigen Werk liegt in der Definition des „Mangels“. Subjektive Merkmale sind in der Regel nicht geeignet, eine Mangelhaftigkeit des Vertrages zu begründen (s. § 13 unter 3. c)).
- Die Behandlung von Mängeln im geistigen Werk bereitet auch in anderer Hinsicht Probleme: Unklar ist die Frage, ob Dritte zur Nacherfüllung berechtigt sind. Dabei ist eine Prüfung nach Treu und Glauben vorzunehmen (s. § 13 unter 3. h)).
- Eine Definition von „sozialen“ Fehlern im Werk, die die Verwertung erschweren oder unmöglich machen, fällt nicht leicht (s. § 13 unter 4.). Liegt ein solcher Mangel aber vor, kann man mit interessengerechten Ergebnissen besonderes Gewährleistungsrecht anwenden (s. § 13 unter 5.).

Die Arbeit hat gezeigt, dass die Behandlung von urheberrechtlich relevanten Verträgen mit den Regeln des BGB in einigen Bereichen nicht sachgerecht ist. Die Gründe hierfür liegen auf der Hand: Leistungsstörungen im Rahmen der Rechtsmaterie „Urhebervertragsrecht“ sind mit Normen zu bearbeiten, die nicht auf die entsprechenden Sachverhalte mit ihren urheberrechtlichen Besonderheiten zugeschnitten sind. In diesen Bereichen ist de lege ferenda der Gesetzgeber gefragt. Dieser erkennt derzeit keinen Handlungsbedarf. Deshalb sind die Rechtsanwender de lege lata nach wie vor auf die Lösung vielfältiger und schwieriger Abgrenzungsfragen angewiesen.

Literaturverzeichnis

Asprogerakas-Grivas, Constantinos Th.: Die Mängel und die Mängelhaftung bei den Urheberrechtsverträgen, München 1960

Bamberger, Heinz Georg / *Roth*, Herbert: BGB, Kommentar, München 2003 (*Bearbeiter*, in: Bamberger/Roth)

Bartenbach, Kurt / *Volz*, Franz-Eugen: Arbeitnehmererfindungsgesetz, Kommentar, 4. Aufl., München 2002 (zitiert: Bartenbach/Volz, Kommentar)

– Arbeitnehmererfindungsrecht – einschließlich Verbesserungsvorschlagswesen, 2. Aufl., Neuwied 2001 (zitiert: Bartenbach/Volz)

Bayreuther, Frank: Zum Verhältnis zwischen Arbeits-, Urheber- und Arbeitnehmererfindungsrecht – Unter besonderer Berücksichtigung der Sondervergütungsansprüche des angestellten Softwareherstellers, GRUR 2003, S. 571-581

Beck, Hans Dieter: Der Lizenzvertrag im Verlagswesen, München 1961

Beigel, Herbert: Urheberrecht des Architekten, Wiesbaden 1984

Belz, August: Schadensersatz und Produkthaftung, 2. Aufl., Stuttgart 1992

Benkard, Georg: Patentgesetz. Gebrauchsmustergesetz, 9. Aufl., München 1993 (zitiert: Bearbeiter, in: Benkard)

Berger, Christian: Grundfragen der „weiteren Beteiligung" des Urhebers nach § 32 a UrhG, GRUR 2003, S. 675-681

Block, Ulrich: Die Lizenzierung von Urheberrechten für die Herstellung und den Vertrieb von Tonträgern im europäischen Binnenmarkt, Baden-Baden 1997

Braun, Johann: Die Freizeichnung des kommissarischen Kunstauktionators von der Haftung für Sachmängel, WM 1992, S. 893-900

Brauns, Christian: Die Entlehnungsfreiheit im Urheberrechtsgesetz, Baden-Baden 2001

Brinkmann, Thomas: Urheberschutz und wirtschaftliche Verwertung, Neuwied 1989

Brox, Hans: Allgemeiner Teil des Bürgerlichen Gesetzbuches, 27. Aufl., Köln, München 2003

Bullinger, Winfried: Kunstwerkfälschung und Urheberpersönlichkeitsrecht, Berlin 1997

Cahn, Andreas: Produkthaftung für verkörperte geistige Leistungen, NJW 1996, S. 2899-2905

Canaris, Claus-Wilhelm: Die Reform des Rechts der Leistungsstörungen, JZ 2001, S. 499-524

– Die Verdinglichung obligatorischer Rechte, in: Jakobs, Horst Heinrich/Knobbe-Keuk, Brigitte/Picker, Eduard/Wilhelm, Jan (Hrsg.), Festschrift für Werner Flume zum 70. Geburtstag, Köln 1978, Bd. I, S. 372-427 (zitiert: Canaris, Festschrift)

Cebulla, Mario: Die Pacht nichtsächlicher Gegenstände, Berlin/New York 1999

Czychowski, Christian / *Nordemann*, Jan Bernd: Die Entwicklung der Gesetzgebung und Rechtsprechung zum Urheberrecht in den Jahren 2002 und 2003, NJW 2004, S. 1222-1230

Dauner-Lieb, Barbara: Das neue Schuldrecht, Heidelberg 2002

Ditzen, Ulrich: Filmverwertungsverträge, Berlin 1965

Dreyer, Gunda / *Kotthoff*, Jost / *Meckel*, Astrid, Heidelberger Kommentar zum Urheberrecht, Heidelberg 2004 (zitiert: Bearbeiter, in: Dreyer/Kotthoff/Jost)

Duden, Das Fremdwörterbuch, Bd. 5, 7. Aufl., Leipzig 2001

Ellins, Julia: Copyright Law, Urheberrecht und ihre Harmonisierung in der Europäischen Gemeinschaft, Berlin 1997

Erdmann, Willi: Urhebervertragsrecht im Meinungsstreit, GRUR 2002, S. 923-931

Fehrenbacher, Oliver: Der Lizenzvertrag, JR 2001, S. 309-315

Fikentscher, Wolfgang: Schuldrecht, 9. Aufl., Berlin 1997

Fink, Florika: Die Beendigung von Dauerschuldverhältnissen im Urheberrecht unter besonderer Berücksichtigung des Kündigungsrechts, Berlin 1990

Flume, Werner: Der Kauf von Kunstgegenständen und die Urheberschaft des Kunstwerks, JZ 1991, S. 633-638

– Allgemeiner Teil des Bürgerlichen Rechts, Zweiter Band, Das Rechtsgeschäft, 3. Aufl., Berlin, Heidelberg, New York 1979 (zitiert: Flume, AT)

Foerste, Ulrich: Die Produkthaftung für Druckwerke, NJW 1991, S. 1433-1439

Fromm, Friedrich-Karl / *Nordemann*, Wilhelm, Urheberrecht, Kommentar zum Urheberrechtsgesetz und zum Urheberrechtswahrnehmungsgesetz, 9. Aufl., Stuttgart, Berlin, Köln 1998 (zitiert: Bearbeiter, in: Fromm/Nordemann)

Gamm, Otto-Friedrich von: Mängelhaftung im Filmrecht, GRUR 1956, S. 258-260

– Urheberrechtsgesetz, Kommentar, München 1968

Gerlach, Johann W.: Das Urheberrecht des Architekten und die Einräumung von Nutzungsrechten nach dem Architektenvertrag, GRUR 1976, S. 613-630.

Gerstenberg, Ekkehard: Der Bestseller-Paragraph in der Praxis, GRUR 1974, S. 591-593

Gitter, Wolfgang: Gebrauchsüberlassungsverträge, Tübingen 1988

Gläser, Renate: Kartellrechtliche Grenzen der Ausgabenvielfalt preisgebundener Verlagserzeugnisse, Wiesbaden 2001

Götting, Horst-Peter: Urheberrechtliche und vertragsrechtliche Grundlagen, in: Urhebervertragsrecht, FG für Gerhard Schricker zum 60. Geburtstag, München 1995, S. 53-75

Goldbaum, Wenzel: Urheberrecht und Urhebervertragsrecht, Berlin 1927

Haas, Lothar / *Medicus*, Dieter / *Rolland*, Walter / *Schäfer*, Carsten / *Wendtland*, Holger: Das neue Schuldrecht, München 2002 (zitiert: Bearbeiter, in: Haas/Medicus/Rolland/Schäfer/Wendtland)

Haas, Lothar: Das neue Urhebervertragsrecht, München 2002

Haberstumpf, Helmut: Verfügungen über urheberrechtliche Nutzungsrechte im Verlagsrecht, FS für Heinrich Hubmann, Frankfurt/Main 1985 (zitiert: Haberstumpf)

– Urheberrechtlich geschützte Werke und verwandte Schutzrechte, in: Gewerblicher Rechtsschutz und Urheberrecht in Deutschland, FS zum hundertjährigen Bestehen der Deutschen Vereinigung für gewerblichen Rechtsschutz und Urheberrecht und ihrer Zeitschrift, Weinheim 1991 (zitiert: Haberstumpf FS)

– Handbuch des Urheberrechts, 2. Aufl., Neuwied 2000 (zitiert: Haberstumpf, Handbuch)

Haedicke, Maximilian: Rechtskauf und Rechtsmängelhaftung, Tübingen 2003

– Der bürgerlich-rechtliche Verfügungsbegriff, JuS 2001, S. 966-973

Heinrichs, Helmut: EG-Richtlinie zur Bekämpfung von Zahlungsverzug im Geschäftsverkehr und Reform des Verzugsrechts nach dem Entwurf eines Schuldrechtmodernisierungsgesetzes, BB 2001, S. 157-164

Henn, Günter: Patent- und Know-how-Lizenzvertrag, Handbuch für die Praxis, 5. Aufl., Heidelberg 2003

Henssler, Martin: Risiko als Vertragsgegenstand, Tübingen 1994

Hertin, Paul W.: Urhebervertragsnovelle 2002: Up-Date von Urheberrechtsverträgen, MMR 2003, S. 16-22

Hilty, Reto M. / *Peukert*, Alexander: Das neue deutsche Urhebervertragsrecht im internationalen Kontext, GRUR Int 2002, S. 643-665

Hock, Martin: Das Namensnennungsrecht des Urhebers, Baden-Baden 1993

Höckelmann, Eckhard: Die Produkthaftung für Verlagserzeugnisse, Baden-Baden 1994

Hoeren, Thomas: Softwareüberlassung als Sachkauf, Ausgewählte Probleme des Erwerbs von Standartsoftware, München 1989

Hoeren, Thomas / *Martinek*, Michael (Hrsg.): Systematischer Kommentar zum Kaufrecht, Recklinghausen 2002 (zitiert: Bearbeiter, in: Hoeren/Martinek)

Honsell, Heinrich: Produkthaftungsgesetz und allgemeine Delikthaftung, JuS 1995, S. 211-215

Huber, Peter / *Faust*, Florian: Schuldrechtsmodernisierung, München 2002 (zitiert: Bearbeiter, in: Huber/Faust)

Hübner, Heinz: Allgemeiner Teil des Bürgerlichen Gesetzbuches, 2. Aufl., Berlin/New York 1996

Huttenhauer, Christian: Stillschweigende Eigenschaftszusicherung und Mangelschaden, JuS 1998, S. 684-690

Jacobs, Rainer: Das neue Urhebervertragsrecht, NJW 2002, S. 1905-1909

Junker, Abbo: Die Entwicklung des Computerrechts in den Jahren 2001/2002, NJW 2003, S. 2792-2799

Kastner, Klaus: Das Plagiat, literarische und rechtliche Aspekte, NJW 1983, S. 1151-1158

Katzenberger, Paul: Beteiligung des Urhebers am Ertrag und Ausmaß der Werkverwertung, GRUR Int 1983, S. 410-421 (zitiert: Katzenberger)

Köhler, Helmuth: Die Lehre von der Geschäftsgrundlage als Lehre von der Risikobefreiung, in: 50 Jahre Bundesgerichtshof, FG aus der Wissenschaft, 2000, Band I, S. 294 ff.

Kohler, Josef: Urheberrecht an Schriftwerken und Verlagsrecht, Stuttgart 1907

Krasser, Rudolf: Schadensersatz für Verletzungen von gewerblichen Schutzrechten und Urheberrechten nach deutschem Recht, GRUR Int 1980, S. 259-272

Landscheidt, Christoph: Das neue Produkthaftungsrecht, 2. Aufl., Berlin 1992

Lang, Elisabeth: Die Haftung für Fehler in Druckwerken: die Grundlagen vertraglicher und deliktsrechtlicher Haftung für den Inhalt eines veröffentlichten Druckwerks, München 1982

Larenz, Karl: Lehrbuch des Schuldrechts, 14. Aufl. München 1987 (zitiert: Larenz, Lehrbuch)

– Allgemeiner Teil des Bürgerlichen Gesetzbuches, 8. Aufl., München 1997

Lehmann, Michael: Der neue europäische Rechtsschutz von Computerprogrammen, NJW 1991, S. 2112-2117

Leßmann, Andreas: Die vertragliche Nutzungseinräumung an Datenbanken in der Informationsgesellschaft, ZUM 1999, S. 623-628

Lorenz, Stephan / *Riehm*, Thomas: Lehrbuch zum neuen Schuldrecht, München 2002 (zitiert: Lorenz/Riehm)

Löwitsch, Manfred: Zweifelhafte Folgen des geplanten Leistungsstörungsrechts für das Arbeitsvertragsrecht, NZA 2001, S. 465-467

Manz, Friederike / *Ventroni*, Stefan / *Schneider*, Inge: Auswirkungen der Schuldrechtsreform auf das Urheber(vertrags)recht, ZUM 2002, S. 409-422

Malzer, Erich: Zur Haftung für vertragsgemäße Brauchbarkeit und zugesicherte Eigenschaften der Erfindung bei der Übertragung von Rechten aus dem Patentgesetz, GRUR 1971, S. 96-101

Marly, Jochen: Softwareüberlassungsverträge, 3. Aufl., München 2000

Mauhs, Angela: Der Wahrnehmungsvertrag, Baden-Baden 1991

Maunz, Theodor / *Schricker*, Gerhard: Verlagsrecht, Kommentar zum Gesetz über das Verlagsrecht vom 19.6.1901, 3. Aufl., München 2001

Medicus, Dieter: Allgemeiner Teil des BGB, 8. Aufl., Heidelberg 2002

– Bürgerliches Recht, 19. Aufl., Köln, Berlin 2002 (zitiert: Medicus, BGB)

Möhring, Philipp: Der Einfluß der Vernichtung eines Patents auf einen bestehenden Lizenzvertrag, der eine ausschließliche Lizenz zum Gegenstand hat, Mitt. 1969, S. 296-299 (zitiert: Möhring, Mitt.)

Möhring, Philipp / *Nicolini*, Käte: Urheberrechtsgesetz, Kommentar, 2. Aufl., München 2000 (zitiert: Bearbeiter, in: Möhring / Nicolini)

Müller-Hengstenberg, Claus: Computersoftware ist keine Sache, NJW 1994, S. 3128-3134

Münchener Anwalts-Handbuch Gewerblicher Rechtsschutz, München 2001 (zitiert: Bearbeiter, in: Münchener Anwalts-Handbuch)

Münchener Kommentar, Bürgerliches Gesetzbuch, Band 2, 4. Aufl., München 2001 (zitiert: Bearbeiter, in: MüKo)

Nirk, Rudolf: Die Einordnung der Gewährleistungsansprüche und Leistungsstörungen bei Verträgen über Patente in das Bürgerliche Gesetzbuch, GRUR 1970, S. 329-340

Nordemann, Wilhelm: Das neue Urhebervertragsrecht, München 2002

Ohl, Albert: Wegfall der Lizenz vor Ablauf des Patents, GRUR 1992, S. 77-82

Osenberg, Ralph: Die Unverzichtbarkeit des Urheberpersönlichkeitsrechts, Berlin 1979

Palandt, Otto: Bürgerliches Gesetzbuch, Kommtentar, 61. Aufl., München 2002 (zitiert: Bearbeiter, in: Palandt (61. Aufl. Hauptband))

– 63. Aufl., München 2004 (zitiert: Bearbeiter, in: Palandt)

Peschel-Mehner, Andreas: Recht im Internet, Der große Rechtsberater für die Online-Praxis, Loseblattsammlung, Stand: Oktober 2002

Preu, Albert: Richtlinien für die Bemessung von Schadensersatz bei Verletzung von Patenten, GRUR 1979, S. 753-762

– Der Einfluß der Nichtigkeit oder Nichterteilung von Patenten auf Lizenzverträge, GRUR 1974, S. 623-636

Rehbinder, Manfred: Urheberrecht, 13. Aufl., München 2004

Reimer, Dietrich: Schranken der Rechtsübertragung im Urheberrecht, GRUR 1962, S. 619-635

Reinhard, Tim / *Distelkütter*, Julia: Die Haftung des Dritten bei Bestsellerwerken nach § 32 a Abs. 2 UrhG, ZUM 2003, S. 269-275

Reinicke, Dietrich / *Tiedtke*, Klaus: Kaufrecht, 6. Aufl., Neuwied, Kriftel, Berlin 1997

Sack, Rolf: Arbeitnehmer-Urheberrechte an Computerprogrammen nach der Urheberrechtsnovelle, Ufita 121 (1993), S. 15-44

Schack, Haimo: Urheber- und Urhebervertragsrecht, 2. Aufl., Tübingen 2001

Schaub, Günter: Arbeitsrechts-Handbuch, 10. Aufl., München 2002

Schertz, Christian: Der Merchandisingvertrag, ZUM 2003, S. 631-643

Schiefler, Kurt: Verhältnis des Urheberrechts und des Leistungsschutzrechts des ausübenden Künstlers zum allgemeinen Persönlichkeitsrecht, GRUR 1960, S. 156-165

Schmidt, Uwe: Der Vergütungsanspruch des Urhebers nach der Reform des Urhebervertragsrechts, ZUM 2002, S. 781-791

Schneider, Inge: Das Recht des Kunstverlags, München 1991

Schöfer, Nicola: Die Rechtsverhältnisse zwischen dem Urheber eines Werkes der bildenden Kunst und dem Eigentümer des Originalwerkes, München 1984

Schricker, Gerhard: Zur Bedeutung des Urheberrechtsgesetzes von 1965 für das Verlagsrecht, GRUR Int 1983, S. 446-455

– (Hrsg.): Urheberrecht, Kommentar, 2. Aufl., München 1999 (zitiert: Bearbeiter, in: Schricker)

– Verlagsrecht, Kommentar, 3. Aufl., München 2001 (zitiert: Schricker, Verlagsrecht)

Seith, Sebastian: Wie kommt der Urheber zu seinem Recht?, Heidelberg 2003

Sikorski, Hans-Wilfred: Musikverlag – Gewerbe zwischen Kommerz und Mäzenatentum, FS für Reinhold Kreile, 1994

Sontag, Peter: Das Miturheberrecht, Köln 1972

Stadler, Astrid: Gestaltungsfreiheit und Verkehrsschutz durch Abstraktion, Tübingen 1996

Steffen, Lutz: Die Miturhebergemeinschaft, Frankfurt/Main 1989

Steinberg, Karin: Urheberrechtliche Klauseln in Tarifverträgen, Baden-Baden 1998

Staub, Roger: Leistungsstörungen bei Urheberrechtsverträgen, Bern 2000

Stumpf, Herbert / *Groß*, Michael, Der Lizenzvertrag, 7. Aufl., Heidelberg 1997

Tilmann, Winfried: Gewinnherausgabe im gewerblichen Rechtsschutz und Urheberrecht – Folgerungen aus der Entscheidung „Gemeinkostenanteil“, GRUR 2003, S. 647-653.

Ulmer, Eugen: Gutachten zum Urhebervertragsrecht insbesondere zum Recht der Sendeverträge, Bonn 1977 (zitiert: Ulmer, Gutachten)

– Urheber- und Verlagsrecht, 3. Aufl., Berlin 1980 (zitiert: Ulmer)

Wandtke, Artur-Axel / *Bullinger*, Winfried: Praxiskommentar zum Urheberrecht, München 2002

Wente, Jürgen K. / *Härle*, Philipp: Rechtsfolgen einer außerordentlichen Vertragsbeendigung auf die Verfügungen in einer „Rechtskette“ im Filmlizenzgeschäft und ihre Konsequenzen für die Vertragsgestaltung, GRUR 1997, S. 96-102

Westermann, Harm Peter: Sondertagung Schuldrechtsmodernisierung, JZ 2001, S. 530-542

Windisch, Ernst: Persönlichkeitsbezogene Komponenten in Immaterialgüterrechten, GRUR 1993, S. 352-359

Wünschmann, Christoph: Die kollektive Verwertung von Urheber- und Leistungsschutzrechten nach europäischem Wettbewerbsrecht, Baden-Baden 2000

Zwecker, Kai-Thorsten: Inhaltskontrolle von Franchiseverträgen, Frankfurt/Main 2000

Peter Lang · Europäischer Verlag der Wissenschaften

Philipp D. Bollacher

Internationales Privatrecht, Urheberrecht und Internet

Das auf länderübergreifende Sachverhalte anwendbare Recht

Frankfurt am Main, Berlin, Bern, Bruxelles, New York, Oxford, Wien, 2005.
XVIII, 228 S.
Europäische Hochschulschriften: Reihe 2, Rechtswissenschaft. Bd. 4101
ISBN 3-631-53443-4 · br. € 42.50*

Im Urheberrecht steigt die Anzahl länderübergreifender Sachverhalte infolge der zunehmenden internationalen Verflechtung von Wirtschaft und Gesellschaft. Die dem materiellen Urheberrecht vorgelagerte Frage der anwendbaren Rechtsordnung gewinnt infolgedessen stetig an Bedeutung. Diese Arbeit widmet sich dieser im Internationalen Urheberrecht zentralen Frage. Zuerst befasst sie sich mit dem traditionell angewendeten Schutzlandprinzip, das auf dem Territorialitätsprinzip basiert, und zeigt auf, dass dieses heute insbesondere im Internetbereich zu großen systematischen und praktischen Schwierigkeiten führt. Sodann werden Alternativen erörtert. Ausführlich wird dann der eigene Lösungsvorschlag gewürdigt, die Einführung des Universalitätsprinzips und die Anknüpfung an das Ursprungslandprinzip.

Aus dem Inhalt: Würdigung des geltenden Rechts: Territorialitätsprinzip und Schutzlandprinzip · Alternative Lösungsvorschläge: Modifikation des geltenden Rechts, Alternative Kollisionsnormen, Internetspezifische Lösungsansätze · Eigener Lösungsvorschlag: Universalitätsprinzip und Ursprungslandprinzip

Frankfurt am Main · Berlin · Bern · Bruxelles · New York · Oxford · Wien
Auslieferung: Verlag Peter Lang AG
Moosstr. 1, CH-2542 Pieterlen
Telefax 00 41 (0) 32 / 376 17 27